MILITARES, DEMOCRACIA E DESENVOLVIMENTO

MARIA CELINA D'ARAUJO

MILITARES, DEMOCRACIA E DESENVOLVIMENTO
Brasil e América do Sul

Copyright © 2010 Maria Celina d'Araujo

Direitos desta edição reservados à
EDITORA FGV
Rua Jornalista Orlando Dantas, 37
22231-010 — Rio de Janeiro, RJ — Brasil
Tels.: 0800-021-7777 — 21-3799-4427
Fax: 21-3799-4430
E-mail: editora@fgv.br — pedidoseditora@fgv.br
www.fgv.br/editora

Impresso no Brasil/*Printed in* Brazil

Todos os direitos reservados. A reprodução não autorizada desta publicação, no todo ou em parte, constitui violação do copyright (Lei nº 9.610/98).

Os conceitos emitidos neste livro são de inteira responsabilidade do autor.

1ª edição — 2010

Preparação de originais: Sandra Maciel Frank
Editoração eletrônica: aspecto:design
Revisão: Aleidis de Beltran, Fatima Caroni e Marco Antonio Corrêa
Capa: aspecto:design

Ficha catalográfica elaborada pela
Biblioteca Mario Henrique Simonsen

D'Araujo, Maria Celina
  Militares, democracia e desenvolvimento : Brasil e América do Sul / Maria Celina D'Araujo. — Rio de Janeiro : Editora FGV, 2010.
  264 p.

  Inclui bibliografia.
  ISBN: 978-85-225-0837-2

  1. Militares — Brasil. 2. Militares — América do Sul. 3. Forças Armadas — Atividades políticas — Brasil. 4. Brasil. — Segurança nacional. 5. América do Sul — Segurança nacional. 6. Brasil — História — 1964-1985. I. Fundação Getulio Vargas. II. Título.

CDD — 355

SUMÁRIO

APRESENTAÇÃO 7

PARTE I **AMÉRICA DO SUL** 11

1 DEMOCRACIA POLÍTICA, IDEOLOGIA E PRAGMATISMO
  NA AMÉRICA DO SUL 13
  Compromisso multilateral com a democracia 31

2 OS MILITARES E O DESENVOLVIMENTO NA AMÉRICA DO SUL 39
  Desenvolvimento como valor nas constituições sul-americanas 62

3 NOVAS INSTITUCIONALIDADES EM DEFESA NA AMÉRICA
  DO SUL NO INÍCIO DO SÉCULO XXI 69
  Conferências de Ministros de Defesa das Américas 71
  Mudança e continuidade nos organismos de defesa e
  segurança no hemisfério 87
  Conselho de Defesa Sul-Americano (CDS) 92
  Ajustes retardatários e corporativos no Brasil na área da
  defesa: notas finais 101

PARTE II **BRASIL** 105

4 DO MEDO DO REVANCHISMO AO MINISTÉRIO DA DEFESA 107

5 MILITARES, CORPORATIVISMO E MEMÓRIA POLÍTICA 125
  Corporativismo e positivismo como ideologias de
  Estado autoritário 127

Fora da política, protegendo a instituição	133
Os arquivos da ditadura	135
O tema inacabado da anistia	146
Crise aérea e hibridismo institucional	163
Forças Armadas, corporativismo e política no século XXI	172

6 REGISTROS E FONTES SOBRE A DITADURA MILITAR NO BRASIL — **177**

O regime militar sob vários ângulos	181
Os arquivos jurídicos e policiais dos estados: os Deops ou Dops	190
A abertura de novos acervos da ditadura	193
Anistia e desaparecidos	199

7 SEGURANÇA NACIONAL E TRIBUNAIS ESPECIAIS NO BRASIL — **205**

A segurança nacional em retrospectiva no Brasil	206
O Tribunal de Segurança Nacional e a Justiça Militar	213
As leis de segurança nacional e a Guerra Fria	224
Observações finais	232

8 NOTAS SOBRE AS POLÍCIAS MILITARES E FORÇAS ARMADAS NO BRASIL — **235**

REFERÊNCIAS — **257**

APRESENTAÇÃO

Desde início dos anos 1990, ao lado de uma série de atividades de pesquisa sobre Estado e governo no Brasil, venho me dedicando ao estudo dos militares e das transições políticas no país e na América do Sul. Organizei uma série de livros, vários em parceria com Glaucio Ary Dillon Soares e Celso Castro, e publiquei diversos artigos e capítulos de livros.[1] Fui também reunindo anotações para palestras, arquivos com reflexões inacabadas e notas de pesquisa. No decorrer de 2008 e 2009, graças ao apoio da Faperj, por meio de uma bolsa Cientistas do Nosso Estado, e do CNPq, que me concedeu um financiamento pelo Edital Universal, reuni condições para rever e repensar o conjunto desses "manuscritos" e iniciar outras análises.

O resultado é este livro, dividido em duas partes. A primeira debruça-se sobre a América do Sul, analisando as mudanças que ali se operam no sistema político e nas Forças Armadas a partir dos anos 1980, quando as ditaduras na região começaram a minguar. Faz um balanço de algumas das principais características dessas novas democracias e suas novidades em termos de incorporação de uma diversidade inédita de atores políticos. Discute os novos papéis destinados às Forças Armadas na região e o novo quadro de seu protagonismo militar, em especial nos países andinos, desta feita como auxiliares no manejo de crises políticas, sem ação direta nos centros de poder.

---

1 A maior parte desses trabalhos foi elaborada e publicada quando era pesquisadora do Centro de Pesquisa e Documentação de História Contemporânea do Brasil da Fundação Getulio Vargas (Cpdoc/FGV) que recebeu à época valioso apoio da Financiadora de Estudos e Projetos, Finep, para o projeto de pesquisa intitulado Democracia e Forças Armadas.

Nessa parte, dá-se particular atenção às conexões entre militares e desenvolvimento, particularmente fortes no Brasil, e às novas institucionalidades políticas e militares criadas no hemisfério. Defende-se a tese de que há um esforço multilateral de criação e fortalecimento de agências e espaços de discussão que promovam a paz e a democracia, amenizando, assim, novos surtos de arbitrariedades políticas praticadas por caudilhos, civis e militares, tendência secular na América Latina. Conclui-se que esse esforço tem sido bem-sucedido no sentido de criar constrangimentos e sanções, legais e políticas, a práticas de governo que desrespeitem o estado democrático de direito. Mostra-se que desde os anos 1990 tem havido um esforço interestatal para assegurar que a América Latina seja uma zona de paz e desenvolvimento, livre de golpes de Estado — uma ambição que não é de pouca monta, haja vista a tradição continental de rupturas institucionais e de governos autoritários. Esta fase política é examinada com mais detalhes em relação à América do Sul, chamando-se a atenção para a persistência de novas modalidades políticas que garantem o personalismo político, mesmo sem afrontar radicalmente a ordem constitucional.

Tal análise não leva a concluir que o destino da América do Sul seja a democracia e lembra que persistem várias inquietações a esse respeito. Mas mostra que, pela primeira vez, em cerca de dois séculos de países independentes na região, a questão da democracia foi entendida como a melhor condição formal para a convivência entre os países e os povos. Os tratados comerciais aderiram, todos eles, a essa condição, e não apenas os acordos diplomáticos. O livro visa, portanto, fazer um balanço das ações que buscam atingir essa ousada meta, bem como dos limites para que ela seja alcançada. Não por acaso, é a primeira vez que se busca criar consensos entre todos os países do hemisfério com o objetivo de subordinar os militares ao poder civil e democrático.

Apresentação

Na segunda parte do livro faz-se uma reflexão sobre vários temas importantes para a compreensão do papel das Forças Armadas na política brasileira, em especial durante a Nova República. Começa-se examinando o corporativismo militar e seus impactos restritivos para a construção de uma memória política da ditadura militar sem vetos nem tabus. Da mesma forma, discutem-se as fontes disponíveis, primárias e secundárias, para o estudo dos governos militares e as ações e reações em torno da localização e abertura dos arquivos da ditadura e da discussão da Lei de Anistia.

Um marco importante para a institucionalização da democracia brasileira foi a criação do Ministério da Defesa em 1999, 15 anos depois do fim da ditadura. Essa demora não foi casual, como é demonstrado. Dialogando com a história e com o presente, descrevem-se ainda as origens e a persistência de tribunais militares e de uma justiça corporativa. Com esse mesmo enfoque, aborda-se a difícil relação entre defesa nacional e segurança pública, tema que vai além das fronteiras do país.

Para chegar até aqui beneficiei-me de debates em seminários nacionais e internacionais e da colaboração direta e indireta de várias pessoas, além da já mencionada ajuda da Faperj e do CNPq. Sou grata aos pesquisadores argentinos Gustavo Castro e Marcela Donadio, colegas da Rede de Segurança e Defesa da América Latina (Resdal), pelo intercâmbio de ideias em vários encontros internacionais. Jorge da Silva foi de uma ajuda ímpar ao me chamar a atenção para vários problemas concernentes ao tema da segurança pública e da ordem interna.

Um grupo de estudantes de graduação, de mestrado e de doutorado colaborou comigo em tempos distintos e em várias frentes. Sou grata às doutorandas Camila Lameirão e Priscila Ermínia Riscado (ciência política, Universidade Federal Fluminense) e Angela Moreira (história, Cpdoc/FGV); à mestranda Adelaide Cristina Brandão Baroni e ao mestrando Rodrigo Faray Rosa (respectivamente, história e filosofia, Universidade Federal do Rio de Janeiro). No grupo das então alunas de graduação, agradeço a Mayara Gonzalez de Sá Lobato e Julia Vogel Albrecht, ambas do curso de ciências sociais do Cpdoc/FGV. Todas e todos me auxiliaram de diferentes formas: com ideias, sugestões, correções, relatórios, cronologias, levantamento de dados, sempre com muita alegria, simpatia e profissionalismo.

Parte I

AMÉRICA DO SUL

DEMOCRACIA POLÍTICA, IDEOLOGIA E PRAGMATISMO NA AMÉRICA DO SUL

Da última década do século XX à primeira do século XXI, a América Latina como um todo cumpriu um calendário eleitoral sem graves interrupções institucionais. Tivemos o que alguns chamam de "carrossel eleitoral" e chegamos a algumas experiências polêmicas. No geral, a região foi marcada por uma grande novidade: a democracia que se tornava a regra para todos. Além disso, em alguns países, a eleição de candidatos alheios ao *establishment* para a presidência da República motivou especulações sobre um novo tempo ideológico ou um retorno a antigas formas de dominação sob nova roupagem. Um vasto leque de termos e conceitos foi acionado para registrar as mudanças em curso: ciclo revolucionário, populismo autoritário, populismo sul-americano, neopopulismo, populismo étnico, autoritarismo eleitoral, democracia nativa, democracia bolivariana, democracia participativa, socialismo bolivariano, socialismo do século XXI, governos de esquerda, eixo do mal, governos marxistas, governos estatizantes, anti-imperialismo, antineoliberalismo, personalismo, caudilhismo, pragmatismo, entre outros.

A eleição de Lula, em 2002, deu margem à expressão "eixo do mal", uma alusão aos governos de Cuba, Venezuela e do Brasil, que teriam, em princípio, objetivos contrários aos Estados Unidos. A primeira eleição de Chávez em 1998 teria iniciado um "ciclo revolucionário" que seguiu com a eleição de Ricardo Lagos (2000) no Chile, de Lula (2002 e 2006) no Brasil, de Tabaré Vásquez (2005) no Uruguai, de Evo Morales (2006 e 2009) na Bolívia, de Rafael Correa (2006 e 2009) no Equador, e, em menor escala, com a de Michelle Bachelet (2006) no Chile. As eleições de Daniel Ortega (2007) na Nicarágua e de Fernando Lugo (2008) no Paraguai dariam continuidade a esse processo. Todas essas pessoas, com exceção de Bachelet, evocada como uma vitória das mulheres e de uma esquerda tradicional, estariam identificadas com populações indígenas, com pobres e trabalhadores.

Em todos esses países, com exceção do Chile, os presidentes eleitos apareciam como alternativas ousadas diante dos antigos arranjos político-partidários. Este "ciclo", contudo, tem fragilidades, pois a maior parte dos governos com afinidades ideológicas de esquerda pautou sua ação pelo pragmatismo econômico. Além do mais, países como Colômbia, Honduras, Peru e México, por exemplo, elegeram, à mesma época, presidentes mais conservadores, enquanto o Chile, governado desde 1991 por uma frente de centro-esquerda, praticava uma política econômica praticamente apartidária. Com exceção da Venezuela, nesses países os candidatos mais expressivos, uma vez eleitos, não pautaram suas campanhas pela estatização ou por um nacionalismo xenófobo. Uma vez no poder, governos considerados de esquerda orientaram sua agenda por políticas pragmáticas sem revisões de contratos ou alternância nos modelos econômicos. O sentimento antiamericano parecia mais forte do que o sentimento antimercado, e o nacionalismo era uma grande bandeira no debate eleitoral.[2] A mobilização social em torno desses e de outros temas aconteceu prioritariamente em países com grande concentração de indígenas, como Venezuela, Equador e Bolívia.

No caso de Chile, Uruguai e Brasil, governos tidos como socialistas tiveram atuações ponderadas do ponto de vista do discurso político e, no

---

2 Sobre o sentimento antiamericano na América Latina, ver McPherson (2006).

caso do Chile, a alternância de poder de fato ocorreu em início de 2010, quando um candidato liberal foi eleito presidente da República depois de mais de 20 anos de governos da Concentración.

Assim, em vez de pensarmos em um novo ciclo ideológico ou revolucionário, seria mais plausível pensar em um conjunto de mudanças rumo à democracia representativa e participativa em meio a um espaço político matizado por várias tendências e com tradições autoritárias. Como mostraremos neste capítulo, isso envolveu a ampliação de direitos para as minorias, a ruptura com os antigos sistemas partidários, a desmilitarização do Estado, a busca por mais direitos e igualdade, mas também o recrudescimento de antigas formas de caudilhismo, tradicional fonte de poder na região. A par de tudo isso, a região continuaria enfrentando três problemas básicos e urgentes: segurança, desenvolvimento e governança.[3] Daria, também, espaço a um amplo debate, dentro e fora do governo, sobre as relações entre mídia e poder.

Para debater estes temas vamos nos deter nos países da América do Sul. Embora tenha sido comum, desde os anos 1990, falar de uma "identidade sul-americana",[4] é necessário, para começar, deixar claro que esta é uma região marcada por profundos contrastes, embora, no geral, todos sejam países injustos, violentos, pobres e extremamente desiguais. O grau em que isso acontece é, no entanto, variado. A tabela 1 mostra um pouco dessa realidade. As taxas de alfabetização e a esperança de vida estão em patamares razoáveis, mas as disparidades na renda *per capita* e nas taxas de mortalidade apontam para um quadro bem diversificado na América do Sul. A renda *per capita* varia de US$ 3.600 a US$ 14 mil e as mortes por mil nascimentos variam de oito a 45.

---

3 Pion-Berlin, 2004.
4 Este termo é utilizado, por exemplo, na Estratégia Nacional de Defesa do governo brasileiro, formulada em 2008.

TABELA 1

Alguns indicadores sociais na América do Sul

País	Taxa de mortalidade infantil*	Produto interno bruto *per capita* (US$)	Expectativa de vida (anos)	Taxa de alfabetização (%)**
Argentina	11	12.500	77	97
Bolívia	45	4.200	67	87
Brasil	23	9.400	72	89
Chile	8	14.000	77	96
Colômbia	19	8.200	73	90
Equador	21	7.100	75	91
Guiana	30	3.600	67	99
Paraguai	25	3.900	76	94
Peru	29	7.300	71	93
Suriname	19	8.200	74	90
Uruguai	11	10.700	76	98

Fonte: The World Factbook, CIA, 2009. Elaboração própria.
* Para cada mil nascidos vivos.
** Pessoas com 15 anos ou mais.

Segundo dados dos diferentes relatórios do Banco Mundial, apesar dos problemas a situação caminha numa linha positiva. A mortalidade infantil caiu quase pela metade nos últimos 30 anos, diminuíram o analfabetismo e a desnutrição infantil, os direitos das minorias têm sido mais observados, a esperança de vida cresceu em 10 anos, o PIB *per capita* cresceu. Aumentou a liberdade de imprensa, assim como o acesso à informação. Melhoraram condições de saneamento, indicadores de educação e de liberdade sindical; há mais atenção às questões do trabalho infantil e escravo, e há mais consciência da pobreza e da desigualdade. Há pouca divergência quanto à necessidade de se controlar a inflação e os gastos públicos, e a partir da virada do século o quadro econômico começou a ser revertido e as taxas de crescimento aumentaram.

Do ponto de vista político, a maior parte dos países da América do Sul experimentou, em tempos recentes, governos autoritários, militares ou não, e passou por processos de transição democrática diferenciados. Experimentou também sérias crises econômicas e financeiras, que levaram ao agravamento da inflação, da crise social e a tentativas de reforma do Estado — a maior parte questionada pelas esquerdas por seu caráter liberal. Todos se tornaram democracias com pendências sérias, em especial no que toca aos direitos humanos, à pobreza, à transparência e à violência. Democracias formais, que continuaram apresentando grandes déficits no que diz respeito ao estado democrático de direito.

Alguns analistas chegaram a temer a possibilidade de um populismo nacionalista e étnico, levando em conta certos movimentos em países com populações indígenas expressivas. Vários deles têm partidos e organizações políticas nesse sentido: na Bolívia, o Movimento ao Socialismo (MAS), de Evo Morales; no Equador, a Confederação de Nacionalidades Indígenas (Conaie) e o Movimento Indigenista Pachacutik; na Colômbia, a Aliança Social Indígena (ASI); no Peru, o Movimento Etnocacerista (ME), dos irmãos Ollanta e Antauro Humala que, em 2000, encabeçaram um movimento contra o presidente Fujimori.[5] Existem cerca de 400 grupos indígenas na América Latina, com quase 40 milhões de pessoas. São 9% da população da região, mas representam 27% da população rural, que em sua grande maioria vive abaixo da linha da pobreza. Ou seja, uma imensa massa silenciada em seus direitos e facilmente mobilizável pela expectativa de direitos, justiça e empoderamen-

---

5 Ollanta Humala foi candidato a presidente da República do Peru em 2006.

to.⁶ Com poucas exceções, esses grupos, e outros similares em processo de formação, não reivindicam seus direitos pela via radical, contrária à democracia representativa.

O trajeto dos experimentos democráticos que vêm ocorrendo na América do Sul tem variado quanto à ênfase no personalismo em contraposição ao fortalecimento das instituições, mas, de forma geral, o saldo até o fim da primeira década do século XXI é positivo e inédito, embora sua sustentabilidade seja sempre uma questão preocupante. Temos, no período em questão, um continente de paz e de democracia, com eleições periódicas e um calendário eleitoral respeitado. Avançou-se do ponto de vista da incorporação de novos atores à política, muitos vinculados a grupos étnicos, dando maior densidade à democracia, e fortaleceram-se as regras interestatais de respeito aos procedimentos constitucionais. A guerrilha e todas as formas de violência como método político têm sido gradativamente entendidas nos acordos internos e externos como formas não legítimas de oposição política.⁷

Em alguns casos, contudo, os impactos dessa transição para governos populares foram mais expressivos, como na Venezuela, onde perspectivas ideológicas militaristas e nacionalistas radicais produziram incertezas, avanços e recuos. Em outros, o crime organizado e a guerrilha geraram apreensões e proporcionaram um campo favorável a um maior intervencionismo estatal e militar. Políticas autoritárias também foram acionadas pela oposição como saídas para manejar as incertezas da democracia e para conter movimentos populares. Neste difícil balanço prevaleceu, ao

---

6   Sobre a incorporação e ampliação desses grupos étnicos na política há posições críticas e outras que as consideram um avanço da democracia. Neste último caso ver, por exemplo, Madrid (2005). Para o primeiro caso, ver Manrique (2005).

7   Uma excelente análise sobre as transformações ocorridas na América Latina em termos macropolíticos e sociais é encontrada em Garretón (2007).

fim, o respeito aos governos eleitos e a regra de mudanças do jogo apenas mediante votação no Congresso ou consultas populares, nem sempre acatadas com tranquilidade.

A Venezuela foi, de todos os países, o que mais apreensões gerou e onde um golpe militar frustrado, com forte apoio empresarial, chegou a ocorrer em 2002. A eleição de Hugo Chávez em 1998 pôs por terra o prestígio dos partidos tradicionais (o Comité de Organización Política Electoral Independiente, Copei, e a Acción Democrática, AD) que governaram o país desde os anos 1950. Desde a eleição de Chávez em 1998, o país convive com a propaganda antiamericana, pregando a ideologia do conflito, a radicalização ideológica e o radicalismo das nacionalidades. O país iniciou a segunda década do século XXI ameaçando colocar as Forças Armadas para controlar a alta de preços e acusando os Estados Unidos de prepararem uma invasão a seu território através do protetorado holandês de Curaçau e da Colômbia.

Segundo Rafael Villa (2007), sucessivas vitórias eleitorais, maiorias nos legislativos e nos poderes locais, um discurso nacionalista popular e medidas intervencionistas na economia não aumentaram os ganhos econômicos do país, que continuou a viver do petróleo: 80% dos recursos fiscais vinham desse produto, e os Estados Unidos eram seu principal comprador. Para o mesmo autor, Chávez usou politicamente o petróleo, o personalismo, a democracia participativa e o ativismo na política externa. Foi durante esse período uma fonte inesgotável de financiamentos de campanhas e de iniciativas regionais. Seu prestígio popular, a diminuição da miséria e o bom uso da máquina pública lhe renderam a adesão da população a seu projeto de concorrer à presidência da República por prazo indeterminado.

Uma extensa política social lhe deu forte legitimidade entre as populações mais carentes, como as Missões, criadas em 2003, e a rede de distribuição de alimentos chamada Mercal, que pratica preços subsidiados.

Os problemas relativos à baixa dos preços do petróleo, a crise energética e sua campanha contra certos setores da imprensa produziram momentos de contestação. Não raro Chávez respondeu às adversidades usando expressões belicistas, conclamando seus adeptos a "batalhas", a "guerras" ao "combate" contra o imperialismo. O uso metafórico e direto da guerra e das armas como recurso político foi um elemento destoante no continente, que procurou pautar sua agenda por métodos pacíficos. Diferentemente do que ocorreu na Bolívia, Chávez não encontrou em seus primeiros 10 anos de poder uma oposição orgânica.

Na Bolívia a classe derrotada não se esfacelou, e um governo mais competitivo foi possível. O MAS, do presidente Morales, foi obrigado a negociar, algumas vezes em situações tensas e de confronto. As reformas que fez aprovar até 2009 não contemplaram a eleição indefinida, apenas uma reeleição. O apoio dos vários movimentos indígenas não foi incondicional, e também com estes a negociação se fez necessária. Morales chegou a um segundo mandato em 2010 apoiado em seu prestígio pessoal e respaldado pela estrutura política do MAS, única força política de alcance nacional capaz de lançar, até então, candidatos em todas as províncias do país. O corte ideológico de sua gestão foi dado, em grande parte, por seu vice-presidente, Álvaro García Linera, intelectual marxista e ex-guerrilheiro, e pela afinidade de posições com o presidente Chávez.[8]

No Equador, país marcado por alta instabilidade política, a reeleição de Rafael Correa em 2009 não é um fato desprezível. Ao todo 19 Constituições foram redigidas desde a independência em 1830, e de 1996 a 2006 o país teve oito presidentes. Além do mais, a exemplo de quase todos os seus vizinhos, foi altamente marcado pela política das Forças Armadas

---

8 Três artigos ajudam a entender as mudanças políticas na Bolívia a partir dos anos 1980: Ballivián (2003), Mayorga (2003) e Alenda (2003).

e por uma ditadura militar de cunho nacionalista nos anos 1970. O caso equatoriano é parte do contexto sul-americano de mobilização social, étnica e classista, e nele Correa se apoiou para lançar sua candidatura e convocar uma Assembleia Constituinte, seguindo uma estratégia "refundadora" usada na Bolívia e na Venezuela.

O movimento indígena equatoriano organizado na Confederação das Nacionalidades Indígenas (Conaie) surgira como força política ainda em 1980, e desde então tornou-se protagonista na política equatoriana, influindo, por diversas vezes, nos resultados eleitorais e nos golpes de Estado. A Conaie fortaleceu-se durante os anos 1990, como contraponto a uma sociedade altamente fragmentada, com partidos políticos enfraquecidos. A eleição do economista Rafael Correa em 2006 foi apontada por estudiosos e pela imprensa como parte de um contexto de ascensão desses movimentos indígenas e nacionalistas e, portanto, como um ponto de inflexão na política local. Rafael Correa nutriu-se desses movimentos de "foragidos" que haviam protestado contra governos anteriores e chegou ao poder apoiado por uma plêiade de movimentos sociais, tendo como mola mestra o apoio indígena. No discurso de posse referiu-se às instituições políticas como sendo caducas e anacrônicas e apropriou-se de uma visão corrente na população de que uma mudança radical era necessária.[9] Anunciou que lutaria pela formação de uma Constituinte, com plenos poderes, o que significaria, na prática, extinguir o Congresso

---

9   "[...] La institucionalidad política del Ecuador ha colapsado, algunas veces por su diseño anacrónico y caduco, otras por las garras de la corrupción y las voracidades políticas. [...] El Congreso Nacional, supuestamente máxima expresión de la democracia representativa, no es percibido por la ciudadanía como su representante. Por el contrario, su pérdida de credibilidad refleja el desencanto de millones de hombres y mujeres que ansían un cambio [...]" Discurso de posse do presidente Rafael Correa, extraído do portal da Presidência da República do Equador: <www.presidencia.com.ec>.

eleito na ocasião e convocar novas eleições parlamentares.[10] Assim como na Bolívia, o processo Constituinte no Equador ocasionou perseguições, prisões e exílios. Os apoios iniciais que Correa recebera não se mantiveram constantes ao longo do governo.

A nova Carta de 2008, aprovada em referendo popular, permitiu um terceiro mandato para o presidente e proibiu a instalação de bases militares de outros países em seu território.[11] De fato, em 1998, durante o governo do ex-presidente Jamil Mahuad, que negociava um empréstimo do FMI, fora firmado um acordo permitindo o acesso e uso das instalações da base da Força Aérea equatoriana em Manta, para operações norte-americanas contra o narcotráfico. Manta está situada a 20 minutos de voo das principais áreas de conflito colombiano e representa uma posição estratégica para o controle militar do conjunto do Pacífico Sul, do Canal do Panamá e da América Central. O contrato terminou em fins de 2009, quando os Estados Unidos tiraram suas tropas do Equador e ampliaram suas bases militares na Colômbia, gerando um clima de desconforto e de denúncias quanto aos limites da intervenção norte-americana na região. O fato alimentava tensões entre os países andinos e isolava a Colômbia de seus vizinhos "bolivarianos".

Assim como nos países andinos, em praticamente todos os demais da América do Sul vivemos democracias emergentes, com processos de realinhamento partidário de contornos nem sempre precisos. No Uruguai e na Argentina, países que no passado tiveram duas das mais importantes democracias da América do Sul e que se caracterizaram por estruturas partidárias sólidas, o sistema partidário também se al-

---

10 O processo constituinte foi tenso e tumultuado. Ver, a esse respeito, o relatório de Voegel (2009).

11 Pachano, 2007.

terou substantivamente. No Uruguai, durante quase um século, dois partidos — Colorados e Blancos — dividiram o poder até a eleição de Tabaré Vásquez pela Frente Ampla em 2004, feito repetido em 2010 com a eleição do ex-guerrilheiro tupamaro, José Pepe Mojica. Na Argentina, a Frente País Solidário (Frepaso), surpreendeu como alternativa a justicialistas e radicais, mas deu lugar a um governo praticamente de partido único, embora fragmentado, o Partido Justicialista, com uma oposição dispersa. No Peru, país também marcado pela forte presença indígena e por um experimento traumático de guerrilha (Sendero Luminoso), os partidos permaneceram praticamente inexistentes como correntes de identificação política nos anos de transição.

No caso do Brasil, a eleição de Luiz Inácio Lula da Silva em 2002 simbolizou a emergência dos trabalhadores no poder, fato notável se considerarmos o elitismo e o conservadorismo da política brasileira. Não representou, contudo, uma implosão no emergente sistema partidário. Ao contrário, ajudou a lhe dar densidade.

A recente democratização no continente se fez acompanhar também por frustrações com os governos "populares" e por um profundo questionamento das instituições representativas. Partidos e Legislativo, imprescindíveis aos governos democráticos, estão sob a mira da crítica em vários países do mundo, mas o descrédito de que recorrentemente são alvo na região é preocupante. O grau de confiança nas instituições é baixo.

Os sindicatos, tradicionais meios de organização profissional e política dos trabalhadores, estão em baixa em toda a região, passando mesmo por uma crise de legitimidade. Os tradicionais partidos, de esquerda ou não, não têm expressivos graus de confiança, muito pelo contrário. Abaixo apresentamos alguns dados sobre o grau de confiança na democracia, partidos políticos, Judiciário, sindicatos, polícia e Forças Armadas nos países da América do Sul.

A confiança na democracia é maior do que a confiança nos partidos, estes, instituições em crise de legitimidade evidente. Da mesma forma, a pouca confiança no Judiciário expressa parte do sentimento de injustiça social e a precariedade do acesso à Justiça e de sua agilidade. Em relação aos sindicatos a situação é parecida com a dos partidos: baixa legitimidade, baixa confiança. Nesses quatro casos chama nossa atenção a disparidade dos indicadores referentes ao Paraguai, país em que praticamente todas as instituições clássicas da democracia estão mais desacreditadas. É de se lembrar que, não por acaso, muitos países sul-americanos lançaram mão de mecanismos de democracia participativa e direta, com ênfase em movimentos sociais como alternativas a antigas e desacreditadas instituições. Este problema, ou seja, a perda de legitimidade de antigos mecanismos de representação de interesses não é certamente um problema exclusivo da região, e há dados que alertam para a mesma situação nos Estados Unidos e em outros países.[12] O que preocupa alguns analistas são as alternativas geradas por essas inovações e sua sustentabilidade como instrumentos eficazes de produzir governos estáveis e livres.

A tabela 2 examina o grau de satisfação com a democracia; as seguintes fazem o mesmo em relação a partidos, Judiciário e sindicatos. Quanto à democracia, os dados mais destoantes dizem respeito ao Paraguai e ao Peru. São países onde, pelos dados, a satisfação é menor. Apesar de a apreciação popular não ser, em geral, positiva, em praticamente todos os países da América do Sul os indicadores de desenvolvimento eleitoral (IDE) estão contemplados: eleições livres e limpas, voto universal e eleição como principal critério de acesso a cargos públicos.[13]

---

12   Ver Skocpol e Fiorina (1999).
13   Sobre a opinião das elites em relação à democracia, ver Villa e Holzacker (2009).

TABELA 2

Grau de satisfação com a democracia (%)

País	Muito satisfeito	Satisfeito	Insatisfeito	Muito insatisfeito
Argentina	3,59	50,11	40,91	5,39
Bolívia	4,55	47,39	41,75	6,31
Brasil	6,17	54,73	32,64	6,46
Chile	1,87	47,86	44,40	5,87
Colômbia	5,74	58,86	36,52	6,88
Equador	6,34	50,50	39,91	3,25
Guiana	5,86	45,66	39,15	9,33
Paraguai	1,39	18,64	50,00	29,97
Peru	1,39	33,82	57,48	7,31
Uruguai	9,52	67,47	20,00	3,01
Venezuela	18,83	47,54	26,06	7,57

Fonte: Dados de 2008 do banco Lapop. Elaboração própria.

Em relação aos partidos políticos, Paraguai, Equador e Brasil lideram a descrença. No geral, com exceção de Guiana, Colômbia, Chile e Uruguai, mais de 50% da população não lhes dão legitimidade se considerarmos as três primeiras colunas da tabela 3. Essa situação reforça e alimenta o recurso a mecanismos de democracia direta, a exemplo de referendos e plebiscitos.

TABELA 3

Confiança nos partidos políticos (%)

País	Nenhuma	Muito pouca	Pouca	Média	Muita
Argentina	25,92	28,35	20,92	18,14	11,33
Bolívia	27,55	17,29	20,73	20,35	9,40
Brasil	32,61	16,38	19,52	17,28	7,70
Chile	20,79	10,03	15,28	24,23	18,91
Colômbia	18,14	13,92	20,46	18,76	15,08
Equador	38,92	19,75	17,42	12,68	6,39
Guiana	14,49	7,31	13,49	25,07	22,17
Paraguai	50,78	17,59	14,14	6,29	6,12
Peru	27,61	21,14	23,43	15,76	8,75
Uruguai	21,65	10,62	15,93	21,51	17,49
Venezuela	25,29	11,64	16,57	22,00	13,71

Fonte: Dados de 2008 do banco Lapop. Elaboração própria.

O Judiciário é classicamente a proteção do cidadão, o baluarte dos direitos, da lei e, portanto, da democracia. Não chega a ser uma instituição tão desacreditada como os partidos e os sindicatos, mas seu déficit de credibilidade está explícito. Apesar de todos os avanços nos mecanismos alternativos de resolução de conflitos e nas novas modalidades institucionais de acesso à Justiça — *defensorias de pueblo*, promotorias, defesa do consumidor, delegacias de mulheres, juizados especiais etc. —, o Judiciário continua sendo o calcanhar de Aquiles da democracia.

TABELA 4

Confiança no Judiciário (%)

País	Nenhuma	Muito pouca	Pouca	Média com restrições	Média	Muita com restrições	Muita
Argentina	18,48	15,36	22,08	22,49	15,16	4,78	1,66
Bolívia	10,70	10,42	20,84	16,92	19,62	8,25	3,25
Brasil	15,08	12,48	16,78	22,24	15,83	10,30	7,30
Chile	15,12	9,66	15,39	24,25	21,45	9,19	4,93
Colômbia	6,54	8,40	13,64	22,59	21,76	14,94	12,12
Equador	16,97	18,44	23,89	21,13	12,00	4,84	2,73
Guiana	10,79	7,68	12,82	20,58	24,56	12,82	10,75
Paraguai	40,43	20,95	17,23	8,57	7,79	2,60	2,42
Peru	18,33	19,48	25,99	20,69	9,47	3,96	2,08
Uruguai	10,43	7,32	12,60	21,14	21,00	15,72	11,79
Venezuela	19,68	11,88	15,88	20,17	19,04	8,15	5,20

Fonte: Dados de 2008 do banco Lapop. Elaboração própria.

Uma instituição que passa por profundas transformações e demandas em todo o mundo é o sindicato. O mundo pós-industrial alterou antigas formas de trabalho e de emprego, bem como as de representação de interesses.[14] No caso da América do Sul, foi frequente também o uso político das organizações de trabalhadores e a partidarização de seus debates e diretorias. Por várias razões os sindicatos são instituições que também sofrem uma crise de representatividade na região.

---

14   Ver Rodrigues (1998).

TABELA 5
Confiança nos sindicatos (%)

País	Muita	Média	Um pouco	Nenhuma	Não respondido
Argentina	2	12	31	52	3
Bolívia	6	20	36	34	3
Brasil	14	25	31	27	4
Colômbia	8	22	32	32	6
Chile	6	29	34	20	10
Equador	3	17	35	39	6
Paraguai	6	15	25	47	7
Peru	7	21	36	31	7
Uruguai	9	33	27	24	8
Venezuela	9	20	31	36	5

Fonte: Dados de 2005 do banco Latinobarometro. Elaboração própria.

Procuramos saber também como o sul-americano dos diferentes países avalia as instituições públicas de segurança e as Forças Armadas. No caso da polícia estamos falando da instituição que tem por função precípua garantir a ordem pública, a segurança, a vida dos cidadãos, sua propriedade e seus direitos civis. A falta de confiança nas polícias significa que o cidadão não se sente protegido nem lhes reconhece capacidade para tanto. Não por acaso, Chile e Uruguai, países menos corruptos da América do Sul, têm polícias mais admiradas. Na Colômbia, provavelmente devido ao combate contra as Farc, elas também aparecem com melhor reputação. O Paraguai mais uma vez surpreende pela maneira negativa como avalia suas instituições.

TABELA 6
Confiança na polícia (%)

País	Nenhuma	Muito pouca	Pouca	Média com restrições	Média	Muita com restrições	Muita
Argentina	26,44	17,93	19,57	17,79	11,61	4,40	2,27
Bolívia	14,89	13,50	21,95	22,70	16,02	7,53	3,41
Brasil*	15,63	12,35	14,81	22,46	16,38	10,24	8,12
Chile**	5,50	3,05	6,69	15,89	25,17	23,58	20,13
Colômbia	7,96	6,81	12,61	18,48	21,71	16,39	16,05
Equador***	19,30	15,84	20,75	19,94	14,49	6,36	3,33
Guiana	15,78	9,11	13,44	19,18	19,38	11,90	11,21
Paraguai***	32,96	18,38	19,41	11,13	9,75	4,49	3,88
Peru***	16,91	17,25	19,85	22,39	12,90	7,15	3,54
Uruguai	11,33	7,31	12,74	19,38	21,73	13,28	14,22
Venezuela	26,18	16,65	17,43	15,74	12,77	7,62	3,60

Fonte: Dados de 2008 do banco Lapop. Elaboração própria.
* Foi perguntado aos entrevistados sobre a Polícia Militar.
** Foi perguntado aos entrevistados sobre os Carabineiros.
*** Foi perguntado aos entrevistados sobre a Polícia Nacional.

A América do Sul continua sendo uma das regiões mais violentas do mundo. Segundo dados de 2009 da Global Peace Index,[15] entre 144 países do mundo, os da região (excetuando Suriname e Guiana) ocupam as seguintes posições:[16] Chile 20ª, Uruguai 25ª, Argentina 66ª, Paraguai 73ª, Peru 79ª, Bolívia 81ª, Brasil 85ª, Equador 109ª, Venezuela 120ª e Colômbia 130ª. Ou seja, aqui também há disparidades, pois temos marcas europeias, como a do Chile, e temos também os piores patamares do mundo. Nas estatísticas

---

15   Cf. <www.visionofhumanity.org/gpi/results/rankings.php>.
16   As classificações mais baixas indicam os países menos violentos.

da primeira década do século XXI, Caracas apareceu como a cidade mais violenta da América do Sul e a segunda do mundo. A Colômbia chegou a aparecer como o país que mais homicídios pratica em todo o planeta.

Para as Forças Armadas (tabela 7) as avaliações são mais positivas. Apenas na Argentina e Paraguai a avaliação altamente positiva não chega a 20% (considerando as duas últimas colunas). As Forças Armadas na Argentina tiveram um passivo político altíssimo em função da escala da repressão da ditadura (1976-1983) e da guerra das Malvinas. No Paraguai os militares se portaram, desde os anos 1950, praticamente como uma casta governante, com privilégios políticos e fiscais. O Brasil, apesar de também ter passado por uma ditadura militar (1964-1985), lidera como o país que tem as Forças Armadas mais bem-avaliadas pela população em geral.

TABELA 7
Confiança nas Forças Armadas (%)

País	Nenhuma	Muito pouca	Pouca	Média com restrições	Média	Muita com restrições	Muita
Argentina	23,99	14,60	19,65	18,21	12,79	6,36	4,41
Bolívia	7,15	6,97	12,35	23,95	24,44	16,31	8,84
Brasil	5,27	4,85	7,69	15,04	18,50	21,14	27,51
Chile	6,85	4,63	5,64	16,91	24,50	22,08	19,40
Colômbia	6,12	5,92	9,25	14,90	18,91	20,41	24,49
Equador	8,06	7,72	13,78	18,90	21,94	18,18	11,41
Guiana	6,75	5,12	8,78	17,20	24,48	19,52	18,14
Paraguai	19,39	13,49	23,68	11,08	16,09	7,33	8,94
Peru	8,16	10,86	15,37	22,52	20,43	14,16	8,50
Uruguai	15,88	7,38	9,12	18,59	18,11	12,67	18,25
Venezuela	12,20	9,08	11,70	19,36	17,30	14,89	15,46

Fonte: Dados de 2008 do banco Lapop. Elaboração própria.

A região também se ressente de falta de transparência e de rigorosa prestação de contas na maior parte dos governos. Isso se associa diretamente a dois fatores: a corrupção na maior parte dos países (com exceções, como Uruguai e Chile)[17] e a baixa presença das mulheres, de indígenas e de negros na política, ou seja, a persistente distorção na representação de grupos tradicionalmente excluídos, embora haja maior consciência política a respeito das minorias. Por exemplo, as mulheres representam mais de 30% no Congresso na Argentina, mas apenas 10% no Brasil. No Peru os indígenas não chegam a 1% no Congresso, embora sejam 43% da população. No Brasil os negros ocupam apenas 2,8% das cadeiras no Parlamento, embora sejam quase metade da população.[18]

Compromisso multilateral com a democracia

Uma das maiores novidades nas Américas e, portanto, também na América do Sul depois da Guerra Fria foi a introdução de cláusulas democráticas em praticamente todos os acordos, bilaterais ou multilaterais, de cooperação econômica, social ou de defesa. Há uma convergência de atitudes visando a fortalecer a governabilidade e a democracia, aumenta o diálogo entre os países, e os protocolos tendem nitidamente a fortalecer as regras democráticas do estado de direito. Apesar do drama da violência interna, a América do Sul é uma região de paz, com poucos gastos militares; não representa um foco de ameaça à ordem internacional e vem empreendendo esforços continuados para fortalecer a cooperação regional e a paz.

---

17 Periodicamente os dados da Transparência Internacional referendam esta informação.
18 Ver relatório da União Interparlamentar (UIP), de fevereiro de 2006, em <www.ipu.org/english/home.htm>. Acesso em: mar. 2010.

A engrenagem institucional e legal da América do Sul ficou mais equipada para reagir prontamente a ameaças que desestabilizem a democracia em cada país.[19] A principal responsável por essa inovação foi a OEA, que em 1991 aprovou a Resolução nº 1.080, destinada a autorizar a Secretaria e o Conselho Permanente desse órgão a agir imediatamente sempre que houvesse uma interrupção irregular do processo democrático ou o impedimento de funcionamento do poder democraticamente eleito em qualquer país-membro da organização.[20]

Em 1992 o Protocolo de Washington emendou a Resolução nº 1.080 para permitir a suspensão, por votação de dois terços de seus membros, de país que houvesse derrubado seu governo pela força. Em 2001 a OEA ratificou a Carta Democrática Interamericana, que define em detalhes o que vem a ser democracia, direitos e estado de direito nas Américas. A carta registra que o exercício efetivo da democracia representativa é a base dos regimes e do estado de direito para os países-membros da Organização dos Estados Americanos, e que a democracia representativa tem, entre seus elementos essenciais, o respeito aos direitos humanos e às liberdades fundamentais, eleições periódicas livres e justas e acesso ao poder mediante o respeito ao estado de direito. Dispõe, ainda, que deve haver a subordinação constitucional de todas as instituições do Estado à autoridade civil legalmente constituída.

O art. 20 da Carta Democrática Interamericana estabelece categoricamente que, em caso de um Estado-membro sofrer uma alteração da ordem constitucional que afete seriamente a ordem democrática, qualquer

---

19 Alguns autores, como Spektor (2009), contudo, entendem que a região sul-americana continuaria se caracterizando mais pelo informalismo do que por um institucionalismo consistente.

20 Desde então a Resolução nº 1.080 foi aplicada quatro vezes: nos casos do Haiti (1991), Peru (1992), Guatemala (1993) e Paraguai (1996).

Estado-membro ou o secretário-geral da OEA pode solicitar a convocação imediata do Conselho Permanente, para um exame coletivo da situação e adoção de medidas pertinentes.

Estas posições são reafirmadas, em abril de 2002, na Declaração do Grupo do Rio sobre a situação na Venezuela quando do golpe de Estado naquele país. No documento se reafirmam o direito dos povos à democracia, a obrigação dos governos de promovê-la e defendê-la e se reconhece que a democracia representativa e o respeito à Constituição são indispensáveis para a paz e o desenvolvimento da região.

O mencionado Grupo do Rio também teve papel importante nesta engrenagem institucional visando à formação do respeito às regras democráticas. O grupo foi formado no Rio de Janeiro em 1986, como mecanismo permanente de consulta e concertação política da América Latina e do Caribe. Sua estrutura é parcamente institucionalizada, o que lhe permite flexibilidade para agir em casos emergenciais. Constitui, de fato, um espaço para a diplomacia presidencial e para a expressão de posições latino-americanas e caribenhas em situações críticas nos planos regional e internacional.[21] Gradativamente a OEA e os países da América do Sul foram aumentando a percepção de que, no caso da democracia e do estado de direito, os custos de transgressão deviam ser claros e prontamente aplicáveis.

Importante assinalar que esses documentos, tratados, acordos, declarações etc. também enfatizam que a pobreza, os baixos índices de desenvolvimento humano e o analfabetismo têm repercussões negativas sobre a democracia. O art. 11 da Carta Democrática Interamericana diz literalmente que "democracia e desenvolvimento econômico e social são interdependentes e se reforçam mutuamente".

---

21 No site do Ministério das Relações Exteriores do Brasil encontram-se informações sobre conteúdo, ações e integrantes do grupo.

Outro importante arranjo político neste período pós-Guerra Fria foi a realização de encontros dos presidentes das repúblicas das Américas, o que passou a ser conhecido como Cúpula das Américas. O primeiro encontro ocorreu em Miami, em 1994; o segundo em Santiago do Chile, em 1998; o terceiro em Quebec, em 2001; o quarto em Mar del Plata, em 2005, e o quinto em Trinidad e Tobago, em 2009. Além disso, houve encontros intermediários (em 1996 e 2004) e todos reafirmaram uma agenda na mesma direção: desenvolvimento, democracia, integração econômica, direitos humanos, responsabilidade social, paz, medidas de confiança recíproca.

No último encontro o tema principal foi garantir a segurança energética e a sustentabilidade ambiental como instrumentos para a prosperidade humana.

No âmbito da América do Sul, um marco relevante foi a criação do Mercosul, em 1991. Em julho de 1998, depois de uma tentativa de golpe no Paraguai, os países-membros do Mercosul, junto com Chile e Bolívia (membros associados), assinaram o Protocolo de Ushuaia sobre compromisso democrático, dispondo que o respeito à ordem constitucional e à democracia eram condições imprescindíveis para a manutenção dos países nesse bloco regional. Ali se estabelecia que os seis países reconheciam que a vigência das instituições democráticas era indispensável ao processo de integração regional e que toda a alteração na ordem democrática constituiria obstáculo inaceitável para a manutenção desse processo. Na mesma ocasião foi lançado o documento intitulado Declaração Política do Mercosul, Bolívia e Chile como zona de paz, através do qual os governos dos seis países se prontificavam a incentivar processos de cooperação regional em termos de defesa e segurança, e a manter a paz como requisito para a existência do Mercosul.

Toda esta modelagem vai deixando claro, do ponto de vista político, os custos de uma intervenção militar, e tem desestimulado iniciativas nesse sentido. De outra parte, como lembra Pion-Berlin (2004), a fragilidade das instituições políticas e a pouca convicção na democracia por parte de alguns líderes incitam a uma ingerência militar em assuntos políticos internos. Para o autor a América Latina viveria, portanto, um paradoxo no início do século XXI: os custos para uma intervenção militar são maiores do que nunca, mas a fraqueza de governos e instituições poderia tornar maiores os custos da não intervenção militar em questões domésticas, a exemplo da segurança, da saúde e do desenvolvimento, e não apenas em temas estritamente políticos.

A possibilidade de que a pobreza e o radicalismo ideológico possam se converter em um obstáculo à estabilidade democrática tem sido fartamente enfatizada no continente.[22] Essa preocupação esteve também explicitada nas diretrizes do governo brasileiro em seu primeiro documento dedicado à política de defesa, em 1996. Intitulado Política de Defesa Nacional, o texto dizia, em seu item 1.6, que

> a implementação de uma política de defesa sustentável, voltada para a paulatina modernização da capacidade de autoproteção, depende da construção de um modelo de desenvolvimento que fortaleça a democracia, reduza as desigualdades sociais e os desequilíbrios regionais e compatibilize as prioridades nos campos político, social, econômico e militar, com as necessidades de defesa e de ação diplomática.
>
> (Brasil, 1996)

Esse documento foi substituído, em 2005, por outro em que as questões do desenvolvimento econômico se transferem para o âmbito de preocupações com integração regional, mercados e globalização.[23] Da mesma forma a preocupação aparece na Estratégia Nacional de Defesa, de 2008.

---

22 Vários relatórios do Banco Mundial têm-se dedicado ao tema.
23 Ver Política de Defesa Nacional. Disponível em: <www.defesa.gov.br>. Acesso em: 8 mar. 2010.

Dentro da região o Brasil, juntamente com o Chile, tem uma trajetória comparativamente mais bem sucedida no que toca ao controle da crise econômica, à institucionalização de sua política e à manutenção de um padrão de estabilidade financeira. Mas, de outro lado, o tema da violência doméstica, assim como o da corrupção, deixa clara a gravidade dos problemas que podem comprometer a segurança das instituições e a manutenção de um estado democrático de direito. Da mesma forma é contrastante a situação vivida por Colômbia e Venezuela em relação aos países do Cone Sul. Nenhum país do Cone Sul está tão afetado por guerrilha e grupos paramilitares como a Colômbia, e nenhum vive uma situação de deslegitimação das antigas estruturas partidárias como a Venezuela sob Chávez.

Parece unanimidade que, na América do Sul, as ameaças à democracia não virão de um golpe militar tradicional, mas há preocupação bastante disseminada quanto aos métodos políticos de alguns líderes eleitos, seus ataques à imprensa, seu discurso belicista, bem como a ingerência em questões internas de países alinhados ou não ideologicamente entre si. Nos países andinos esta preocupação é mais acentuada. A região, sabe-se, aprende a fazer política democrática sem ter tradições democráticas, tendo contra si ainda uma história de exclusões e desigualdades. Por isso os avanços e retrocessos. Falta-nos o pano de fundo da igualdade e a tradição de bons governos articulados com a sociedade civil.

Na América do Sul quatro países são classificados como de alto risco político: Colômbia, pela guerrilha das Farc; Venezuela, Bolívia e Equador em função dos problemas de natureza ideológica. São países que têm passado por confrontos de rua e protestos sociais. Em relação a eles há expectativas variadas quanto às escolhas políticas que venham a fazer e quanto às reações internas que as oposições possam ter. São zonas de incerteza, embora cada um tenha presente os custos políticos e econômicos de uma ruptura institucional. Os tratados internacionais de cooperação, em suas cláusulas democráticas, têm engessado os golpistas.

Apesar das recorrentes denúncias da influência norte-americana na região, a América Latina como um todo não tem sido prioridade para os EUA, e deles não receberá tratamento especial a não ser que questões ligadas ao narcotráfico, ao terrorismo ou às nacionalizações se intensifiquem. Na questão militar os Estados Unidos se têm limitado a insistir que as Forças Armadas cumpram funções de polícia, sejam braços auxiliares da polícia norte-americana.

A partir dos anos 1990 a América do Sul parece ter abraçado com mais empenho o princípio da proteção social, com resultados positivos se considerarmos a tragédia social anterior. O percentual de pobres e indigentes caiu de 59% em 1980 para 46% (33% pobres e 13% indigentes) em 2008.[24] As políticas sociais nunca haviam sido tão valorizadas, e o respeito às constituições nunca foi tão induzido. A integração regional facilitou essas políticas, embora seja mais um resultado de vários processos do que de um projeto definido. A democratização e as mudanças se fazem em meio a um aumento da interdependência regional.

---

24   Cepal, 2009.

2

OS MILITARES E O DESENVOLVIMENTO NA AMÉRICA DO SUL

Este capítulo aborda o papel das Forças Armadas em questões de desenvolvimento econômico e social nos países da América do Sul a partir dos anos 1990 fazendo breve retrospectiva histórica da relação dos militares com as questões econômicas, em especial a industrialização.

A questão militar na América do Sul no início do século XXI pode ser abordada por vários ângulos. O mais clássico trata das relações civil-militares, e neste aspecto as mudanças têm sido grandes: nota-se uma maior subordinação ao poder civil, ainda que o contexto seja de debilidade política para a corporação.[25] Da mesma forma ganham relevância os temas de seus papéis — social e policial. Há, na região, certa convergência na percepção de que os militares não devem voltar ao poder e de que não existe, por parte da instituição militar em geral, projetos para ocupar diretamente as funções de governo.[26] Apesar disso, os militares continuam sendo atores políticos e sociais relevantes em muitos países da América do Sul. Têm sido usados para arbitrar disputas políticas, como no caso do

---

25 Pion-Berlin, 2008.
26 Um exemplo disso foi o golpe em Honduras, em junho de 2009.

Equador; para coibir protestos, como na Venezuela; para zelar pela segurança pública, como no Brasil; para combater o narcocrime, como na Colômbia; para distribuir alimentos, cuidar do abastecimento e da saúde da população mais carente, além, claro, de assumir diferentes missões humanitárias.[27]

Ao mesmo tempo que crescem essas novas funções, alguns déficits permanecem na regulação das relações civil-militares. As relações do Congresso com as questões militares são precárias e erráticas em vários países. Aliás, em todo o continente são tímidos os trabalhos das comissões parlamentares na definição de orçamentos e planos de defesa.[28] A publicação de "livros brancos" de defesa tem sido uma tentativa de começar a socializar o debate, mas estes livros ativeram-se principalmente aos problemas das relações civil-militares e da defesa em momentos de transição política. Falta ainda um esforço sistemático de repensar a defesa e o papel das Forças Armadas em situações democráticas de longo prazo.[29]

Apesar de algumas indefinições, ou por causa delas, assim como no século XX, as Forças Armadas continuam sendo vistas no início do século XXI, em vários países da América do Sul e em várias dimensões, como um recurso instrumental para promover o desenvolvimento e para praticar políticas de bem-estar e de assistência social. A novidade é que os militares atuam agora como agentes de governos eleitos, mesmo quando esses governos se pautam por atitudes questionáveis do ponto de vista das liberdades públicas. Para a maioria dos países, passou-se da situação de Forças Armadas com comando político para uma em que estão subordinadas ao comando civil, mas ainda detêm forte protagonismo social

---

27 Pion-Berlin, 2004.

28 A Resdal tem feito um esforço grande no sentido de produzir conhecimento a esse respeito. Ver <www.resdal.org.ar>.

29 Os limites desses estudos e a necessidade de uma revisão em parâmetros para além das transições são examinados por Raza (2004).

e econômico. Em alguns países, ainda, o componente policial, ou seja, a participação nas políticas de segurança pública, também é expressivo, como na Colômbia.

Todos os trabalhos que abordam um grande conjunto de países precisam deixar claro que não é possível fazer generalizações. A América do Sul é um misto de diferentes unidades políticas, todas com suas contradições internas, e em cada uma as Forças Armadas nutrem raízes e trajetórias diversificadas. O que torna possível uma análise desse teor é o fato de que em todos os 12 países do continente os militares foram atores políticos de primeira grandeza, e hoje estão no centro de um debate sobre suas funções desejadas ou possíveis dentro de um estado democrático de direito. A exemplo do que ocorre em todo o mundo, a instituição militar na América do Sul também foi impactada pelo fim da Guerra Fria e pela necessidade de redefinir estratégias de defesa tendo em vista o que se convencionou chamar de "novas ameaças".

De um ponto de vista mais geral, a integração e a cooperação regional vêm sendo intensificadas nas Américas depois da queda das ditaduras militares nos anos 1980 e 1990. A democracia possibilitou novas regras de convivência, quebra de desconfianças, mais transparência e, portanto, a disseminação de medidas de confiança recíproca.[30] Na área de defesa e segurança os avanços são sensíveis, assim como no que toca à cooperação econômica. Mesmo com alguns retrocessos a integração se torna efetiva no Mercosul e no âmbito do Nafta, por exemplo. Da mesma forma, como evidenciado na Cúpula das Américas ocorrida em abril de 2009 os entendimentos entre os países desse hemisfério parecem transitar para uma esfera de mais tolerância e compreensão, inclusive no que se refere ao embargo contra Cuba. Na área da defesa várias iniciativas apontam para

---

30 Sobre Medidas de Confiança Recíproca (Confidence Building Measure ou CBM, em inglês) na região, ver Bromley e Perdomo (2005).

um clima de entendimento, a exemplo da Conferência dos Ministros da Defesa das Américas (CMDA) iniciada em 1995.[31]

Desde final do século XX, contudo, ganham notoriedade iniciativas no âmbito da América do Sul, um conjunto de países "latino-americanos" menos dependentes dos investimentos e da economia norte-americana e até mesmo da influência política desse país, se comparados com o México, com a América Central e com o Caribe. Uma das primeiras iniciativas para tratar a região de forma mais autônoma e integrada tem como marco a I Reunião de Presidentes da América do Sul, realizada em Brasília em fins de agosto e início de setembro de 2000, durante o governo de Fernando Henrique Cardoso, quando foi proposta a Iniciativa para a Integração da Infraestrutura Regional Sul-América (Iirsa).[32] O fórum, cujo objetivo é tratar de questões de infraestrutura que facilitem a construção de insumos (transporte, telecomunicações e energia) para a economia e a circulação de mercadorias, passou a reunir-se a cada dois anos, e a partir de 2004 passou a chamar-se Comunidade Sul-Americana de Nações (CSN). O segundo encontro foi realizado em Guayaquil, Equador, em 2002, e o terceiro em Cuzco, em 2004, quando o Brasil já era presidido por Lula. Na ocasião foram aprovados 31 projetos prioritários para a agenda de 2005 a 2010.[33] Em 2006 o grupo voltou a encontrar-se em Brasília e assinou um programa de trabalho em oito áreas prioritárias: política, integração física, meio ambiente e integração energética, mecanismos financeiros sul-americanos, assimetrias, promoção da coesão social, inclusão e justiça social, telecomunicações.[34] Trata-se, portanto, de um arranjo multinacional com aspectos multissetoriais.

---

31 Sobre essas conferências, ver capítulo 3.
32 Vigevani, Ramanzanini Jr. e Correia, 2008.
33 Cf. <www.iirsa.org>.
34 Campos, 2008.

A Iirsa foi proposta pelo Banco Interamericano de Desenvolvimento (BID) e pela Corporação Andina de Fomento (CAF), com apoio do Fundo Financeiro para o Desenvolvimento da Bacia do Prata (Fonplata) e de organizações do setor privado. Oficialmente define-se como uma "iniciativa multinacional, multissetorial e multidisciplinar que contempla mecanismos de coordenação entre governos, instituições financeiras multilaterais e o setor privado".[35] Declaradamente assume que tem como meta a retirada do Estado de funções diretas na economia e que definirá a região em termos de 10 eixos, entendidos como espaços naturais.[36]

A iniciativa tem como princípios orientadores o regionalismo aberto, ou seja, a redução das barreiras físicas e fiscais para a circulação de bens, integração, sustentabilidade, aumento do valor agregado da produção, incentivo à tecnologia, convergência normativa e coordenação

---

35 Cf. site oficial da Iirsa <www.iirsa.org>.

36 São eles, segundo dados do site da Iirsa: 1. Eixo Andino (Venezuela, Colômbia, Equador, Peru, Bolívia): integração energética, com destaque para a construção de gasodutos; 2. Eixo de Capricórnio (norte do Chile e da Argentina, Paraguai, sul do Brasil): integração energética, incorporação de novas terras à agricultura de exportação, biocombustíveis; 3. Eixo do Amazonas (Colômbia, Peru, Equador, Brasil): criação de uma rede eficiente de transportes entre a bacia amazônica e o litoral do Pacífico, com vista à exportação; 4. Eixo do Sul (sul do Chile — Talcahuano e Concepción, e da Argentina — Neuquén e Bahía Blanca): exploração do turismo e dos recursos energéticos (gás e petróleo); 5. Eixo Interoceânico Central (sudeste brasileiro, Paraguai, Bolívia, norte do Chile, sul do Peru): rede de transportes para exportar produtos agrícolas brasileiros e minerais bolivianos pelo Pacífico; 6. Eixo Mercosul-Chile (Brasil, Argentina, Uruguai, Chile): integração energética, com ênfase nos gasodutos e na construção de hidrelétricas; 7. Eixo Peru-Bolívia-Brasil: redirecionamento do fluxo das exportações agrícolas brasileiras para o Pacífico; 8. Eixo da Hidrovia Paraguai-Paraná (sul e sudoeste do Brasil, Uruguai, Argentina, Paraguai): integração dos transportes fluviais, incremento na oferta de energia hidrelétrica; 9. Eixo do Escudo Guiano (Venezuela, Guiana, Suriname, extremo norte do Brasil): aperfeiçoamento da rede rodoviária; 10. Eixo Andino do Sul (região andina da fronteira Chile-Argentina): turismo, rede de transportes.

público-privada. Em termos organizacionais é formado por um comitê de direção executiva, integrado por representantes dos governos; por um comitê de coordenação técnica, composto pelo BID, CAF e Fonplata; e por grupos técnicos executivos, formados por especialistas e representantes das três organizações bancárias.

Na prática, a iniciativa está na origem do que veio a ser firmado depois como União das Nações Sul-Americanas (Unasul), uma nova arquitetura regional de articulação de interesses que visava a reorganizar e incrementar estruturas já existentes, como a Comunidade Andina de Nações (CAN) e o Mercosul. Foi na reunião Cúpula Energética Sul-Americana, realizada em abril de 2007 na ilha Margarita (Venezuela), que os mandatários dos 12 países sul-americanos resolveram transformar a CSN na União das Nações da América do Sul.

No encontro de ilha Margarita foi criado o Conselho Energético da América do Sul, visando a traçar uma estratégia e um plano de ação para a integração de energia na região, entendidos como ferramentas para promover o desenvolvimento social e econômico e erradicar a pobreza. Na ocasião foi também analisado o potencial dos biocombustíveis para diversificar a matriz energética sul-americana e, ainda, discutida a criação do Banco do Sul.

Até início de 2010 o Banco do Sul não havia sido criado. Era necessária a aprovação pelo Congresso de cada país-membro, e havia disputas sobre seus objetivos. O Brasil defendeu a tese de que deveria apenas financiar projetos de infraestrutura, enquanto Argentina e Venezuela, por exemplo, postulavam que a instituição pudesse também atuar como um banco de empréstimos a países que estivessem passando por crises financeiras. Havia também disputas sobre o processo decisório interno e sobre o peso do voto de cada país. O tema foi também politizado por alguns, que viam na proposta uma reação ao "imperialismo financeiro" do FMI. Com todas essas ponderações e ressalvas, esta instituição financeira projetada faz parte das novas modelagens institucionais que a região passou a construir depois da Guerra Fria.

Além do Banco do Sul e do Conselho Energético da América do Sul, a Unasul lista, entre seus órgãos, o Parlamento Sul-Americano (em discussão), o Conselho de Defesa Sul-Americano, examinado no capítulo 3 a seguir, a Secretaria-Geral da Unasul, a moeda única (apenas projeto) e a Presidência (rotativa).

Até a Unasul vir a constituir-se, em maio de 2008, e mesmo depois de sua criação, outras propostas institucionais de integração estiveram em baila, como a Alternativa Bolivariana para as Américas (Alba), sugerida por Hugo Chávez, presidente da Venezuela, e apoiada por Fidel Castro, com forte teor antiamericano. A Alba foi criada em dezembro de 2004, em Havana, capital de Cuba, mediante acordo entre esses dois chefes de Estado. Em 2006, a Bolívia de Evo Morales aderiu por meio do Tratado de Comércio dos Povos (TCP), dando origem à sigla Alba-TCP. Em início de 2010 o grupo era composto por nove países: Venezuela, Cuba, Bolívia, Nicarágua, Dominica, Honduras, Equador, Antigua e Barbuda, São Vicente e Granadinas. Nesta ocasião chamava-se Aliança Bolivariana para os Povos de Nossa América — Tratado de Comércio dos Povos (Alba-TCP).[37]

Ao contrário da Unasul, a Alba quer representar toda a América Latina, e se tem pontuado por uma matriz ideológica agressiva contra os Estados Unidos. Seus documentos valorizam o desenvolvimento regional, mas abertamente criticam a economia de mercado e defendem a necessidade de uma revolução política. A Alba também explora a imagem de líderes e figuras históricas da região associadas à "libertação" nacional: José Martí, Simon Bolívar, José Artigas, Che Guevara, Augusto César Sandino, Francisco Solano López, Emilio Zapata, Perón, entre ou-

---

37   Ver site oficial do órgão: <www.alternativabolivariana.org>.

tros. Do Brasil, a lista eclética inclui Leonel Brizola, Luís Carlos Prestes, Tiradentes e Getúlio Vargas.

A coexistência de Alba e Unasul mostra as diferenças ideológicas na região e a busca de equilíbrios institucionais para expressá-las. Exprime, podemos dizer, velhas e novas maneiras de entender politicamente os problemas do continente e as responsabilidades por sua pobreza, instabilidade política e dificuldades econômicas.[38]

Ao longo do tempo, apesar das divergências, foi ficando claro que a América do Sul teria muito a ganhar com uma cooperação que fosse além das demandas imediatas, políticas e de mercado. A questão energética, por exemplo, era crucial, pois vários países apresentavam problemas nesse setor. Por isso mesmo foi ganhando espaço a questão de um desenho institucional que, levando em conta o respeito à soberania de cada país, manejasse de forma conjunta os temas de tecnologia, comunicações, indústria, transporte, energia e defesa. Neste sentido, a par de um debate ideológico que ganhou relevância especial nos países andinos e que nos remete à possibilidade de um "novo socialismo", observa-se que há um esforço crescente para a negociação de interesses comuns em vários campos, em especial os mais escassos, como a energia e os transportes.

O desenvolvimento e o combate à pobreza tornaram-se demandas muito mais presentes na região, que reúne países com extrema pobreza, como a Bolívia e o Paraguai. Em muitas situações as dificuldades de um país são atribuídas a práticas de exploração internacional, a assimetrias como a anunciada pelo Paraguai em relação ao Brasil, em particular os contratos de Itaipu, ou como a que é denunciada por alguns países em relação aos EUA. Sem querer entrar no mérito das

---

38 Demonstração dessas divergências são as críticas de Fidel Castro e de outros líderes da Alba à política de biocombustíveis do Brasil.

causas da pobreza e da baixa qualidade de vida, o fato é que o desenvolvimento em seu aspecto social entrou na pauta de forma inédita, e tem servido de combustível para eleger presidentes de extração social fora das elites tradicionais, bem como para justificar um maior engajamento dos militares em várias atividades

Essas novas democracias, ainda com baixa institucionalidade, enfrentam com dificuldades seus problemas econômicos e sociais, e ao mesmo tempo tentam responder aos temas de defesa, agora em novas dimensões. Ou seja, não se trata de defender-se de ações bélicas de outros Estados, mas de garantir o monopólio estatal da força perante o crime organizado e as "novas ameaças" em geral. Em meio a este novo cenário, para além da área de defesa *stricto sensu*, em duas outras a presença dos militares é sempre mencionada como uma possibilidade desejável ou inevitável: violência e desenvolvimento.

Todos esses temas conectados levam a se entender por que junto com a proclamação da Unasul foi criado o Conselho de Defesa Sul-Americano (CDS). Esta nova instituição tem por meta atuar como uma instância de consulta, cooperação e coordenação em matéria de defesa no âmbito da Unasul. Na declaração de Santiago do Chile, de março de 2009, quando o CDS se reuniu pela primeira vez, ficou estabelecido o compromisso com a paz regional e internacional e a busca de uma identidade sul-americana consensuada em matéria de defesa. Para tanto foram estabelecidos quatro eixos: políticas de defesa; cooperação militar, operações de paz e ações humanitárias; indústria e tecnologia de defesa planejada e integrada no âmbito dos países da região; e cooperação na área de formação e capacitação de pessoal.[39]

---

39 No documento Cebri-Cindes (2009) intitulado Força-Tarefa: o Brasil na América do Sul — Relatório Final há uma boa análise das visões sobre a integração e a cooperação sul-americana, suas origens, vantagens e dificuldades. Uma das melhores fontes em

A Unasul e seus conselhos exemplificam novas institucionalidades que fazem da América do Sul uma plataforma comum para pensar os temas de desenvolvimento econômico e de defesa. É dentro desta perspectiva que vamos nos deter no exame das Forças Armadas nesse processo de mudança.

Para efeitos dos assuntos militares e de segurança interestatal, aceitamos a tese de Buzan e Wæver (2003) de que a América do Sul forma um complexo regional de defesa menos conflitivo do que a África e a Ásia. Entre os 12 países do continente há baixo grau de polarização e baixa probabilidade de confrontos interestatais. A par disso é uma das regiões com menores gastos militares (tabela 8). Mesmo com o Brasil constando entre os 15 primeiros países do mundo em gastos absolutos, em termos percentuais seus gastos militares são pequenos — 1,5% do produto interno bruto (PIB). Na América do Sul, o Brasil representa cerca de 70% da capacidade militar instalada, enquanto Colômbia e Chile representam, cada um, 7% e a Venezuela 4%.[40]

Ainda segundo o Stockholm International Peace Research Institute (Sipri), instituto sueco dedicado ao monitoramento de gastos militares, a América Latina é a região do mundo que dedica proporcionalmente menos recursos aos orçamentos de suas Forças Armadas, ou seja, 1,4% do PIB regional. Esses valores variam bastante entre os países: são de 4% do PIB na Colômbia, 3,4% no Chile, 2,9% no Equador, 1,5% no Brasil, 1,7% na Bolívia, 1,2% no Peru, 1,3% no Uruguai e na Venezuela, 0,8% na Argentina e no Paraguai. A América do Sul, segundo a mesma fonte, responde apenas por 5% da transferência internacional de

---

português para o acompanhamento do processo de integração e cooperação na América do Sul é o Observatório Político Sul-Americano (Opsa). Ver <http://observatorio.iuperj.br>.

40 Alves e Heye, 2008.

Os militares e o desenvolvimento na América do Sul

armas, a maioria em função de compras efetuadas por Venezuela e Chile.

TABELA 8
Gastos militares por país (2007)

Países	Gasto militar (US$ bilhões)	Participação mundial (%)	% em relação ao PIB
1. Estados Unidos	547,0	45	4,0
2. Reino Unido	59,7	5	2,6
3. China	58,3	5	2,1
4. França	53,6	4	2,4
5. Japão	43,6	4	1,0
6. Alemanha	36,9	3	1,3
7. Rússia	35,4	3	3,6
8. Arábia Saudita	33,8	3	8,0*
9. Itália	33,1	3	1,8
10. Índia	24,2	2	2,7
11. Coreia do Sul	22,6	2	2,5
12. Brasil	15,3	1	1,5
13. Canadá	15,2	1	1,2
14. Austrália	15,1	1	1,8
15. Espanha	14,6	1	1,2

Fonte: *Sipri Yearbook* 2008. Os valores têm por base o dólar americano ao câmbio constante de 2005.
* Inclui gastos com defesa e segurança.

Os dados do Instituto Nueva Mayoria[41] mostram que de 2007 a 2008 os gastos militares na América do Sul aumentaram 30%, com Venezuela e Colômbia na liderança. Esses aumentos despertaram a discussão em torno de uma corrida armamentista no continente. Esta possibilidade começou a ser ventilada quando a Venezuela, a partir de 2006, passou a comprar armamentos da Rússia.[42] No entanto, os principais especialistas em armamentos são unânimes em afirmar que não se pode falar em corrida armamentista na América do Sul. As compras efetuadas, segundo essas análises, têm servido para repor material obsoleto, e o aumento dos gastos tem ocorrido basicamente em função dos aumentos de custos com remuneração de pessoal.[43] A grande desconfiança gerada pelos governos militares e a forte contenção nos gastos públicos no momento em que se processou a redemocratização diminuíram em muito os investimentos militares, criando defasagens que precisaram ser corrigidas.[44] No entanto, a retórica agressiva do presidente venezuelano, Hugo Chávez, ajudou a construir esta percepção de ameaça e desequilíbrio em termos de defesa.

A tabela 9 mostra quanto cada país da América do Sul gasta com defesa, como percentagem do PIB. Aqui também se nota que, apesar das variações, apenas dois países gastam mais de 3%: Colômbia e Chile.

---

41 Cf. <www.nuevamayoria.com>.

42 No período de 2003 a 2007 a Rússia respondeu pelo fornecimento de 93% do armamento comprado pela Venezuela; a China por 3%; e Israel por 2%. Ver Sipri (2008) e também Brigagão e Neves (2008).

43 Sipri, 2008; Donadio e Tibileti, 2008.

44 A esse respeito ver, por exemplo, Villa (2008).

TABELA 9
Comparativo de gastos e efetivos militares
América do Sul

Países	Gasto militar (US$ bilhões)*	% em relação ao PIB*	Habitantes por militar**
Argentina	2,077	0,8	538
Bolívia	0,175	1,7	212
Brasil	15,477	1,5	609
Chile	4,778	3,4	274
Colômbia	6,568	4,0	172
Equador	1,364	2,9	251
Guiana	–	–	68
Paraguai	0,720	0,8	657
Peru	1,301	1,2	259
Suriname	–	–	261
Uruguai	0,273	1,3	137
Venezuela	1,987	1,3	233

Fontes: *Sipri Yearbook 2009; **The Military Balance 2009. Elaboração própria.

A busca de novos e melhores armamentos remete a questões de tecnologia e indústria e tem forte impacto econômico, mas isso não se aplica de forma idêntica a todos os países. Além do mais, a maioria importa quase todos os seus armamentos de países europeus e dos EUA. Apenas o Brasil é um expressivo exportador de armas.

Algumas tensões políticas e ideológicas na América do Sul têm chamado a atenção para possíveis respostas militares a problemas políticos. Um deles é a guerrilha das Farc, identificada por alguns setores políticos, em vários países, como uma disputa política legítima. O presidente Álvaro Uribe, da Colômbia, foi bem-sucedido em sua corrida diplomática para considerar as Farc um movimento de caráter violento cujos métodos guerrilheiros deveriam ser recriminados por todos os países-membros da Unasul e da Organização dos Estados Americanos (OEA). O Plano Colômbia, iniciado em 2002, significou expressiva ajuda técnica e militar norte-americana no combate ao narcotráfico naquele país, e foi interpretado por líderes políticos, como Chávez, como uma ameaça de intervenção estrangeira na região e uma perda de soberania. As denúncias, por parte da Venezuela e do Equador, de que suas fronteiras eram ameaçadas pela Colômbia foram frequentes e provocaram apreensões.[45]

A Colômbia exigia que seus vizinhos não fossem condescendentes com a guerrilha, e por vezes agiu com ousadia e métodos controversos para capturar guerrilheiros nas fronteiras. Numa delas, em março de 2008, invadiu o espaço aéreo do Equador. As conexões das Farc com os governos da Venezuela e do Equador eram mencionadas em relatórios de espionagem.

Do ponto de vista da cooperação militar com os Estados Unidos, o Equador anunciava que, em 2009, os norte-americanos teriam que deixar a base de Manta. O governo norte-americano passou então a articular um contrato com a Colômbia para expandir suas bases naquele país, aumentando as denúncias de que a soberania dos países vizinhos ficaria ameaçada. Isso provocou uma reunião extraordinária da Unasul, que aconteceu em Bariloche e reafirmou o óbvio: pactos militares com países de fora da região não deveriam afetar a soberania e a inviolabilidade dos territórios dos Estados. Decidiu também que compras de armamento e exercícios militares teriam de ser comunicados ao Conselho de Defesa da Unasul.

O Acordo em Matéria de Cooperação e Assistência Técnica em Defesa e Segurança, de 2009, entre Estados Unidos e Colômbia, reafirmou o

---

45 Uma visão bastante crítica em relação à política externa da Venezuela é a de Corrales (2009).

compromisso de luta contra o terrorismo e o narcotráfico, e previu o uso pelo primeiro país de sete bases militares colombianas. Uma delas, a de Palanquero, é a mais estratégica para os Estados Unidos, pois permite o controle sobre o Pacífico e substitui a de Manta na interdição de navegações marítimas e aéreas e no controle das rotas do tráfico.[46]

O acordo foi amplamente denunciado por Chávez como uma ameaça à "revolução bolivariana" e um prenúncio de uma possível guerra regional. Em seus pronunciamentos chegou mesmo a afirmar que a população da Venezuela deveria se preparar para a guerra.[47] Ao mesmo tempo lançava a ideia de se criar "bases da paz" na Venezuela, proposta que recebe o apoio das Farc.[48]

Esses episódios fazem subir, às vezes, o tom belicista da região de forma desastrada, pois acirram velhos conflitos ideológicos e apontam para soluções igualmente extemporâneas. Apesar de tudo, as Forças Armadas têm se mantido silentes em questões políticas, mas cooperativas e operativas em várias outras frentes vinculadas ao desenvolvimento econômico e social.

Nos últimos anos as Forças Armadas em vários países têm sido acionadas ou pensadas como instrumento de desenvolvimento a serviço da nação. Esta relação não é nova e se deu de várias maneiras. Em todos os países do continente as Forças Armadas foram concebidas e pensadas como agentes de modernização.[49] Como nos lembra Huntington

---

46 Información y Análisis de América Latina (Infolatam), 20 dez. 2009. Segundo esta fonte, as demais bases foram uma demanda da Colômbia para modernizar suas instalações. Nessa ocasião o presidente da Colômbia, Álvaro Uribe, iniciou uma série de visitas a sete países da América do Sul para explicar o acordo e pedir colaboração e diálogo. Ver <www.infolatam.com>.

47 Esses episódios foram amplamente denunciados pela imprensa. Ver, por exemplo, *Folha de S.Paulo*, 10 nov. 2009.

48 Infolatam, ago. 2008.

49 Rouquie, 1964.

(1975), eram as instituições mais bem organizadas em várias sociedades e, por isso mesmo, a elas foram destinadas várias atividades em termos de pesquisa, ensino e até mesmo na esfera política. O ensino militar e as escolas militares que começaram a ser construídas em fins do século XIX continuam sendo símbolo de qualidade acadêmica em muitos países.[50]

No caso do Brasil, em particular, a parceria entre Forças Armadas e desenvolvimento é antiga. Desde os anos 1920, pelo menos, ficava claro para os militares que a soberania e a modernização seriam conquistadas com desenvolvimento econômico e com tecnologia. Esta perspectiva ganhou força durante a II Guerra Mundial, quando o país iniciava sua segunda revolução industrial, permitindo-lhe implementar a indústria de base, em especial a do aço, o que possibilitaria o começo de um novo tipo de indústria voltado para as necessidades bélicas dos militares brasileiros.[51] Para estes a industrialização era fator necessário para manter a independência nacional e, para tanto, as instituições de pesquisa precisavam ser incentivadas. Além do mais, indústria e tecnologia deveriam ser projetos do Estado e não apenas das Forças Armadas ou de institutos isolados. Neste sentido, a industrialização brasileira, que acabou sendo uma das mais bem-sucedidas do século XX, não pode ser pensada sem a presença de militares pesquisadores e de institutos militares de pesquisa, a exemplo do Instituto Tecnológico da Aeronáutica (ITA), criado em 1950, e do Instituto Militar de Engenharia (IME), de 1959.

Nos anos 1950, por exemplo, os militares tiveram importância fundamental na criação do Instituto Nacional de Pesquisa (CNPq), até hoje a mais importante agência de fomento da pesquisa no Brasil.[52] Durante o governo militar (1964-1985), o projeto industrializante dos militares foi redimensio-

---

50   D'Araujo e Castro, 1998.
51   Tronca, 1981.
52   Forjaz, 1989.

nado. Exemplo disso foi a criação da Empresa Brasileira de Aeronáutica S.A. (Embraer), em 1969, ainda hoje umas das principais companhias de indústria bélica do mundo. A Embraer era a concretização de um dos vários projetos militares visando a constituir uma indústria aeronáutica no Brasil, mas estava conectada também com a questão da segurança nacional e com o amplo engajamento dos militares no processo político.

No Brasil, o projeto industrial dos militares caminhou junto com um projeto político que visava a dar ao Estado condições de liderar o processo de desenvolvimento de forma autoritária sem as interveniências de uma mobilização social por demandas redistributivas.

Assim, a origem da Embraer assemelha-se ao que ocorreu quando da criação das indústrias siderúrgica e petrolífera nos anos 1940 e 1950. Em todos esses episódios houve uma expressiva participação militar demandando soluções rápidas e nacionalistas. Todas as empresas desses setores surgiram como empresas estatais ou de economia mista com controle estatal. Assim como a Companhia Siderúrgica Nacional (criada em 1941) foi privatizada em 1993, a Embraer foi privatizada em 1994. A Petrobras, criada em 1953, continuou uma empresa estatal, mesmo depois da crise de Estado e do processo de liberalização nos anos 1990, embora tenha perdido o monopólio da extração do petróleo.

Todos esses projetos de industrialização em setores estratégicos — aço, petróleo, indústria bélica — começaram a ser concebidos ainda durante a ditadura de Getúlio Vargas, isto é, durante o Estado Novo, entre 1937 e 1945. Significaram um pacto entre Forças Armadas e lideranças civis vinculadas ao nacionalismo desenvolvimentista da era Vargas, momento em que o Estado brasileiro assumia a iniciativa de criar uma infraestrutura de energia, transportes, siderurgia e comunicações para sustentar um projeto nacional de industrialização.[53] De fato, desde os anos 1930 foi

---

53   Forjaz, 2005.

ficando explícita para os militares a conexão entre potência industrial e potência militar. Desde então entendeu-se que a segurança nacional dependia, em grande medida, de um amplo projeto de industrialização nacional capitaneado pelo Estado.⁵⁴

Mesmo com a liberalização da economia e com as privatizações dos anos 1990, em alguns setores essa indústria mais diretamente conectada com a "defesa dos interesses nacionais" continuou recebendo especial atenção do governo. Da mesma forma, a ideia de que as Forças Armadas detêm um papel civilizatório persiste. Não apenas na pesquisa e na tecnologia industrial, mas também na educação em geral, na assistência social e em dramas humanitários as Forças Armadas são consideradas um instrumento imprescindível.

O documento do governo brasileiro intitulado Estratégia Nacional de Defesa (dezembro de 2008) menciona cerca de 90 vezes a palavra "desenvolvimento". Afirma que o destaque do Brasil no cenário internacional e o volume de sua economia indicam a necessidade de um novo patamar no campo da defesa. Ou seja, desenvolvimento, expressão internacional e liderança regional estão conectados na base dessa estratégia nacional. As Forças Armadas são ali concebidas como uma importante instituição para a promoção do desenvolvimento nacional e a consecução dos objetivos do Estado. Nessa linha de raciocínio o documento propõe que devam reproduzir, em seu interior, a composição da nação por meio do aprimoramento do serviço militar obrigatório e da "transformação de consciências".

A estratégia de defesa é entendida como parte da estratégia nacional de desenvolvimento, e as Forças Armadas concebidas como uma instituição formadora da cidadania e promotora da igualdade entre as classes. Elas participariam do projeto de desenvolvimento econômico e da construção da nacionalidade. O Sistema Nacional de Mobilização de 2007 tem impor-

---

54 Forjaz, 2005.

tante papel na conjugação de esforços para fazer das Forças Armadas uma expressão acabada dos interesses da sociedade e da segurança nacional.[55]

Em resumo, o documento Estratégia Nacional de Defesa do governo brasileiro centra-se em três eixos: reorganização e reorientação das Forças Armadas, indústria de defesa e serviço militar obrigatório. Em vários momentos afirma que o país precisa ocupar o lugar que "lhe cabe no mundo" termo que, embora vago, indica que se demanda um papel mais ativo do país como líder regional e como potência mundial emergente (sem entrar no mérito do que seus vizinhos venham a pensar sobre isso).[56] O plano de desenvolvimento da indústria de defesa, em consonância com o que é disposto pelo Conselho de Defesa Sul-Americano, é concebido ali *vis-à-vis* a integração e a cooperação com os países da América do Sul. Ao mesmo tempo, o documento insiste no papel de liderança regional do país em termos da indústria de defesa e em termos econômicos em geral.

As articulações governamentais para a estratégia são imensas. Prevê-se articulação e vinculação das políticas industriais de defesa a vários outros órgãos de governo, como os seguintes ministérios: Fazenda; Desenvolvimento, Indústria e Comércio; Planejamento; Ciência e Tecnologia e, ainda, com a Secretaria de Assuntos Estratégicos da Presidência da República. As ambições, contudo, entram em contradição com a pouca capacidade de investimento do Estado brasileiro e lhe dão, aliás, um caráter fantasioso, posto que o país está muito aquém das possibilidades de concretizá-las.

As altas conexões entre indústria de defesa e desenvolvimento não estiveram tão presentes em outros países quanto estão no Brasil, pois ne-

---

55 A base legal para este sistema é: Constituição de 1988; Doutrina Básica de Mobilização, de 14 de setembro de 1987; Política de Defesa Nacional, de 2005; Lei nº 11.631, de 27 de dezembro de 2007; e Decreto nº 6.592, de 2 de outubro de 2008.

56 Apesar de algumas convergências ideológicas entre Lula e vários presidentes da América do Sul, o Brasil tem sido crescentemente percebido como um novo imperialismo regional.

nhum outro país sul-americano levou a cabo um tão bem-sucedido projeto industrial. Em todos eles, contudo, predominou a ideia de que os militares estão diretamente relacionados com a estratégia de desenvolvimento. Isso ocorreu quando patrocinaram projetos de estatização do cobre no Chile ou do estanho na Bolívia, ou quando foram os proponentes e executores de um projeto de reforma agrária no Peru.

As ditaduras militares no continente redimensionaram o papel intervencionista dos militares nas questões econômicas, em alguns casos com resultados catastróficos. O processo de redemocratização propiciou a volta aos quartéis, mas em vários países não descartou o uso das Forças Armadas como fator de desenvolvimento nacional nem como fiel da balança no jogo político. E este é um tema que traz de volta as velhas questões sobre o papel e o limite da ação dos militares na sociedade.

Além do mais, se a ameaça de golpe de Estado por parte dos militares parece remontar à virada do século XX para o XXI, são vastas as evidências de que, em vários países, são eles que definem o rumo das crises políticas, conforme nos mostram Pion-Berlin (2008) e Trinkunas (2002). Da mesma forma, sua ação está presente em uma ampla gama de atividades sociais, que assim como no caso da Estratégia Nacional de Defesa do Brasil fazem lembrar o teor das mensagens do século XIX, quando se propunha a "nação em armas" ou o "soldado cidadão".[57] Exemplo marcante disso foi a Venezuela. As Forças Armadas, na gestão de Chávez, foram o principal braço institucional do governo e sua ação se estendeu por vários setores.

O Plano Bolívar 2000, do presidente Chávez, foi formalmente lançado em 27 de fevereiro de 1999, quando se completavam 10 anos do Cara-

---

57 No caso do Brasil, a mesma conexão entre defesa nacional e desenvolvimento já estava presente no documento intitulado Política de Defesa Nacional, de junho de 2005.

cazo, movimento popular de protesto contra as políticas liberalizantes do presidente Carlos Andrés Peres. Naquela ocasião milhares de venezuelanos foram mortos e violentamente reprimidos pela polícia e pelas Forças Armadas a mando do governo, produzindo desde então um questionamento nos quartéis quanto à legitimidade de soldados matarem trabalhadores. No momento desse protesto calculava-se que dois terços da população do país estavam vivendo abaixo da pobreza.[58]

O Plano Bolívar 2000 anunciava que, a partir de então, as Forças Armadas não mais ficariam vinculadas à imagem de submissão a uma política antipopular, antinacional e oligárquica. Propunha, então, a união entre civis e militares através de várias missões de interesse econômico, educacional etc., entre elas a Missão Bairro Adentro (saúde), Missão Robinson (educação primária), Missão Ribas (educação secundária), Missão Sucre (educação superior), Missão Milagro (oftalmologia, via acordo com Cuba), Missão Vuelvan Caras (capacitação profissional e emprego), Missão Mercal (alimentação) e Missão Ciência (cultura e ciências). Além do mais o país criou a Milícia Nacional Bolivariana, uma modalidade adicional de defesa nacional.

Duas das atividades propostas pelas missões foram as principais responsáveis pela popularidade do presidente, ou seja, aquelas destinadas a questões de saúde e de alimentação, pois responderam por melhorias expressivas nas condições sociais da população. Em 2002 a Venezuela tinha 48,6% de sua população composta por pobres e 22,2% por indigentes. Em 2008 esses percentuais haviam caído para 27,6% e 9,9%, respectivamente.[59] Estes dados, contudo, não destoam muito do que ocorreu nos demais países da América Latina, onde se verificam indicadores sociais positivos. Segundo a Cepal (2009), os pobres da América Latina somavam 43% da

---

58 Ayerbe, 2008; Cepal, 2009.

59 Cepal, 2009.

população em 2002, e os indigentes 19%. Em 2008 esses índices haviam caído, respectivamente, para 33% e 13%.

Grande parte dessas ações sociais na Venezuela foi feita com o apoio do governo de Cuba. Desde 1994, depois de sair da prisão por ter tentado um golpe contra o governo do presidente Carlos Andrés Pérez em 1992, Chávez aproximou-se de Fidel Castro. Na presidência da República, Chávez firmou um acordo petrolífero com Cuba em troca de assistência de médicos e outros profissionais na área social (médicos, enfermeiros, professores de educação física e outros profissionais de ensino e assistência social). A imprensa estimava que somavam 60 mil em fins de 2009, distribuídos em milhares de centros de atendimento por todo o país.[60] Essa alta presença cubana no país gerou descontentamentos e desconfianças entre civis e militares. O mesmo ocorreu na Bolívia, país que também empreendeu parcerias intensas com o governo cubano.

A partir de 2006 as políticas de segurança e defesa da Venezuela ficam mais agressivas pela compra de armas e equipamentos militares, pela proposta de criar uma força conjunta para a defesa da América do Sul, pela incorporação de efetivos na força de reserva, pelos treinamentos da Guarda Territorial e pelos projetos destinados ao desenvolvimento de uma indústria militar própria.[61] A aproximação comercial com a Rússia foi também fator de desconfiança e entendido como provocação aos arranjos pretendidos pelos EUA.

Na Venezuela ampliou-se a percepção de unidade cívico-militar, que na prática leva a uma maior militarização de diversos setores sociais. O desenvolvimento de um "projeto nacional" está intrinsecamente ligado ao papel dos militares e aos laços que se devem criar com a sociedade. As Forças Armadas comportaram-se como parceiras do governo em inicia-

---

60   Informações extraídas do Infolatam, jan. 2010.
61   Ver Jacome (2008).

tivas polêmicas nos planos nacional e internacional como a estatização de empresas e aeroportos, o fechamento de meios de comunicação e a contenção do movimento sindical.

Em outubro de 2009, com a rubrica "Pátria, Socialismo ou Morte. Venceremos!" foi aprovada a Lei Orgânica da Força Armada Nacional Bolivariana.[62] Por ela as Forças Armadas ficam compostas por Exército, Marinha, Aeronáutica e Guarda Nacional. Foi criada também a Milícia Bolivariana, destinada a completar as Forças Armadas como força operacional, sob a direção direta do presidente da República e sob o comando do Ministério do Poder Popular para a Defesa. Entre suas funções estão: manter a "ordem interna", cooperar em ações de defesa nacional, difundir o pensamento militar venezuelano, resguardar recursos naturais, prevenir e investigar delitos relativos a entorpecentes, atuar como polícia administrativa e auxiliar em transportes militares. De todas as iniciativas militares do governo Chávez, esta foi a que gerou mais polêmicas e especulações. As principais apontaram para os riscos de uma militarização da sociedade ou para a criação de uma milícia "particular" a serviço do presidente.[63]

Da mesma forma, na Bolívia e no Equador as Forças Armadas têm sido acionadas em momentos de crise política e têm apoiado iniciativas nacionalistas e estatizantes dos presidentes Evo Morales e Rafael Correa. A instituição, nesses dois países, está associada a um projeto de desenvolvimento que visa a aumentar o controle nacional sobre as riquezas e a produção de bem-estar para os mais pobres.

No Equador militares mantiveram importantes postos no Executivo ou no Congresso e participaram ativamente da economia nacional

---

62 Nesta mesma ocasião foi aprovada a Lei de Serviço Militar Obrigatório, este entendido como contribuição à soberania, à defesa integral e ao desenvolvimento da nação.

63 A previsão legal era que as milícias passassem a constar do orçamento governamental de 2010.

por meio de diversificadas atividades.⁶⁴ O governo militar (1972-1979) nacionalizou várias indústrias e estatizou diversas companhias, entre elas as de petróleo. As Forças Armadas firmaram-se como um ator econômico central. A Dirección de Industrias del Ejército (Dine), principal organização econômica das Forças Armadas, foi criada em 1973 em um tardio programa de substituição de importações para material de consumo e material bélico utilizado pelos militares. A Dine, desde então, atuou em três grandes áreas: manufatura, serviços, agroindústria. Suas atividades estão direcionadas para diversos segmentos, como aço, tecidos, armas e munições, energia, agropecuária, banana, construção civil e urbanização, turismo, serviços de segurança, vigilância particular, companhias aéreas e automobilísticas, bancos etc.⁶⁵ Segundo Diamint (2002), a Dine, com seus benefícios fiscais e poderio econômico, dá aos militares equatorianos o poder de competir com o Estado, bem como de atuar de maneira desigual e injusta com relação a outras empresas capitalistas privadas que atuam no setor de defesa. Este potencial econômico as diferencia das demais Forças Armadas da região, pois lhes deu um imenso império capitalista que se somou ao prestígio político.

Desenvolvimento como valor nas constituições sul-americanas

Nossas reflexões nos levam a concluir que o envolvimento das Forças Armadas com as questões de desenvolvimento na América do Sul está mais presente no complexo andino e no Brasil por motivos diferentes.

---

64 Ver <www.irenees.net/fr/fiches/entretien/fiche-entretien-28.html>.
65 Sobre as atividades da Dine, ver seu site oficial <www.holdingdine.com/content/view/17/28/>.

Isso fica claro observando os textos constitucionais de cada país.[66] No caso do Chile, da Argentina, do Uruguai e do Paraguai suas constituições nada mencionam em termos das parcerias das Forças Armadas com o desenvolvimento econômico nacional e com as questões internas de segurança.

O Brasil tem uma das constituições mais conservadoras do continente no que toca ao papel dos militares e suas prerrogativas. Além do mais, a Estratégia Nacional de Defesa de 2008 tem um aspecto extremamente conservador ao retomar velhas e antigas crenças sobre as funções das Forças Armadas como berço da nacionalidade e do civismo. Da mesma forma, o art. 142 da Carta de 1988 já atribuíra aos militares funções de manutenção da "ordem interna".[67]

Por questões diferentes, no que toca ao tema das Forças Armadas e do desenvolvimento, o Brasil está mais próximo dos países andinos do que dos demais países do Cone Sul. No caso da Bolívia, a Carta de 2007, em seu art. 245, diz que

> As Forças Armadas têm por missão fundamental defender e conservar a independência, segurança e estabilidade do Estado, sua honra e a soberania do país; assegurar o império da Constituição, garantir a estabilidade do governo legalmente constituído e participar no desenvolvimento integral do país.[68]

---

66 Sobre reformas constitucionais na América do Sul, ver Gudynas (2009).

67 "As Forças Armadas, constituídas pela Marinha, pelo Exército e pela Aeronáutica, são instituições nacionais permanentes e regulares, organizadas com base na hierarquia e na disciplina, sob a autoridade suprema do Presidente da República, e destinam-se à defesa da Pátria, à garantia dos poderes constitucionais e, por iniciativa de qualquer destes, da lei e da ordem."

68 Estas funções já estavam presentes na Constituição de 1967.

No Equador a Constituição de 2008 reduz formalmente o antigo direito dos militares de terem atuação ampla na economia, mas continua a dar-lhes o direito de participar do desenvolvimento de maneira expressiva. No art. 162 da Constituição de 2008 consta: "As Forças Armadas só podem participar em atividades econômicas relacionadas com a defesa nacional e poderão aportar seu contingente para apoiar o desenvolvimento de acordo com a lei".

No Peru também há menção explícita à conexão entre Forças Armadas e desenvolvimento econômico e social do país. O art. 171 da Carta de 1993 dispõe que as Forças Armadas e a Polícia Nacional participam do desenvolvimento econômico e social do país e da defesa civil, de acordo com a lei. O art. 163 amplia a ação dos militares para as esferas da segurança e da formação patriótica: "A defesa nacional é integral e permanente. Desenvolve-se nos âmbitos internos e externos. Toda pessoa, civil ou jurídica, é obrigada a participar na defesa nacional em conformidade com a lei". Como no Brasil, estabelece-se a conexão entre soldado e cidadão, e se dá à instituição militar um papel preeminente na segurança interna e na "garantia da lei e da ordem". Isto fica claro no art. 165, que estabelece que as Forças Armadas "têm como finalidade primordial garantir a independência, a soberania e a integridade territorial da República. Assumem o controle da ordem interna de conformidade com o artigo 137 da Constituição". Nessa direção, em maio de 2009, foi criada a Vigésima Segunda Brigada de Engenharia na região central do país, com o objetivo de construir estradas, escolas, postos médicos e outras obras e ações em benefício das populações locais.

Na Colômbia não há menção direta ao papel das Forças Armadas em atividades econômicas, mas é explícita sua ação em questões de segurança, o que, na prática, tem sido amplamente expandido em função do Plano Colômbia, que visa a combater a guerrilha das oposições armadas, em especial as Farc. O art. 216 estabelece que todos os "colombianos estão obrigados a tomar as armas quando as necessidades públicas o exijam para defender a independência nacional e as instituições públicas". O artigo seguinte afirma que as forças militares "terão como finalidade primordial a defesa da soberania, da independência, da integridade do território nacional e da ordem constitucional".

Na Venezuela o disposto na Constituição deve ser visto *pari passu* com a Lei Orgânica da Força Armada Nacional Bolivariana, de 2009. Comecemos com a Constituição que assim define o seu papel:

> *La Fuerza Armada Nacional constituye una institución esencialmente profesional, sin militancia política, organizada por el Estado para garantizar la independencia y soberanía de la Nación y asegurar la integridad del espacio geográfico, mediante la defensa militar, la cooperación en el mantenimiento del orden interno y la participación activa en el desarrollo nacional, de acuerdo con esta Constitución y la ley [...].*

(Constitución de la República Bolivariana de Venezuela, artículo 328)

O artigo seguinte estabelece que

> *El Ejército, la Armada y la Aviación tienen como responsabilidad esencial la planificación, ejecución y control de las operaciones militares requeridas para asegurar la defensa de la Nación. La Guardia Nacional cooperará en el desarrollo de dichas operaciones y tendrá como responsabilidad básica la conducción de las operaciones exigidas para el mantenimiento del orden interno del país. La Fuerza Armada Nacional podrá ejercer las actividades de policía administrativa y de investigación penal que le atribuya la ley.*

A Lei Orgânica de 2009 trata da organização das Forças e da Milícia Nacional Bolivariana e reforça o papel dos militares como agentes responsáveis por garantir a independência da nação por meio da defesa militar, da manutenção da ordem interna e do desenvolvimento nacional.

Em resumo, alguns países da América do Sul mantêm um vínculo cultural muito mais abrangente com suas Forças Armadas. Estão neste caso os países andinos e o Brasil, que demonstram uma tendência a ampliar as missões das Forças Armadas para além da área de defesa *stricto sensu*. Além de funções na segurança interna, esses países associam o desenvolvimento em termos de defesa ao desenvolvimento nacional e veem nas Forças Armadas um ator direto na formulação de um projeto nacional. Diferentemente dos países andinos, o Brasil não aceita a ação militar direta no combate ao narcotráfico, a exemplo do que é feito na Colômbia. De toda forma, esses países tendem a ampliar a ação dos militares no governo e na sociedade, o que para alguns autores é um problema para o controle civil sobre as Forças Armadas.[69]

Em sua exposição no Parlamento do Mercosul, em 16 de setembro de 2008, o ministro da Defesa brasileiro, Nelson Jobim, voltou a defender a ideia de que a região necessitava adquirir autonomia em sua indústria de defesa, fomentando sua integração. Assim, seria necessário o desenvolvimento de capacitações regionais que levassem a um avanço tecnológico baseado no princípio de que as estratégias de defesa e de desenvolvimento devem estar conectadas.[70]

O Brasil é o país mais industrializado da América do Sul e um dos que mais fazem a associação entre desenvolvimento nacional e desenvolvimento em defesa. A assimetria em relação aos demais países é imensa, pois responde por mais de 50% do PIB da América do Sul e por 70% da capacidade militar ali instalada. No entanto, quando se observam os papéis atribuídos às Forças Armadas, o Brasil está mais perto

---

69 Basombrio, 2006.

70 *Parlamento del Mercosur*, II Sesión Especial, 15 e 16 de setembro de 2008. Disponível em: <www.parlamentodelmercosur.org/archivos/Guia%20da%20XIII%20Sess%C3%A3o.pdf>. Acesso em: mar. 2010.

daqueles a elas atribuídos nos países andinos. A democracia não levou o governo e a sociedade, no Brasil, a limitar a ação dos militares na escala almejada por alguns analistas. O documento Estratégia Nacional de Defesa deixa clara a visão privilegiada que se dá às Forças Armadas como "berço da nacionalidade" e, ao mesmo tempo, propulsoras de um modelo industrial de desenvolvimento amplamente amparado em pesquisa tecnológica. Neste aspecto, ou seja, o do poder industrial, o Brasil fica na dianteira, acentuando as assimetrias econômicas entre os países da América do Sul.

Nos países andinos os governos locais estão tentando implementar políticas nacionalistas sem que haja uma base econômica sólida em termos industriais. No Brasil, tenta-se manter e ampliar um bem-sucedido projeto industrial, entendido por parte do governo e dos brasileiros como uma vantagem comparativa para solidificar a liderança regional e mundial do país.

Gradativamente vai-se verificando a crescente distância entre Brasil e Argentina, na medida em que este último país tem sido muito mais eficaz na produção de políticas e instrumentos legais que regulem e regulamentem a ação dos militares, restringindo sua ação ao plano exclusivamente militar e humanitário. A última ação nesse sentido foi a extinção da Justiça Militar na Argentina, em 2009, enquanto no Brasil discute-se a ampliação de suas funções.

As assimetrias na região tornam difícil a construção de institucionalidades capazes de dar conta do que possa ser interesse comum com garantias de soberania para todos os países. As Forças Armadas tradicionalmente têm sido um fator crucial tanto na definição de diretrizes internas quanto na cooperação internacional. Seus vínculos com projetos consistentes de desenvolvimento têm sido distintos — *vide* os casos de Brasil e Argentina. O desenvolvimento, no entanto, é um tema crucial para a região, que enfrenta problemas gravíssimos de pobreza. A forma de realizá-lo vem colocando, como vimos, outros problemas, como nacionalizações pouco discutidas antes de implementadas e a retórica agressiva de alguns dirigentes.

Tratamos aqui da influência das Forças Armadas na definição de um projeto econômico-industrial no Brasil e da sua importância, hoje, para o desenvolvimento dos países da América do Sul. Viu-se que o comprometimento das Forças Armadas com o desenvolvimento é muito maior nos países dos Andes e no Brasil, e que as assimetrias podem dificultar ainda mais o processo de integração e de cooperação, tão necessário quando se pensa em possibilidades de redução da pobreza e da desigualdade na América do Sul. Vimos também que disputas ideológicas opondo esquerda a "imperialistas ianques" ainda marcam a região e facilitam o uso da retórica belicista.

Diante disso tudo, não é demais lembrar que militares são agentes que cumprem missões, que não são *decision makers*. Devem assumir funções específicas que exigem treinamento especial, sob a direção política da Presidência da República, e dentro das orientações dos comandos hierárquicos. Eles não autorregulam suas funções, que são por natureza o uso da força bruta na defesa da soberania de um Estado nacional. A ampliação generosa de suas funções, como é feito em vários países, aumenta seu raio de ação profissional e pode aumentar a indiferenciação de papéis e uma maior autonomia militar. Num cenário pouco imaginado, pode levar a atos de indisciplina, na medida em que militares podem se recusar a obedecer a ordens que julguem não ser legitimadamente militares.

3

NOVAS INSTITUCIONALIDADES EM DEFESA NA AMÉRICA DO SUL NO INÍCIO DO SÉCULO XXI*

Na década de 1980 as democracias começaram a se recompor no hemisfério. Uma nova etapa de trabalho diplomático levou aos acordos de paz na América Central nos anos 1990 e a novos esforços visando a uma segurança cooperativa e à organização de novos organismos de defesa no continente. Neste período esgotavam-se o mundo bipolar bem como as guerras civis e as diversas ditaduras militares que dominaram o continente com o fim declarado de combater o comunismo, muitas delas com apoio explícito do governo dos Estados Unidos. Durante a Guerra Fria as desconfianças dentro e fora dos países transformaram várias ações públicas em "segredos de Estado", a principal delas a de defesa. Instituições militares tornaram-se soberanas, verdadeiros poderes de Estado, que se isentavam de prestar contas de seus atos à sociedade. O fim das ditaduras exigia, portanto, um maior controle sobre essas corporações e mais transparência. Propiciava também, nas Américas, a quebra gradativa de desconfianças clássicas sobre o poder e os planos militares de cada país, em particular no setor nuclear.

---

* Neste capítulo sou especialmente grata a Angela Moreira pela ajuda na pesquisa e pelas sugestões.

O continente redemocratizado exigia novos patamares de diálogo, e um grande interessado em tudo isso eram os Estados Unidos, maior potência regional, que tomaram a si a tarefa de rever grande parte dos intercâmbios e acordos militares vigentes durante a Guerra Fria. Os governos estavam agora formalmente desmilitarizados, mas as Forças Armadas que saíam das ditaduras eram instituições desconhecidas da sociedade e dos novos governantes; suas funções estavam, em vários casos, pouco especificadas. De outra parte, as questões de segurança ganhavam novas dimensões, desta feita em decorrência do narcotráfico, do narcoterrorismo e de outras modalidades de crime organizado em grande escala.

Se a regra no continente passava a ser a democracia eleitoral, os novos papéis e deveres dos militares em cada país não foram definidos de imediato. Por tudo isso era essencial para o futuro da paz e da democracia na região promover o conhecimento mútuo, produzir confiança, gerar cooperação, circular informação, minimizar custos de defesa regional, trocar experiências, refletir sobre a defesa regional, pensar equipamentos e treinamento militar, além de estabelecer como regra a subordinação dos militares ao poder civil democraticamente eleito. As novas institucionalidades que se vão formando para lidar com essas preocupações são, acima de tudo, espaços de aprendizado, reflexão política e de conhecimento mútuo. Algumas dessas novas instituições incorporam todos os países das Américas e precisam ser consideradas quando queremos entender a moldura institucional responsável pela política de defesa e de integração na América do Sul. Este é o caso da Conferência de Ministros de Defesa das Américas (CMDA) e da Cúpula das Américas, ambas iniciadas em 1994.

Este capítulo se propõe a apresentar a construção e os objetivos dos novos espaços institucionais de defesa nas Américas. Começamos com uma perspectiva geral sobre as instituições continentais de defesa, para, depois, nos determos no exame da construção dos novos marcos institucionais na América do Sul. Nossa hipótese é a de que, embora emergentes, instituições como a CMDA e o Conselho de Defesa Sul-Americano (CDS) têm um papel fundamental na política regional de defesa, não porque sejam capazes de ditar decisões, mas por serem espaços de discussão e de explicitação de diferenças que acabam impedindo confrontos e facilitando entendimentos e negociações. Isto é especialmente válido no que toca a um novo papel das Forças Armadas no continente, seu compromisso com a paz e a democracia, a subordinação ao poder civil democrático bem como às necessidades mais urgentes de segurança na região.

Conferências de Ministros de Defesa das Américas

A democratização na América Latina se dá em meio à emergência de realidades políticas, econômicas e sociais distintas. Nesse processo os países latino-americanos, cada um à sua maneira e em graus diferentes, vão redefinindo seus sistemas políticos e repensando seus limites e desafios. O novo cenário internacional, comprometido com a democracia, vem, no entanto, acompanhado de crise fiscal e financeira, com fortes impactos nas agendas internas de consolidação democrática e nos modelos econômicos e de segurança. Na cena internacional a região passa a se destacar por três diretrizes: governabilidade democrática, desenvolvimento econômico e segurança internacional. Questões de defesa da época irão também favorecer o ambiente para a criação de um novo fórum no qual os temas locais pudessem ser debatidos pelos representantes dos países do continente. Entre eles, o golpe militar no Haiti, em 1991, e a deflagração de conflito de fronteiras entre Equador e Peru, em 1995.

A proposta de criar um fórum de ministros de Defesa pode ser vista ainda como uma demonstração de interesse na promoção da integração regional e na manutenção de um canal institucional de comunicação entre os atores que integram o campo de defesa dos países americanos. Assim, seguindo Rojas (1996), entende-se que o governo dos Estados Unidos tomou a iniciativa de organizar esse fórum diante do cenário de desmantelamento de vários aparatos, oficiais e não oficiais de comunicação policial e militar que prosperaram entre as décadas de 1950 e 1980 e que se identificaram com uma era de radicalização ideológica e de violenta repressão política.

Herz (2002), ao analisar a política de segurança dos EUA para a América Latina a partir do final da Guerra Fria, afirma que os temas das conferências dos ministros de Defesa expressam uma nova visão de cooperação hemisférica no campo da segurança. Segundo a autora, a possibilidade de criação de medidas de confiança mútua, a cooperação no campo da defesa e o novo papel dos militares, temas discutidos nas primeiras conferências, auxiliavam na compreensão desta redefinição. Até o fim da primeira década do século XXI haviam sido realizadas oito conferências de ministros de Defesa das Américas. A primeira aconteceu em Williamsburg, Virginia, nos Estados Unidos, em julho de 1995, e a oitava em Banff, no Canadá, em setembro de 2008.

A Conferência de Ministros de Defesa das Américas foi, assim, criada com a finalidade exclusiva de constituir-se em um fórum de debate dos ministros de Defesa do continente, permitindo ampliar a cooperação e contribuindo para a segurança e defesa dos estados participantes. Não tinha, portanto, poder de decisão, e suas conclusões não poderiam ter caráter mandatório ou vinculante.

Para a reunião de 1995 o secretário de Estado dos Estados Unidos, William Perry, realizou contatos iniciais com autoridades da Argentina, do Brasil, do Canadá e do Chile. O objetivo era apresentar a proposta de criação de um fórum próprio para a discussão de temas relativos à área de segurança internacional e defesa no continente. Posteriormente, convidou os ministros de Defesa da região a conversar sobre a possibilidade de constituição da CMDA e iniciou uma série de viagens com esse propósito.

Assim, por proposta dos Estados Unidos, ficou estabelecido um fórum cujo objetivo era a promoção de encontros regulares entre os representantes da área de defesa dos países democráticos dos três subcontinentes americanos. Esta reunião integrou 34 países, cujas delegações organizaram-se em sessões plenárias e em grupos de trabalho.

Saliente-se que, a partir da década de 1990, observou-se uma mudança significativa na agenda de preocupações dos países representados na CMDA em face da amplidão tomada pelo crime organizado (narcotráfico, tráfico de armas), violência criminal, migrações, *maras*, entre outros. Os formuladores de políticas, atores estatais e governamentais responsáveis pela área de defesa aderiram na época à utilização de um novo conceito que reproduzia a maneira como percebiam esses recentes fatores geradores de instabilidade e insegurança aos quais foi dado o nome de "novas ameaças". Era um conceito amplo e impreciso, mas que chamava a atenção para o fato de que as ameaças à segurança de uma sociedade nacional não advinham mais de ataques militares convencionais, e sim de outras formas de agressão. Os atentados terroristas de 11 de setembro de 2001, em Nova York, viriam ser a expressão mais acabada e aterrorizante deste novo tipo de confronto.

Para alguns, a criação e a organização das CDMAs proporcionaram uma possibilidade de diálogo em que os países envolvidos poderiam obter ganhos sem que, necessariamente, houvesse um Estado perdedor. Isso traria ainda a possibilidade de envolver a sociedade nos assuntos de segurança e de defesa na região.[71]

A agenda dessa primeira reunião, por sugestão do secretário de Defesa norte-americano, constou de três pontos que expressavam uma pla-

---

71   Oliveira, 2008.

taforma ampla em acordo com o estágio incipiente das negociações, mas também em consonância com as necessidades consideradas mais urgentes para o início das conversações: *transparência, confiança e medidas de segurança; cooperação nas questões de defesa; e Forças Armadas nas democracias do século XXI*. Além destes, alguns outros temas apareceram no rol de preocupações de alguns países, como a não proliferação nuclear, direitos humanos, questões ambientais e guerrilha — o que evidencia o quão amplo é o conjunto de temas debatidos nesse âmbito.

Como iria acontecer ao fim das reuniões posteriores, foi lançada uma nota ao término dos trabalhos desta primeira reunião, a Declaração de Williamsburg, com seis pontos.[72] Começava mencionando que a "preservação da democracia é a base para assegurar a defesa mútua" e estabelecia alguns princípios que norteariam, a partir de então, o pensamento acerca de segurança e defesa em nível internacional. O primeiro e mais forte deles foi a vinculação tácita entre democracia e segurança. A segurança do hemisfério dependeria, agora e incondicionalmente, da manutenção da democracia. Além disso, o papel das forças militares e de segurança era o de representar de maneira legítima os Estados soberanos e democráticos, salientando sua subordinação indispensável às autoridades civis e democráticas. A declaração mencionava ainda a necessidade de respeitar os direitos humanos, promover a transparência nos gastos com defesa, estabelecer a necessária relação entre questões de segurança e desenvolvimento e incentivar a atuação das nações em missões de paz.

No ano seguinte, 1996, em outubro, foi realizada a segunda conferência, em Bariloche, Argentina. Para essa conferência a agenda proposta foi: *fomento à confiança, cooperação e manutenção da paz; impacto do tráfico de*

---

72 As declarações de todas as reuniões estão disponíveis no site da Organização dos Estados Americanos: <www.oas.org/CSH/spanish/docminist.asp>.

drogas sobre a segurança; ameaça imposta pelo tráfico ilegal de armas; e impacto dos temas econômicos sobre a segurança. Entende-se que este tenha sido um encontro mais denso que o primeiro e que tenha iniciado de fato um elenco de questões que passariam a pautar os encontros seguintes, entre eles o tráfico de drogas. Na cobertura da imprensa argentina o jornal *La Nación*[73] deu especial atenção às tensões entre EUA e alguns países da América Latina, como Chile e Brasil, no que toca à participação das Forças Armadas em atividades de combate ao crime. O jornal *Clarín*[74] também destacava a proposição americana de criação de um comitê de defesa para toda a América Latina. De fato, a ambição norte-americana de uma ação continental contra o narcotráfico acabou se restringindo ao Plano Colômbia, que viria a ser criado oficialmente quatro anos depois, ou seja, em 2000. Nessas ocasiões os EUA, apesar de serem um poder assimétrico, apresentaram propostas de engajamento das Forças Armadas dos países latino-americanos no combate ao narcotráfico, mas não receberam apoio dos demais componentes da conferência.

No discurso de abertura o ministro da Defesa argentino reforçou o objetivo estabelecido na conferência anterior, em Williamsburg, qual seja, o fortalecimento dos interesses comuns do hemisfério nas áreas de segurança e defesa entre os países das Américas e a prevalência dos valores democráticos como uma nova dimensão nessa cooperação. Ao mesmo tempo, em referência indireta ao poderio norte-americano, enfatizava a importância de reafirmar a soberania de cada Estado nacional na interlocução desse debate. Embora fosse clara a disparidade de poder e riqueza entre os Estados Unidos e os demais países, os Estados nacionais soberanos e democráticos deveriam ser a plataforma ensejada para pensar e realizar a cooperação em defesa e segurança, ainda que as ênfases fossem

---

73 Cf. <www.lanacion.com.ar/>.

74 Cf. <www.clarin.com/>.

diferentes. Os Estados Unidos ressaltavam a cooperação, e os demais países a soberania nacional, numa demonstração clara da preocupação com o possível enfraquecimento dos Estados nacionais (e de suas Forças Armadas), assunto recorrentemente interpretado nesse período como uma decorrência da globalização.

O destaque da conferência de Bariloche, sob o ponto de vista argentino, estava na importância que os países presentes ao encontro atribuíam à necessidade de desenvolver-se um processo de cooperação entre os países do continente no que tangia aos temas de segurança e defesa, à consolidação da democracia e à manutenção da paz. Também para o secretário de Defesa dos Estados Unidos, William Cohen, a ampliação da cooperação e o fortalecimento da democracia apresentavam-se como questões fundamentais após o fim das ditaduras latino-americanas e da Guerra Fria. O entendimento apontado nas palavras do secretário era o de que a democracia seria a base da segurança dos países ali representados. Para tanto era importante manter algumas diretrizes: as Forças Armadas deveriam defender interesses legítimos de Estados democráticos e soberanos, estar sob controle civil democrático, respeitar os direitos humanos, definir critérios em assuntos de defesa, partilhar essa informação com os demais países e fazer da cooperação em assuntos de defesa um valor norteador de suas ações

Um ponto delicado levantado pelo secretário norte-americano dizia respeito a medidas de transparência em questões de segurança e defesa. Por décadas, muitos países ali representados trataram desses temas de maneira extremamente sigilosa, posto que eram considerados segredos de "segurança nacional". O secretário destacava como exemplo a ser seguido o Informe Anual do Departamento de Defesa dos Estados Unidos, que aquele país já vinha divulgando como forma de incentivar a transparência entre os países. Neste sentido, o ministro da Defesa chileno mencionou a elaboração dos livros brancos de defesa. O Chile foi, na América Latina, um dos países pioneiros na elaboração deste material, que tem por objetivo divulgar os gastos, armamentos e as principais ações do setor de defesa de um país. Até 2008 apenas oito países da América Latina tinham livro branco e quatro, a exemplo do Brasil, tinham um documento intitulado Política de Defesa Nacional.[75]

A reunião discorreu sobre Forças Armadas e democracia, cooperação e confiança, mas o grande problema prático enfrentado foi a situação da Colômbia, país mais afetado pelo narcotráfico, que vivenciava um intenso e amplo movimento de guerrilha e que se transformara num dos principais exportadores de drogas para a Europa e Estados Unidos. O ministro da Defesa colombiano contextualizava o problema lembrando que o fim da Guerra Fria eliminara boa parte dos "inimigos", mas nem por isso o continente estava mais seguro, em especial seu país. Novos "inimigos" surgiram e nenhum país sofria tanto como o seu com essa realidade. De fato, na Colômbia estimava-se que o Estado perdera controle sobre cerca de um terço de seu território, e sequestros e atentados a bomba eram frequentes. Por isso lembrava a importância da colaboração internacional dos países ali presentes para o enfrentamento desse problema. Da parte do Brasil, o chefe do Emfa relembrava o interesse do país em manter a paz no continente, mas deixava claro que as Forças Armadas brasileiras *não iriam atuar no combate direto ao narcotráfico*.

A Declaração de Bariloche também é breve. Tem apenas seis pontos, quatro deles tratando das questões de fundo: referenda o compromisso entre democracia e o sistema interamericano, conforme estabelecido na Assembleia da OEA em Santiago (1991) e em Williamsburg; recomenda a construção de medidas de confiança recíproca no campo de defesa; enfatiza a necessidade de valorizar a manutenção da soberania dos Estados nacionais e de incentivar as missões de paz.

---

75 Possuíam livro branco os seguintes países: Argentina, Bolívia, Chile, El Salvador, Guatemala, Honduras, Nicarágua e Peru (Donadio e Tibiletti, 2008).

A terceira conferência foi realizada em Cartagena, na Colômbia, em fins de novembro e início de dezembro de 1998. Foi pautada por três grandes temas: *importância da realização de reuniões e trocas entre as autoridades militares e de defesa do hemisfério; necessidade de fortalecer as instituições responsáveis pelos problemas de segurança dentro das Américas; e necessidade de fortalecimento de compromissos para promover a cooperação hemisférica na luta contra o terrorismo*. Como vemos, esta pauta, não sem razão, tem na questão do terrorismo um foco central. O fato de o país-sede ser a Colômbia induzia, aliás, à introdução do tema. Os EUA, líderes do hemisfério, faziam do terrorismo o segundo tema mais importante desses encontros. O primeiro era o diálogo entre as Forças Armadas do continente.

A Declaração de Cartagena é bem maior que as anteriores. São 22 pontos que reafirmam os compromissos anteriores, mas dedicam maior atenção às questões de defesa e segurança, em particular nos países andinos e na América Central, e aos direitos humanos.

A quarta conferência ocorreu na cidade de Manaus, na Amazônia brasileira, em outubro de 2000, e versou, oficialmente, sobre *segurança hemisférica no início do século XXI; confiança mútua no continente americano, sua situação e projeção para a próxima década; defesa, desenvolvimento e possibilidade de cooperação regional*. Neste caso o terrorismo deixou de ser oficialmente nomeado e a questão do desenvolvimento foi explicitamente introduzida. Na prática, contudo, mais uma vez o tema do combate ao terrorismo foi o que ganhou destaque, em especial o Plano Colômbia. James Bodner, vice-secretário de Defesa dos EUA, declarou na ocasião que o plano seria feito "com ou sem a solidariedade internacional", o que expressava bem a decisão do governo norte-americano.[76] O presidente brasileiro, Fernando Henrique Cardoso, por sua vez, manifestou "firme apoio" ao presidente da Colômbia, An-

---

76 Bodner permaneceu no encontro depois que o secretário (ministro) da Defesa, William Cohen, deixou Manaus (*Folha de S.Paulo*, 19 out. 2000).

drés Pastrana, no combate ao narcotráfico dentro de marcos democráticos.[77] Lembrava, a esse respeito, o compromisso da Cúpula de Brasília, de 2000, de encarar o problema das drogas e delitos conexos como um "risco à coesão das estruturas políticas, econômicas e sociais dos países sul-americanos". Discordando da posição norte-americana, deixava claro que o Brasil não visualizava "a participação das Forças Armadas no combate direto a esta modalidade de crime que aflige grande parte da sociedade das Américas". Acrescentava que o Brasil reafirmava a posição da OEA de que os esforços no combate ao narcotráfico deviam se reger pelo princípio da "responsabilidade compartilhada entre países produtores, países de trânsito e países consumidores, segundo uma estratégia que confira igual ênfase ao controle da oferta, à redução da demanda e ao tratamento de dependentes". Ou seja, prevalecia aqui a opinião de que a ênfase na repressão não deveria ser direcionada apenas aos países produtores.[78]

Fernando Henrique, aproveitando o fato de a reunião realizar-se na Amazônia, chama a atenção para os problemas e possibilidades da região amazônica e seu papel estratégico para a América do Sul. Segundo ele, grande parte da integração da América do Sul passava por ali, pois "os acordos de gás natural e energia elétrica concorrem para a definição da nova geografia econômica da América do Sul". Menciona ainda o projeto Sivam — Sistema de Vigilância da Amazônia —, um exemplo do esforço para favorecer a adoção de novos padrões tecnológicos nos países amazônicos, questão essencial para o reforço da segurança regional.[79] Ou seja, mesmo se tratando de uma reunião de caráter hemisférico, o presidente brasileiro usou a ocasião para ressaltar a importância de se formar uma

---

77 *Folha de S.Paulo*, 18 out. 2000.
78 Ibid.
79 Ibid.

discussão mais sistemática sobre as possibilidades de cooperação na América do Sul, preocupação que acompanhou seu governo, conforme visto no capítulo 1. O Plano Colômbia não estava abertamente na agenda, nem foi citado explicitamente na declaração final, mas dominou a reunião.

A Declaração de Manaus, composta de 20 pontos, foi a mais explícita quanto à necessidade de combate ao narcotráfico, o que, de certa forma, acabava por endossar o Plano Colômbia. Condenava explicitamente o terrorismo e estabelecia ainda a necessidade de efetuar a separação conceitual entre narcotráfico e terrorismo, e entre "segurança e defesa, para facilitar seu entendimento doutrinário em âmbito hemisférico". Pela primeira vez mencionava-se a premência em formar civis nos assuntos de defesa, assim como em promover a integração entre civis e militares nesses debates.

A conferência de Manaus foi a primeira ocasião em que o Brasil compareceu a uma reunião do CMDA representado por um ministro da Defesa. O Ministério da Defesa do Brasil (MD) fora criado em meados de 1999 e estava, na ocasião, sendo chefiado pelo ex-advogado da União, Geraldo Quintão. Nas reuniões anteriores o Brasil se fizera representar pelos comandantes das três Forças e pelo chefe do Estado-Maior das Forças Armadas. A criação do ministério era mencionada no encontro como uma demonstração da atenção que o Brasil vinha dando às questões de defesa.[80]

A quinta conferência ocorreu em novembro de 2002, em Santiago do Chile com a seguinte temática: *preocupação com as "novas ameaças" à segurança regional e cooperação entre fronteiras direcionada a prevenir e conter os conflitos; construção de confiança nas Américas e o papel do livro branco de defesa como medida de confiança mútua; e potencial para a cooperação regional nas áreas nas quais as instituições de defesa entram em contato direto com a sociedade.*

Este era o primeiro encontro da CMDA após o 11 de setembro de 2001 e, nele, mais uma vez conclamou-se à cooperação transfronteiriça e ao combate

---

80   *Folha de S.Paulo*, 20 out. 2000.

às drogas ilícitas. Na oportunidade o secretário de Defesa dos EUA, Donald Rumsfeld, afirmou que seu país não pressionaria a América Latina para uma atitude mais ativa com relação ao combate ao terrorismo internacional.

A Declaração de Santiago tem 36 pontos, que endossam os das reuniões anteriores e, além de fazer a condenação enérgica aos atentados em Nova York, acrescentam mais ênfase nas questões do desenvolvimento econômico e social, no combate ao terrorismo e na necessidade de mais transparências com os gastos e ações de defesa em cada país. Pela primeira vez se introduz a questão de gênero ao recomendar a "incorporação de mulheres nas Forças Armadas e de segurança nos Estados do hemisfério, demonstrando um crescente grau de igualdade de oportunidades".

Os efeitos do 11 de setembro de 2001 estão presentes especialmente no item 9, quando se afirma que, no século XXI, o continente entrou numa fase mais complexa de desafios e de ameaças aos Estados, às sociedades e às pessoas. Ressalta-se a complexidade do sistema de segurança no continente, formado por novas e velhas instituições e regimes de segurança coletiva e cooperativa que, aos poucos, formam "uma nova arquitetura de segurança flexível", permitindo à região melhores condições para enfrentar as novas e as tradicionais ameaças. Essas ameaças precisariam ser abordadas de forma integral e multidimensional, buscando-se soluções coordenadas para problemas comuns, respeitando, contudo, a diversidade das respostas de cada Estado.

Em novembro de 2004 o Equador hospedou a sexta conferência na cidade de Quito. Os tópicos de discussão foram assim definidos: *coordenação de esforços regionais para incrementar a segurança hemisférica; realização de debates sobre as relações militares-civis e os diferentes papéis das Forças Armadas nos vários países dos continentes; importância da democracia como uma condição crucial para a estabilidade, a paz, e a segurança.*

Entre a conferência de Santiago e a de Quito, em meio ao impacto do 11 de setembro, ocorreu no México, em outubro de 2003, a Conferência Especial sobre Segurança, convocada pela Comissão de Segurança Hemisférica da OEA e que aprovou a Declaração sobre Segurança nas Américas. Esta declaração definiu as principais ameaças ao hemisfério[81] e recomendou que a CMDA deveria constituir-se em espaço apropriado para promover o conhecimento recíproco, a confiança mútua, o diálogo e a transparência em matéria de defesa.

Em Quito, mais uma vez, o secretário de Defesa dos Estados Unidos, Donald Rumsfeld, defendeu que as Forças Armadas deveriam se adaptar aos novos tempos e reagir ao terrorismo ampliando suas funções e assumindo ações policiais.[82] Brasil, Argentina e Chile rechaçaram a ideia.

A Declaração de Quito tem 46 itens, a mais extensa de todas até 2008. Além de reafirmar as declarações anteriores e o compromisso com a Carta Democrática Interamericana, dava mais atenção aos arranjos institucionais a serem considerados nos temas de defesa. Apoiou-se explicitamente o Comitê Interamericano Contra o Terrorismo (Cicte), criado em 1998. Também explícito foi o apoio ao Comitê Consultivo da Convenção Interamericana Contra a Fabricação e o Tráfico Ilícito de Armas de Fogo, Munições, Explosivos e Outros Materiais Relacionados (Cifta), fundado em 1999, bem como aos programas de segurança da Organização de Avia-

---

81 Eram elas: *"El terrorismo, la delincuencia organizada transnacional, el problema mundial de las drogas, la corrupción, el lavado de activos, el tráfico ilícito de armas y las conexiones entre ellos; La pobreza extrema y la exclusión social de amplios sectores de la población que afectan a la estabilidad y la democracia; Los desastres naturales y los de origen humano, el VIH/SIDA y otras enfermedades, así como otros riegos a la salud y el deterioro del medio ambiente; La trata de personas, como una modalidad de esclavitud moderna; Los ataques a la seguridad cibernética, conocido también como el ciberterrorismo; La posibilidad de daños (NBC), como producto de un accidente o incidente durante el transporte marítimo de materiales potencialmente peligrosos, incluidos el petróleo, material radioactivo y desechos tóxicos; La posibilidad del acceso, posesión y uso de armas de destrucción masiva (WMD) y sus medios vectores por parte de terroristas"* (Velarde, 2003).

82 *Folha de S.Paulo*, 17 nov. 2004.

ção Civil Internacional (Oaci) e aos trabalhos da Comissão de Segurança Hemisférica sobre a definição do vínculo entre a OEA e a Junta Interamericana de Defensa (JID), conforme aprovado na Conferência Especial sobre Segurança, realizada no México, em 2003. Recomendaram-se, ainda, a criação de um Sistema Cooperativo de Segurança e o fortalecimento dos vínculos entre as conferências de ministros de defesa das Américas, as conferências dos exércitos americanos, os sistemas de cooperação das forças aéreas americanas e a Conferência Naval Interamericana. Desta feita, toda a estrutura institucional era mencionada de forma direta, indicando amadurecimento nas conversações.

Em outubro de 2006, em Manágua, na Nicarágua, a conferência mais uma vez centrou-se em problemáticas que, em grande parte, repetiam as anteriores: *sistema de segurança hemisférica, cenários e regimes sub-regionais; fortalecimento da cooperação e da institucionalidade nas Américas; medidas de fomento à confiança e à segurança; cooperação em operações multinacionais nas Américas; e modernização e transformação das instituições de defesa.*

Também neste encontro os EUA procuravam neutralizar a influência de Hugo Chávez na América Latina e conter o aumento do sentimento de antiamericanismo na região. Da mesma forma incentivavam o engajamento das Forças Armadas dos países ali presentes na "guerra ao terror" enviando forças ao Iraque e ao Afeganistão.[83]

A Declaração de Manágua tinha 15 pontos, a maior parte dedicada a temas ligados ao terrorismo e ao narcotráfico. Os pontos recomendavam: o fortalecimento da Comissão de Segurança Hemisférica da OEA; a modernização das instituições relacionadas a segurança e defesa no hemisfério; a ratificação ou adesão à Convenção Interamericana sobre a Transparência na Aquisição de Armas Convencionais; a condenação a toda forma de terrorismo e crime organizado transnacional; a prevenção, combate e

---

83 *Folha de S.Paulo*, 4 out. 2006.

erradicação da proliferação de armas pequenas e leves; a manutenção da América Latina e do Caribe como zona livre de armas nucleares; e maior envolvimento dos países em operações de paz.

Em Banff, no Canadá, ocorreu a oitava Conferência, em setembro de 2008. O temário deste encontro foi norteado pelos seguintes itens: *aprimoramento da defesa e da segurança hemisféricas, regionais e sub-regionais; fortalecimento da cooperação em matéria de defesa e segurança entre os países das Américas, em particular os pequenos Estados; e maior participação dos países das Américas em missões de paz da ONU.*

Mais uma vez a ênfase recaiu nos temas do terrorismo e do crime organizado e, novamente, os Estados Unidos usaram a oportunidade para tentar impor suas posições a esse respeito. Apesar das assimetrias, as regras de diálogo e de igualdade entre os participantes impediam que qualquer país impusesse uma posição contra a vontade dos demais. Este era o caso da demanda norte-americana pelo envolvimento direto das Forças Armadas de todos os países no combate ao narcotráfico.

Ao fim, a declaração dali resultante constou de 29 pontos, a maioria tratando de aspectos formais da institucionalização do evento, visando a uma definição melhor do seu espaço no sistema interamericano. Sugeriu também a criação de uma secretaria executiva da conferência, com as funções de observar os trabalhos e cooperar com as outras organizações de defesa das Américas.

Ainda no aspecto institucional, recomendava aos países que enviassem à OEA e à ONU o Relatório Padronizado das Nações Unidas sobre Gastos Militares. Chamava a atenção para a construção de capacidades para enfrentar catástrofes naturais por meio do Comitê Interamericano para a Redução de Desastres Naturais (CIRDN), e reafirmava, para tanto, o papel do Escritório das Nações Unidas para a Coordenação de Assuntos Humanitários (Ocha). Declarava apoio a programas educativos, tais como a Associação Internacional de Centros de Treinamento para a Manutenção da Paz (IAPTC) e a Associação Latino-Americana de Centros de Operações de Paz (Alcopaz). Também decidia construir um grupo de trabalho, presidido pelo Canadá, para avaliar, até dezembro de 2008, as modalidades de cooperação da CMDA e da Junta Interamericana de Defesa (JID) com a OEA.

À parte estas recomendações, que continuam fortalecendo aspectos institucionais, a declaração era também mais criteriosa na questão da perspectiva de gênero nas operações de manutenção da paz.[84] Solicitava o compromisso de promover a incorporação da perspectiva de gênero no âmbito da defesa, a capacitação de civis em assuntos de defesa e a contribuição da sociedade civil e da comunidade acadêmica em matéria de defesa e segurança.

Um aspecto fundamental deste encontro foi a condenação do terrorismo em todas as suas formas e manifestações, e a condenação de ações de grupos armados ilícitos que praticassem ou fomentassem a violência, independentemente de sua origem ou motivação, tal como demandava a Colômbia. A introdução da expressão "origem ou motivação" era um marco importante na definição da legitimidade dos Estados no combate à violência. A guerrilha das Farc por muito tempo permaneceu como ponto de discórdia, ora considerada por alguns países como movimento de caráter político e, portanto, não passível de condenação *a priori*, ora considerada um agrupamento criminoso. A decisão de condenar a violência organizada militarmente ou apenas armada era uma solução que permitiria um entendimento entre todos os países em dois sentidos: condenar a violência armada e não aceitar outras formas de oposição política que não a eleitoral. Na ocasião a Bolívia foi escolhida como o país-sede da nona Conferência, em 2010.

As CMDAs, ao longo do tempo, parecem caminhar para constituir uma comunidade de segurança regional que se apoiará em uma arquite-

---

84 Referia-se à Resolução nº 1.325/2000 do Conselho de Segurança das Nações Unidas.

tura institucional dispersa, a qual, provavelmente, precisará ser revista, como ocorreu nos vínculos entre JID e OEA. De toda forma, observando as pautas e recomendações das oito conferências ao longo de mais de uma década, observam-se mudanças incrementais, expansão da agenda e atenção crescente ao aspecto institucional. No início predominavam as declarações sobre democracia, estado de direito, subordinação dos militares ao poder democrático civil e transparência. Digamos que foi uma fase mais doutrinária, em que se buscava consolidar um patamar comum: as Forças Armadas do hemisfério seriam obedientes ao poder civil democraticamente eleito; haveria cooperação, incentivo à confiança recíproca entre os países e esforço constante pela paz. Esta era uma plataforma comum, sedimentada nos primeiros encontros, que se foi ampliando para temas de engenharia institucional, aspecto fundamental para que a conferência pudesse contribuir de forma mais intensa na montagem do sistema interamericano. A CMDA nasceu como um fórum de debates, e assim continuou sendo nos primeiros oito encontros. Mesmo assim, passou a demandar formas mais institucionalizadas para circular informações e propor soluções. É isto o que se observa particularmente no que ocorre no Canadá, quando temas pouco legitimados são introduzidos, como a perspectiva de gênero nas Forças Armadas e o respeito aos direitos humanos e ao direito internacional no combate ao crime.

Note-se que este é um espaço marcado pela assimetria norte-americana em relação aos demais países. Assim mesmo os Estados Unidos não tiveram sucesso no aspecto em que mais insistiram: o envolvimento das Forças Armadas dos países-membros no combate ao crime organizado, ou seja, em funções de polícia. A CMDA funcionou, de fato, como um espaço de discussão, sem voto qualificado ou poder de veto para qualquer membro, e representou, sem dúvida, um passo inédito nas questões militares do continente. A moeda corrente neste fórum é a de que as Forças Armadas são instituições de defesa e segurança, que precisam de metas ditadas pela sociedade e de controle político democrático. A par disso, têm de cooperar nas definições de segurança hemisférica e regional, e estar preparadas e qualificadas para suas funções constitucionais. Valorizam-se ali a instituição militar, o conhecimento mútuo e a proteção, cooperação e diálogo na solução de problemas que afligem o continente, sem abrir mão da soberania de cada país.

O terrorismo — que ameaça especialmente aos Estados Unidos — e as ameaças dos vários tipos de crime organizado a todos os países do hemisfério passaram a exigir dos Estados nacionais respostas novas em matéria de segurança e defesa que vão além da ocupação militar e policial, por exemplo. Neste novo contexto de democracia, paz continental e crise de segurança, o CDMA não só é produto dessas mudanças como pode, de fato, vir a cumprir um papel importante por permitir explicitar posições, aparar divergências e propiciar um debate mais amplo sobre os temas de defesa, tradicionalmente um campo hermético nos países do continente, com exceção de Canadá e Estados Unidos, onde os civis têm forte presença nessa esfera. Um saldo positivo foi a condenação de todas as formas violentas e armadas de enfrentamento aos governos democraticamente constituídos, como queria a Colômbia — apesar de algumas posições, como a da Venezuela, que queriam preservar para as Farc um conteúdo de oposição política com uso legítimo da violência.

Mudança e continuidade nos organismos de defesa e segurança no hemisfério

Uma série de organismos foi citada até aqui, o que torna necessário fazer uma breve referência a alguns deles, mesmo porque explicitam outras modalidades de cooperação militar durante a Guerra Fria, permitindo melhor avaliar novidades como a formação da CMDA. Na área estritamente militar vimos a existência da Conferência de Exércitos das Américas (CEA), criada em 1960, logo depois da Revolução Cubana, por iniciativa do Comando Sul do Exército dos Estados Unidos, com base na zona do Canal, no Panamá. Tinha por finalidade formar um espaço de debates e de intercâmbio de experiências e informações entre os exércitos do continente.[85] Na mesma ocasião foram criadas duas organizações congêneres para as outras duas forças mais importantes (Marinha e Aeronáutica): a Conferência Naval Interamericana (CNI) e o Sistema de Cooperação das Forças Aéreas Americanas (Sicofaa).

Na 10ª reunião da CEA, em Caracas (setembro de 1973), foi formada, por meio dos agregados militares, uma rede de consultas dos serviços de inteligência militar sobre terrorismo, o que veio a ser conhecido como Agremil. Em 1981, durante reunião realizada em Washington foram feitos novos acordos bilaterais desse teor e criada uma secretaria permanente com sede no Chile para tratar da troca de informações sobre o que era então considerado comunismo e subversão. Por estas razões a CEA é, muitas vezes, interpretada como o embrião da Operação Condor, uma rede de cooperação entre os militares do Cone Sul visando a perseguir os opositores dos governos da região.[86]

Até 2008 a CEA reuniu-se 28 vezes em diferentes cidades do continente. Em outubro de 2008 foi realizado em Buenos Aires, com a presença dos comandantes de Exército de 14 países,[87] o XXVIII Ciclo da

---

85 Os países fundadores foram: Argentina, Bolívia, Brasil, Chile, Colômbia, Costa Rica, Equador, El Salvador, Estados Unidos, Guatemala, Honduras, Nicarágua, Panamá, Paraguai, Peru, Uruguai e Venezuela.

86 Ver, por exemplo, Gaudichaud (2003).

87 Bolívia, Brasil, Canadá, Chile, Colômbia, Equador, Estados Unidos, El Salvador, México, Nicarágua, Paraguai, Peru, República Dominicana e Uruguai.

CEA, que era integrada, na éapoca, por 20 países titulares e cinco observadores.[88]

No âmbito da OEA, criada em 1948, sobressai-se a Comissão de Segurança Hemisférica, que tem por finalidades: elaborar projetos referentes ao combate ao tráfico de armas e pessoas e à criminalidade organizada transnacional; cooperar para segurança hemisférica; fortalecer a confiança; contribuir para a segurança, o controle de gastos militares e a transparência na aquisição de armamentos; atuar em desastres naturais e no desmonte de minas terrestres.

A Junta Interamericana de Defesa (JID), por sua vez, foi criada em 1942, no Rio de Janeiro, durante a Terceira Reunião de Consulta de Ministros das Relações Exteriores das Repúblicas Americanas, como uma organização autônoma que tinha como finalidade planejar e organizar a defesa coletiva do hemisfério.[89] Na prática sempre atuou sob forte influência dos Estados Unidos, contrariando a posição de países como o Brasil, que demandavam um maior controle coletivo sobre a instituição. Em março de 2006, depois da recomendação feita pela Conferência Especial sobre Segurança realizada no México em 2003, a JID foi formalmente incorporada à OEA, sob o princípio da necessidade da subordinação militar à autoridade civil, estabelecendo-se, assim, um vínculo jurídico entre as duas instituições.[90] A JID passou, então, a prestar assessoramento à OEA em matéria de defesa, relações entre funcionários civis e militares dos países-membros, destruição de armas, estudos sobre doutrina, transparência e segurança, entre

---

88 Ver também Zattara (2006).

89 Ferreira, 2007.

90 Ver o discurso do presidente da Junta Interamericana de Defesa, contra-almirante Elis Treidler Öberg, quando da nova inserção institucional do órgão à OEA. Disponível em: <www.jid.org/pt/about/greetings/>. Acesso em: mar. 2010.

outros.[91] Na prática perdeu poder militar operacional, como queriam os Estados Unidos, que a usaram em alguns momentos para pressionar governos de países rivais, e passou a ser uma entidade de assessoria e estudos da OEA na área de defesa.[92]

No âmbito continental temos ainda o Tratado Interamericano de Assistência Recíproca (Tiar) criado em setembro de 1947, no Rio de Janeiro, de acordo com as disposições da ONU, e que começou a funcionar em fins de 1948. É um instrumento de segurança coletiva dos povos americanos, de caráter operacional, visando à defesa de qualquer país do continente que seja atacado ou agredido por outro país ou forças estrangeiras. A administração de seu acionamento e de suas ações está a cargo da OEA.

Outras formas de cooperação e diálogo internacional persistem no continente, como os encontros bilaterais de chefes de estados-maiores, reuniões multilaterais como as da Junta Interamericana de Defesa, da Comissão de Segurança Hemisférica, Conferência das Forças Armadas Centro-Americanas, Sistema de Segurança Regional do Caribe e reuniões de comandantes militares do Caribe.

A malha institucional que trata das questões de defesa no continente é mais complexa e inclui ainda associações, convênios e comitês, vários deles mencionados acima, mas nem todos. Nosso intuito, contudo, foi chamar a atenção para mudanças substantivas nos principais arranjos institucionais no campo da defesa, que passou a se pautar por controle civil, democracia, paz, ajuda humanitária, cooperação, confiança e transparência. Isto não quer dizer que houve uma perda na hegemonia dos Estados Unidos, mas que a convivência militar em tempos de paz e de democracia precisaria de novos controles, e que essas decisões acabariam atingindo a todos.

---

[91] Cf. site da JID: <www.jid.org/>.
[92] Ver Duarte (2006).

Novas institucionalidades em defesa na América do Sul no início do século XXI

Na prática, contudo, em se tratando das Américas, há que se considerar a grande engrenagem norte-americana de defesa que predomina ao sul do hemisfério. Trata-se do Comando do Sul dos Estados Unidos, órgão do Departamento de Defesa do governo norte-americano e um dos 10 comandos norte-americanos. Foi criado em 1941, durante a II Guerra Mundial, por Franklin Roosevelt. Chamou-se inicialmente Comando de Defesa do Caribe e, depois, Comando Caribe, e tinha por função precípua defender a região do Canal do Panamá. Em 1963, durante o governo de John Kennedy, no auge da Guerra Fria, passou a chamar-se Comando do Sul, e passou a atuar numa área de 31 países e 10 territórios, abrangendo a América Latina ao sul do México, o mar do Caribe e o oceano Atlântico. Tem como missão conduzir operações militares e promover cooperação em segurança para que os Estados Unidos da América "alcancem seus objetivos estratégicos".[93] É uma organização continental a serviço da segurança do país hegemônico que pode definir até onde ir militarmente para defender esses interesses. Com o fim da Guerra Fria passou por redefinições e colocou mais interesse na segurança e na estabilidade regional, especialmente em assuntos de operações contra o narcotráfico.

O Comando do Sul acolheu a Quarta Frota, criada em 1943 com vistas a derrotar a esquadra nazista no Atlântico Sul, e parte dela atuou no Brasil, em Natal, no Rio Grande do Norte, realizando operações de patrulhamento. Em 1950 foi desativada, pois a essa época a preocupação dos Estados Unidos estava centrada ao Norte, num contexto marcado pela tensão entre as forças da ONU e as do Pacto de Varsóvia.

Em meados de 2008, ao mesmo tempo que se negociava a formação da Unasul, o Comando do Sul anunciou a reativação da Quarta Frota, uma das sete que o país mantém em vários pontos do mundo. O fato deu margem a muitas hipóteses veiculadas na imprensa e no governo sobre

---

93 Cf. <www.southcom.mil>.

as possíveis intenções desse gesto.[94] Especulou-se, por exemplo, se seria uma reação ao avanço da esquerda no continente, uma ameaça às riquezas oriundas do pré-sal na costa do Brasil, uma forma de pressionar o combate à guerrilha do narcotráfico na Colômbia, uma resposta ao aumento de gastos militares na América Latina e à Unasul etc. Independentemente das intenções, é claro que essa iniciativa é parte de um redesenho dos meios a serem usados pelos Estados Unidos na defesa de seus interesses estratégicos no período pós-Guerra Fria. Ou seja, ao mesmo tempo que o continente avança em cooperação militar entre seus países mediante a CMDA, por exemplo, os Estados Unidos fortalecem sua posição de país hegemônico.

A presença norte-americana no complexo hemisférico de defesa fica também exponenciada pelo Plano Colômbia e por arranjos regionais, como o Mecanismo de Cooperação Regional 3 + 1, criado em 2002 por demanda dos Estados Unidos como um fórum de cooperação em assuntos de contraterrorismo na área sul-americana da tríplice fronteira entre Argentina, Brasil e Paraguai.

Com o fim da Guerra Fria os Estados vão redesenhando suas estratégias de defesa, e as mudanças têm sido constantes, como as que aqui descrevemos. Ao fim, observa-se um novo equilíbrio relativo de forças em que a antiga ameaça, o comunismo, não mais existe, mas a liderança regional, os Estados Unidos, permanece inalterada.

Conselho de Defesa Sul-Americano (CDS)

Com a criação do CDS, a América do Sul foi uma das últimas regiões a criar um fórum permanente de segurança e defesa. A União Europeia

---

94 Uma análise crítica sobre a reativação da Quarta Frota pode ser encontrada em Gomes et al. (2009).

criou, em 1975, a Organização para a Segurança e Cooperação na Europa (Osce) e, na antiga União Soviética, surgiu, em 1991, a Comunidade dos Estados Independentes (CEI). Na Ásia temos, entre outras, a Organização para Cooperação de Xangai (OCX), de 2001, e a Associação de Nações do Sudeste Asiático (Asean), de 1967. Na África há, por exemplo, a Comunidade para o Desenvolvimento da África Austral, criada em 1992, o Grupo de Monitoramento do Cessar-Fogo da Comunidade Econômica dos Estados da África Ocidental (Ecomog), de 1990, e a União Africana, de 2002.

Embora seja uma instituição emergente, o CDS, criado em 2008 por iniciativa do Brasil, tem-se prestado a muitas interpretações. Duas delas ilustram, no limite, as preocupações ou descrenças em torno de sua criação. De um lado há quem o veja como uma manifestação do Brasil para alavancar sua liderança regional e mundial impondo-se como um poder assimétrico no âmbito da América do Sul, sempre em consonância com os interesses dos Estados Unidos. Isso se daria como parte da estratégia do Brasil para conquistar uma cadeira no Conselho de Segurança da ONU e tornar-se uma liderança internacional mais forte, convertendo-se na potência média no plano global que representaria os interesses da região.[95] Seria, assim, parte das ambições globais do Brasil depois de ter ultrapassado a Argentina como liderança regional. Para tanto o país estaria dando continuidade a seu projeto de construção de submarino nuclear e reequipando suas forças de terra e de ar. O conselho poderia ainda ser concebido como parte dos planos brasileiros de fortalecer sua indústria de defesa e de se impor como principal fornecedor na região.[96] De outro lado, há quem o veja como mais uma formalidade, uma intenção, com pouco ou nenhum poder efetivo em relação à hegemonia militar e polí-

---

[95] Vera, 2009.

[96] Ver, por exemplo, Manaut, Celi e Diamint (2009).

tica dos Estados Unidos.[97] Lembre-se, a esse propósito, que a América do Sul, segundo Alsina Júnior (2009:57), "não possui densidade de poder suficiente para perturbar o balanço estratégico global. Sobretudo tendo em vista o fato de que sua principal potência [o Brasil] é um ator pouco importante do ponto de vista militar". Assim, segundo o mesmo autor, embora o Brasil seja o país mais forte da América do Sul, ele pouco significa no âmbito da segurança internacional, tendo em vista a fragilidade de seu aparato de defesa.

Ambas as interpretações posicionam-se no paradigma das disputas por liderança regional e refletem desconfianças recorrentes em relação ao Brasil e aos Estados Unidos. Saindo, contudo, da dicotomia conspiração-simulacro, é importante pensar o conselho como parte de um processo de redefinição da política de segurança regional e como mais uma evidência da preocupação em institucionalizar o espaço de debate e de cooperação entre os países em matéria de defesa dentro de uma perspectiva de subordinação ao poder civil. Indo além de uma ideia de alianças reativas de defesa como o Tiar, o CDS e os países ali presentes tendem, a exemplo do CMDA, a apostar na prevenção dos conflitos, posição apoiada pelo "império" e que contrariou, de início, a proposta venezuelana de criação de uma "Otan do Sul", defensiva e com caráter operativo.[98]

Sem dúvida, o CDS é decorrência de um longo processo de criação de laços de confiança entre os países da América do Sul, em especial entre Brasil, Chile e Argentina, a partir da segunda metade dos anos 1970, re-

---

97 Esta tese é em parte defendida por Senhoras (2009). Da mesma forma, Alsina Júnior (2009) concorda com a pouca expressividade militar do Brasil.

98 Um histórico sintético do CDS é encontrado em <www.resdal.org/csd/gestacion-del-csd-libro-chile.pdf> — Ministério de Defensa Nacional do Chile, jul. 2009. Acesso em: mar. 2010.

dundando, entre outras ações, na criação do Mercosul, na formulação de vários acordos de segurança regional e na criação do Comitê de Exércitos do Mercosul e Associados.[99] É produto também de um esforço integrado por políticas de desenvolvimento, desta feita enfocando a indústria da defesa. Assim, ao mesmo tempo que o hemisfério como um todo inova criando a CMDA e os Estados Unidos reeditam a Quarta Frota, os países da América do Sul procuram se organizar como um espaço com necessidades e objetivos comuns mais estreitos e passíveis de serem acolhidos em novas instituições particulares, a exemplo da Unasul e seu Conselho de Defesa Sul-Americano.

Essas iniciativas inspiram-se em uma série de compromissos norteados pela perspectiva de paz no continente. Durante os anos 1990, quatro declarações presidenciais firmaram o compromisso pacifista, a saber: a Declaração de Ushuaia, de 1998, que criou a zona de paz do Mercosul; o Compromisso de Lima: Carta Andina para a Paz e a Segurança, que definiu sete compromissos, entre os quais a limitação e controle de gastos destinados à defesa externa, de junho de 2002; a Declaração de Guayaquil sobre a zona de paz e cooperação sul-americana, assinado durante a Segunda Reunião de Presidentes da América do Sul, em julho de 2002; e a Declaração de São Francisco de Quito, sobre estabelecimento e desenvolvimento da zona de paz andina, de julho de 2004. Também nessa década, em 1995, foi realizada, em Santiago do Chile, a Primeira Conferência de Fomento de Medidas de Confiança Mútua e de Segurança.

No âmbito interno, o Brasil passou a desenvolver estudos, por meio da então Secretaria de Assuntos Estratégicos, visando a definir objetivos nacionais de longo prazo, o que resultou, em 2004, na apresentação do "Projeto Brasil 3 Tempos: 2007, 2015 e 2022". Aqui grande ênfase passava a ser dada aos temas de defesa, como esforço individual do Brasil ou

---

99 Sobre a cooperação entre Brasil e Argentina, ver Soares, Samuel (2005).

como esforço conjunto com seus vizinhos, com o objetivo de enfrentar ameaças e desafios, garantir a proteção do território e apoiar negociações no plano internacional.

Na Primeira Reunião de Ministros da Defesa da Comunidade Sul-Americana de Nações (Casa, posterior Unasul), realizada em junho de 2006, na Colômbia, à qual compareceram todos os países da América do Sul à exceção da Guiana, foi lançada a Declaração de Bogotá, que sustentava ser necessário fortalecer a cooperação entre todos os ministérios de Defesa e forças de segurança da região para consolidar a América do Sul como zona de paz e estabilidade, bem como desenvolver uma luta mais efetiva contra os vários tipos de ameaças que pudessem emergir nos Estados em questão.[100]

Em fins de 2007, quando o presidente Lula anunciava o desejo de que o país ocupasse uma cadeira permanente no Conselho de Segurança da ONU, ele também anunciava a intenção de criar um Conselho de Defesa da América do Sul, sem detalhar suas atribuições.[101] Em fevereiro de 2008 a ideia foi oficialmente lançada pelo presidente brasileiro na Argentina. Naquela ocasião, Nelson Jobim, ministro da Defesa, afirmou que seu objetivo seria o "entendimento com todos os países sul-americanos para que pudessem ter uma mesma palavra sobre defesa".[102] Ao mesmo tempo, o ministro destacava o ponto de vista do Brasil sobre a necessidade de integração das indústrias de defesa da região. Segundo ele, não haveria como pensar em um avanço tecnológico das forças armadas sul-americanas sem que se produzisse localmente os insumos necessários para promover sua independência.

---

100 Informações detalhadas sobre todo o histórico do CDS são encontradas no site oficial do órgão: <www.cdsunasur.org>.

101 Ver Agência Brasil, 11 dez. 2007. Disponível em: <http://agenciabrasil.ebc.com.br>. Acesso em: jun. 2009.

102 Ver Agência Brasil, 24 fev. 2008. Disponível em: <http://agenciabrasil.ebc.com.br>. Acesso em: jun. 2009.

Uma séria crise diplomática ocorrida no início de março de 2008 pareceu acelerar os entendimentos para a criação do CDS. Referimo-nos à incursão das Forças Armadas colombianas em território equatoriano para capturar o segundo integrante mais importante das Forças Armadas Revolucionárias da Colômbia, as Farc.[103]

A partir daí o ministro Jobim empreendeu uma série de viagens internacionais em busca de apoio para que o CDS fosse criado em maio seguinte, em Brasília, quando seria assinado o Tratado Constitutivo da Unasul. A primeira viagem foi dedicada aos Estados Unidos, onde Jobim encontrou a secretária de Estado, Condoleezza Rice, e explicou a iniciativa em palestra na JID.[104] A julgar pela imprensa e pelos relatos da ocasião, a recepção norte-americana à ideia foi positiva. Note-se que até aquele momento não havia qualquer documento ou proposta escrita que explicitasse para o público o que vinha sendo discutido.

Depois dos Estados Unidos, o ministro Jobim iniciou visitas aos países da América do Sul, onde se reuniu, bilateralmente, com presidentes e ministros de Defesa. Sintomaticamente, começou pela Venezuela, cujo presidente chegara a propor uma cooperação militar em termos mais agressivos.

---

103 Este fato teve como consequência o rompimento de relações entre os governos do Equador e da Colômbia. Segundo o informe da Reunião de Consulta de Ministros das Relações Exteriores da Organização dos Estados Americanos (OEA), o fato pode ser caracterizado como uma violação da soberania e da integridade territorial do Equador. Ver Declaración de los Jefes de Estado y de Gobierno de Grupo de Río sobre los acontecimientos recientes entre Ecuador y Colombia, assinada em Santo Domingo, República Dominicana, em 7 de março de 2008. Disponível em: <www.oas.org/consejo/sp/docs/RC00089501.doc>. Acesso em: maio 2009.

104 Na ocasião o ministro declarou: "Eu não estava pedindo licença, apenas dando ciência a um parceiro internacional e mostrando que se trata de um assunto claramente da América do Sul". Ver reportagem "EUA ajudam quando ficam longe, diz Jobim", do jornal *Folha de S.Paulo*, de 22 mar. 2008.

A proposição do Conselho de Defesa Sul-Americano divulgada nessa ocasião inspirava-se claramente no modelo de integração europeia, com objetivos menos ambiciosos, visando primordialmente a criar um clima de confiança mútua e de maior transparência no relacionamento entre Estados.[105] Assim mesmo a proposta não foi aprovada pela Colômbia, que demandava posições mais enérgicas na definição de terrorismo. Em decorrência disso foi criado um grupo de trabalho para reelaborar a proposta. O presidente colombiano, Álvaro Uribe, pleiteava que os outros países da região se comprometessem a combater o terrorismo e afirmava-se disposto a integrar o CDS mediante a aceitação de três condições: as decisões do conselho deveriam ser tomadas por consenso; o conselho deveria deixar claro que haveria o reconhecimento explícito das forças institucionais consagradas na Constituição de cada país; e o conselho deveria rechaçar todas as organizações violentas e/ou irregulares, armadas, sem importar sua origem.[106] Finalmente, em dezembro de 2008, em reunião especial da Unasul, em Salvador, Bahia, com a adesão da Colômbia, o conselho foi ratificado como órgão de "consulta, cooperação e coordenação em matéria de defesa".[107] Seus objetivos anunciados são consolidar a América do Sul como zona de paz, construir uma identidade regional em matéria de defesa e produzir consensos para fortalecer a cooperação regional.

Em sua primeira reunião, em março de 2009, no Chile, foi estabelecido um cronograma de trabalho com os planos de ação do conselho para o período de 2009 e 2010, definidos em quatro eixos: políticas de defesa;

---

[105] Senhoras (2009); site do CDS: <www.cdsunasur.org>.
[106] Ver jornal *El Tiempo*, de 19 jul. 2008.
[107] Ver documento de criação do CDS em <www.defesa.gov.br/mostra_materia.php?ID_MATERIA=32704>. Neste encontro foi também criado o Conselho de Saúde Sul-Americano. Acesso em: mar. 2010.

cooperação militar, ações humanitárias e operações de paz; indústria e tecnologia da defesa; formação e capacitação.[108]

O documento de criação do CDS divide-se em cinco tópicos, o primeiro dos quais diz respeito à natureza, ou seja, institui que será uma instância de consulta, cooperação e coordenação.

O segundo trata dos princípios. O conselho, seguindo os princípios estabelecidos pela ONU, OEA e Unasul, atuará respeitando a soberania, integridade e inviolabilidade territorial dos Estados, a não intervenção em assuntos internos dos países e a autodeterminação dos povos; ratificando a plena vigência das instituições democráticas, o respeito irrestrito aos direitos humanos e o exercício da não discriminação no âmbito da defesa, o estado de direito; promovendo a paz e a solução pacífica de controvérsias; fortalecendo o diálogo e o consenso em matéria de defesa mediante o fomento de medidas de confiança e transparência; salvaguardando a plena vigência do direito internacional de acordo com o estabelecido pela ONU, OEA e Unasul; preservando e fortalecendo a América do Sul como um espaço livre de armas nucleares e de destruição em massa, promovendo o desarmamento e a cultura de paz no mundo; reconhecendo a subordinação constitucional das instituições de defesa à autoridade civil legalmente constituída; afirmando o pleno reconhecimento das instituições encarregadas da defesa nacional consagradas pelas constituições dos Estados-membros; incentivando a redução das assimetrias existentes entre os sistemas de defesa dos Estados-membros da Unasul de modo a fortalecer a capacidade da região no campo da defesa; fomentando a defesa soberana dos recursos naturais de nossas nações e a participação cidadã nos temas de defesa; reconhecendo o gradualismo e a flexibilida-

---

108 Mais informações sobre a criação da Unasul e do CDS podem ser encontradas em: <www.resdal.org/ultimos-documentos/consejo-defensa-suramericano.pdf>. Acesso em: mar. 2010.

de no desenvolvimento institucional da Unasul e na promoção de iniciativas de cooperação no campo da defesa e, ainda, as diferentes realidades nacionais; reafirmando a convivência pacífica dos povos, a vigência dos sistemas democráticos de governo e sua proteção, em matéria de defesa, perante as ameaças ou ações externas ou internas, no marco das normativas nacionais. Da mesma forma, rechaça a presença ou ação de grupos armados à margem da lei que exerçam ou propiciem a violência, qualquer que seja sua origem. Neste aspecto formal que acabamos de mencionar, o CDS replica, em grande parte, o que é ditado pela CMDA.

O terceiro tópico trata dos objetivos, os três primeiros de caráter geral: consolidar a América do Sul como uma zona de paz, base para a estabilidade democrática e o desenvolvimento integral de nossos povos, e como contribuição à paz mundial; construir uma identidade sul-americana em matéria de defesa que leve em conta as características sub-regionais e nacionais e que contribua para o fortalecimento da unidade da América Latina e do Caribe; gerar consensos para fortalecer a cooperação regional e avançar gradualmente na análise e discussão de uma visão conjunta em matéria de defesa; identificar os fatores de risco e ameaça que possam afetar a paz regional e mundial; estimular o intercâmbio na formação e na capacitação militar; compartilhar experiências e apoiar ações humanitárias, como a desminagem, a prevenção e mitigação de desastres naturais e a assistência às suas vítimas; compartilhar experiências em operações de manutenção de paz das Nações Unidas; intercambiar experiências sobre os processos de modernização dos ministérios de Defesa e das Forças Armadas; promover a incorporação da perspectiva de gênero no âmbito da defesa.

O quarto tópico trata da estrutura e o quinto do funcionamento: o CDS será integrado pelos(as) ministros(as) de Defesa, ou seus equivalentes, dos países-membros da Unasul, e as delegações nacionais serão compostas por altos representantes das Relações Exteriores e de Defesa e pelos assessores cuja participação os Estados-membros considerem necessária. A instância executiva do conselho será integrada pelos(as) vice-ministros(as) de Defesa e a presidência caberá ao país que ocupar a presidência *pro tempore* da Unasul. O conselho reunir-se-á todo ano, fará relatórios periódicos, criará comissões de trabalho. Os acordos serão firmados por consenso.

Uma série de iniciativas foi proposta para a institucionalização do CDS, entre elas a realização do Primeiro Encontro Sul-Americano de Estudos Estratégicos, ocorrido em novembro de 2009, no Rio de Janeiro, e a criação do Centro Sul-Americano de Estudos Estratégicos de Defesa (CSEED), em Buenos Aires. Um grupo de trabalho coordenado pela Venezuela ficou encarregado de elaborar o inventário e o registro dos centros e instituições dedicados ao estudo da defesa em cada país e de criar uma rede sul-americana de capacitação e formação. Ao Equador coube fazer o diagnóstico da indústria de defesa dos países-membros. Os resultados deste empreendimento são imprevisíveis, mas pode-se supor que será mais um dos canais importantes para gerenciar possíveis crises políticas e de fronteiras, em especial nos países andinos.

Ajustes retardatários e corporativos no Brasil na área da defesa: notas finais

O governo brasileiro encerrou a primeira década do século XXI promovendo modificações e reconfigurações no campo da defesa, em escala nacional e regional, mas ainda num patamar inferior ao de seus vizinhos do Cone Sul. A criação do Ministério da Defesa, em 1999, e a elaboração de uma Estratégia Nacional de Defesa (END), em 2008, são partes dessa reformulação. Não se aceitou, contudo, a confecção de um livro branco, por mais frágil que este instrumento pudesse ser, nem se acatou, na prática, uma maior presença de civis na gestão do Ministério da Defesa. O tema continuava restrito aos setores militares, apesar de algumas tentativas para reverter esse quadro.

A Estratégia Nacional de Defesa parece ter sido pautada por dois princípios complementares que refletiriam a posição de conforto e de euforia do governo quanto às possibilidades do país: estabilidade econômica e política do Brasil, e posição de destaque no contexto internacional. Para o ministro da Defesa, Nelson Jobim, o núcleo argumentativo que norteava e justificava a necessidade de fomentar a área de defesa do país tinha a ver com a remodelação dos paradigmas políticos e econômicos que comandaram as relações políticas durante grande parte do século XX. Nesse contexto, e com as propostas da Estratégia, o Brasil estaria consolidando "sua posição no mundo".[109] Ou seja, nitidamente o documento acena para uma projeção de liderança do país na região e no mundo, o que tanto pode ajudar na tomada de decisões — como na criação do CDS — quanto pode dificultar uma efetiva cooperação ou despertar desconfianças. Importante lembrar que, como vimos no capítulo 2, a questão do desenvolvimento é crucial neste documento: a Estratégia Nacional de Defesa e a Estratégia Nacional de Desenvolvimento seriam ações inseparáveis, a segunda motivando a primeira. Assim, observa-se que este novo tratamento dado ao tema está intrinsecamente relacionado a uma política de desenvolvimento e independência nacional, fundamentado nas Forças Armadas como ator central.

A END está dividida em três áreas-chave que não iremos examinar aqui, mas apenas mencioná-las: reorganização das Forças Armadas; reorganização da indústria nacional de defesa, com ênfase na capacitação e autonomia tecnológica; definições acerca do serviço militar obrigatório e do Sistema Nacional de Mobilização. Trata-se de um documento que, além de tratar de temas tecnicamente militares, procura absorver nas

---

[109] Jobim, 2008.

Forças Armadas grandes temáticas, como o desenvolvimento industrial e a formação da nacionalidade. A indústria da defesa, a manutenção do serviço militar obrigatório e a Lei de Mobilização Nacional[110] são exemplos dessas preocupações e ambições.

Tardiamente em relação a seus vizinhos, os militares brasileiros aceitaram elaborar um primeiro e inédito documento que expressasse a Política de Defesa Nacional (1996). Tardiamente também o governo brasileiro acabou viabilizando a criação de um Ministério da Defesa (1999). Retardatário em tantas mudanças e no diálogo com a sociedade civil, o Brasil, por meio de seu Ministério da Defesa, passou a evocar, no início do século XX, uma liderança regional nessa esfera, planejando e fortalecendo marcos regulatórios no país, no hemisfério e no Atlântico Sul. Passou-se a buscar um novo ordenamento institucional e normativo para as questões de defesa, dando a entender que o país se antecipava. De fato, o país busca suprir um déficit na modernização de suas posturas e valores em relação ao poder civil e aos valores igualitários. Foi assim com a tardia criação do Ministério da Defesa, com as precárias políticas sobre perspectiva de gênero nas Forças Armadas, com as políticas e estratégias nacionais de defesa e com o tema dos direitos humanos. Assim, em vez de ser uma demonstração de liderança e pioneirismo, a posição do Brasil no campo da defesa é uma corrida contra o tempo.

Os consensos internacionais sobre o controle civil e democrático das Forças Armadas e sobre a busca de cooperação e diálogo como estratégia

---

110 No final de 2007 foi criado oficialmente o Sistema Nacional de Mobilização (Sinamob), para ser acionado em casos de agressão estrangeira ao território brasileiro. Em 2 de outubro de 2008 foi publicado decreto que regulamenta o funcionamento do sistema, integrado por 10 ministérios. Ver Lei nº 11.631, de 27 de dezembro de 2007 (www.planalto.gov.br/ccivil_03/_Ato2007-2010/2007/Lei/L11631.htm) e Decreto nº 6.592, de 2 de outubro de 2008 (www.planalto.gov.br/ccivil_03/_Ato2007-2010/2008/Decreto/D6592.htm).

de construção da paz obrigaram os militares brasileiros a rever algumas de suas posições. Por outro lado, iniciativas como a CMDA e o CDS obrigaram os países do hemisfério a interagir e sugeriram possibilidades de construção de confiança recíproca, tão necessárias para a manutenção da paz. São instituições que, por sua vez, ajudam a referendar a tese de que a democracia *is the only game in the town* e que os assuntos de defesa, apesar das resistências e do corporativismo, devem ser objeto de um debate maior e de regras mais claras. As instituições, nacionais e internacionais, são fundamentais para isso.

Parte II

BRASIL

DO MEDO DO REVANCHISMO AO MINISTÉRIO DA DEFESA

4

No decorrer dos governos dos generais Ernesto Geisel (1974-1979) e João Baptista Figueiredo (1979-1985) deu-se a longa e tensa trajetória para a democracia. Nosso objetivo é demonstrar como foi construído esse processo, e o ponto de vista aqui defendido é o de que o norte central a orientar a abertura desses governos era não permitir qualquer cisão nas Forças Armadas. Apesar das tensões internas na instituição, para efeitos do "público externo" os militares haviam permanecido coesos no poder desde 1964 e teriam que sair dele em bloco, sem fissuras e sem clivagens aparentes para a sociedade. Era uma forma de se protegerem em bloco de possíveis cobranças em processos judiciais envolvendo a questão dos direitos humanos e atos discricionários praticados durante a ditadura. Era uma transição que colocava como inegociável a imunidade militar. Para isso a coesão na saída era imprescindível, e o discurso precisava ser monolítico. Era a retirada do poder de uma instituição que tinha conflitos internos, quer entre as forças — Exército, Marinha e Aeronáutica —, quer dentro de cada força. Na saída, porém, nenhum grupo poderia reivindicar bravuras ou denunciar interesses escusos.

Ao contrário do que aconteceria na Argentina, a instituição queria sair preservada, sem possibilidades de cobranças sobre tortura e desmandos do passado. Nossa transição foi a mais longa entre todas aquelas praticadas pelas ditaduras militares que caíram na época, e nossa democracia foi, até fins da primeira década do século XXI, a única que nunca processou um único militar por desrespeito aos direitos humanos durante a ditadura.

No Brasil a escalada da violência militar foi muito menor do que a praticada pelas outras ditaduras do Cone Sul,[111] tornando menor o elenco de situações a serem esclarecidas ou punidas. As formas legais de lidar com esse passivo em cada país também foram diferentes. Neste sentido, os militares dos países vizinhos acabaram entrando em cena na mídia com muito mais frequência, ora acusados como réus, ora se pronunciando para defender sua instituição ou a si mesmos isoladamente. No caso do Brasil os crimes da ditadura não têm tido a mesma dimensão na imprensa e na sociedade. A anistia de 1979 beneficiou vítimas e opressores, o que quebra a legitimidade de queixas da sociedade civil contra crimes desse período. De toda forma, a partir do governo Fernando Henrique Cardoso (1994-2002) houve uma maior atenção do Estado aos crimes e abusos praticados durante a ditadura — e até mesmo antes e depois dela. No ano de 2008, durante o governo Lula (2003-2010), o ministro da Justiça, Tarso Genro, levou de novo o tema às primeiras páginas de jornais sem que nada de concreto mudasse. O país busca uma conciliação com seu passado autoritário como forma de construir a democracia, ora pedindo a verdade, ora insistindo no esquecimento e na impunidade.

As evidências no Brasil são de uma menor presença militar no cenário político nacional a partir da Nova República, iniciada em 1985, e de uma crescente aceitação, pelos militares, de um novo padrão nas relações civil-militares. Segundo Hunter (1997), Oliveira e Soares (2000)

---

[111] No Cone Sul tivemos as seguintes ditaduras militares: Argentina (1976-1982), Brasil (1964-1985), Chile (1973-1990), Paraguai (1954-1989) e Uruguai (1973-1985).

e Oliveira (2005), tudo indica que os militares tenham perdido significativamente influência política na nova ordem democrática a cujas regras foram paulatinamente se adaptando. Para um país com forte tradição intervencionista das Forças Armadas não é desprezível que, desde 1985, não tenham patrocinado nenhuma crise *política* nem se pronunciado sobre as crises que o país enfrentou. Em diversos momentos, contudo, foram incisivas na defesa de direitos corporativos, especialmente quando se tratou de rever a Lei da Anistia, conforme ilustrado no capítulo 5.

De acordo com o que ocorre em outros países da América do Sul, está em andamento um processo de controle democrático das Forças Armadas com os limites impostos nas negociações para o fim do regime. Por isso os militares ainda recebem tratamento diferenciado em vários aspectos, como, por exemplo, uma justiça corporativa, um sistema próprio e ainda generoso de aposentadorias e assistência social e, com apoio civil, têm mantido poder de veto quando se trata de discutir o desrespeito aos direitos humanos durante a ditadura.

De toda forma é notório o absenteísmo político das Forças Armadas, o que, do ponto de vista institucional, explica-se principalmente por três fatores: as mudanças na carreira militar a partir de 1964, o pacto de silêncio sobre os crimes da ditadura e a criação do Ministério da Defesa em 1999.

Desde o golpe, foi preocupação dos chefes militares controlar as dissidências dentro dos quartéis e atender às demandas dos jovens coronéis para que houvesse mais circulação e renovação nos mais altos postos da corporação. Com as mudanças nas regras de promoção evitou-se que a longevidade em um posto de prestígio significasse a formação de redes de lealdade e de "clientela" que comprometessem o profissionalismo. Dito de forma mais simples, tentava-se evitar que as Forças Armadas continuassem produzindo seus caudilhos internos, como viera fazendo desde o início da República. Impedia-se, também, que os militares deixassem seus postos temporariamente para ocupar postos políticos. Embora fosse proibido a um militar da ativa abordar em público temas políticos, era usual deixarem a caserna para ocuparem cargos eletivos ou funções de governo. A lei passou a impedir essa migração da caserna para a política e vice-versa.

Segundo Ferreira (2008), a reforma na carreira

> pretendeu atender a uma reivindicação de tenentes-coronéis e coronéis: abrir a possibilidade de o coronel chegar a general de brigada (ou o correspondente nas outras Forças) mais cedo. Ademais, pela interligação entre os critérios de idade no posto e tempo de permanência no posto, permitiria uma maior mobilidade ascendente nos quadros gerais do oficialato, buscando terminar com os longos invernos a que os oficiais eram submetidos ao chegar a determinados postos.

Com isso, segundo o mesmo autor, eliminou-se "a possibilidade de as Forças Armadas produzirem totens".[112]

Outro passo importante foi o Ato Institucional nº 7, de 1969, baixado pela Junta Militar, que enquadrou os chefes militares dentro de um controle central, no caso o do presidente da República, visto que, desde o golpe de 1964, os ministros militares, em especial do Exército, exerciam o poder de fato no país. O ato vinha num contexto de forte tensão dentro dos quartéis em função das consultas dentro da corporação para avaliar quem deveria ser o sucessor do general Costa e Silva, afastado da presidência da República por motivo de doença. Os mais radicais da linha dura apoiavam o nome de Albuquerque Lima, que se autoproclamava o candidato dos nacionalistas. Paradoxalmente foi uma junta composta

---

112 Palestra proferida no Curso de Altos Estudos de Política e Estratégia da Escola Superior de Guerra, em 2008.

por ministros militares que passou ao presidente o poder excepcional de transferir temporariamente para a reserva

> os militares que hajam atentado, ou venham a atentar, comprovadamente, contra a coesão das forças armadas, divorciando-se, por motivos de caráter conjuntural ou objetivos políticos de ordem pessoal ou de grupo, dos princípios basilares e das finalidades precípuas de sua destinação constitucional.
>
> (Ato institucional nº 17, de 14 de outubro de 1969)[113]

Da mesma forma, outros dispositivos excepcionais deram aos ministros militares mais possibilidades de renovar os quadros superiores em cada força. Com isso, figuras reconhecidamente marcadas pela atrocidade de seus atos, como o brigadeiro João Paulo Moreira Bournier e o general Adyr Fiúza de Castro, foram afastadas ou preteridas. A partir de então qualquer chefe militar poderia ser enviado para a reserva desde que o ministro ou o presidente decidissem usar os poderes excepcionais desse ato institucional. Ao mesmo tempo que esses poderes discricionários ditavam regras nos quartéis, ia-se recompondo a autoridade do presidente da República sobre as Forças Armadas, fato realmente alcançado em outubro de 1977, quando Geisel demitiu o seu ministro do Exército, Sylvio Frota, que, contra a vontade do presidente e com o apoio da linha dura, articulava sua candidatura à sucessão presidencial.

Os militares que ocuparam e ocupam os comandos militares no Brasil desde a redemocratização de 1985 foram formados quando as novas regras da carreira já estavam em vigor, e têm uma forma de pensar menos intervencionista, ou seja, mais profissional. É importante registrar,

---

113 Disponível em: <www.planalto.gov.br/ccivil_03/AIT/ait-17-69.htm>. Acesso em: mar. 2010.

portanto, que a mudança de atitude desses novos chefes não se explica apenas pela questão geracional. Foi produto de uma mudança institucional e de uma revisão dos parâmetros para a formação de quadros e para o sistema de promoções.

A estratégia da transição efetuada pela geração de militares intervencionistas teve, *grosso modo*, a preocupação de isolar os "duros", ou seja, os que não queriam uma retirada do poder, e de controlar o ritmo da mudança para que a oposição não se tornasse hegemônica. A meta almejada era isolar os radicais, alguns terroristas, que não admitiam um retorno ao governo civil e democrático, e impedir, ao mesmo tempo, que a oposição civil impusesse, via mobilização social, a sua agenda de mudanças. A oposição precisaria ser contida, não poderia dar o tom do processo, não construiria a pauta de negociações. O ritmo da abertura e seu conteúdo seriam ditados pelos donos do poder, o que ficou conhecido como "transição pelo alto". Os alter egos desta estratégia foram o presidente Geisel e seu chefe da Casa Civil, general Golbery do Couto e Silva, cujos passos e ações estão magistralmente registrados nos livros de Elio Gaspari.[114]

A mudança política visando a uma "normalidade institucional" vinha sendo debatida dentro do governo desde o início da ditadura e, paradoxalmente, assim continuaria sendo mesmo durante os momentos mais duros, os chamados "anos de chumbo" do governo Médici. Nesse período o país presenciou um debate sobre descompressão, que envolveu grande parte da intelectualidade brasileira e contou com a participação de um importante sociólogo norte-americano, Samuel Huntington. O argumento para que o regime ditatorial não pudesse fazer "concessões democráticas" era sempre o mesmo: havia um crescente processo de radicalização e de violência por parte da oposição comunista, armada ou não, processo esse que precisava ser combatido com medidas mais duras.

---

114   Ver seus quatro livros sobre a ditadura, ao fim, nas referências.

No governo Geisel não se falava mais em descompressão e cunhavam-se as palavras abertura e distensão. Naquele momento a guerrilha e a oposição mais aguerrida haviam sido derrotadas, o que dava ao governo uma condição privilegiada para negociar a transição. A opção por uma saída coesa não ficou imune a alguns momentos tensos. O general Geisel tomou como prioridade reafirmar a autoridade do presidente da República sobre as Forças Armadas. De fato, desde final da década de 1960, em função da emergência da luta armada e do terrorismo, o ministro do Exército e os órgãos de informação de cada força haviam criado uma cadeia de comando paralela ao comando regular da ordem militar, o que se justificava em função da "gravidade do momento" e da "segurança nacional". Na prática, o ministro do Exército e os serviços de informação passaram a deter recursos de poder, oficiais ou de fato, que poderiam afrontar o controle das autoridades formais, civis e militares.

Geisel não era um democrata, mas seguia as metas da ordem, da autoridade e da disciplina militar, e isto entrava em choque com "poderes paralelos" dos setores de informação, dominados pela linha dura. Por isso mesmo, logo no primeiro ano de governo o presidente defronta-se com vários colegas. O primeiro episódio foi o assassinato do jornalista Vladimir Herzog, em outubro de 1975, nas dependências do DOI-Codi, em São Paulo. Geisel pede para averiguar o fato, aceita as explicações de suicídio, mas recomenda que fatos como esses não se repitam.[115] Em janeiro seguinte, outra pessoa é assassinada no mesmo local, o operário Manuel Fiel Filho, acusado de pertencer ao Partido Comunista Brasileiro. Geisel exonera o comandante do I Exército sob lógica de que tudo o que acontece em uma unidade militar é de responsabilidade do chefe. Em dezembro de 1976 há o "massacre da Lapa", em São Paulo, quando polícia e militares

---

115 Sobre esse e os episódios que se seguem, além do livro de Gaspari (2003), ver D'Araujo e Castro (1997).

liquidam a cúpula do PCB.[116] Não há dados de que este episódio tenha sido questionado por Geisel. Provavelmente ele estava convencido de que esse era um passo necessário para haver "normalidade institucional". Mas não pensava da mesma maneira em relação aos dissidentes que se iam articulando em torno do ministro do Exército, Sylvio Frota, porque estes questionavam a autoridade do presidente e a necessidade de algumas de suas decisões, tais como o reatamento das relações comerciais com a China, em 1974. Em outubro de 1977 Sylvio Frota foi demitido do ministério, e este foi o momento de maior tensão do governo. Uma medida bem-planejada, calculada, que permitiu a Geisel transferir de fato o controle das Forças Armadas para a Presidência da República.[117] Os grupos contrários à abertura atuavam desde 1976 com desenvoltura, através de atos terroristas contra pessoas ou bancas de jornais, em protesto contra a liberdade de imprensa que começava, ou contra instituições que se notabilizassem por defender a democracia, como a OAB.

Ao mesmo tempo que procurava enquadrar os duros, Geisel promoveu uma negociação com a classe política através da Missão Portela, liderada pelo senador da Arena pelo Piauí, Petrônio Portela. A missão tinha como objetivo percorrer todo o país em busca de um entendimento com os governadores no sentido de uma transição segura, que não desse margem a uma "virada ideológica" no Brasil. O apoio dos civis era fundamental, pois vários deles apoiavam os setores mais radicais das Forças Armadas e outros defendiam uma mudança à esquerda.

Articulando a classe política via Congresso e retomando a autoridade nos quartéis, o governo anuncia, em 1978, o fim das cassações e dos ba-

---

116 Nesse momento, vencida a guerrilha, os órgãos de repressão se haviam voltado para setores de esquerda que nunca defenderam a luta armada, em especial o Partido Comunista.

117 Tais fatos estão bem-narrados em Frota (2006) e D'Araujo e Castro (1997).

nimentos, a volta do *habeas corpus*, e o fim do AI-5, passos importantes para o futuro da abertura. Ao mesmo tempo, a sociedade se mobilizava, voltavam as greves operárias, e tudo era administrado pelo governo de forma a não permitir que a oposição liderasse o processo. Ponto alto foi a negociação da anistia, que aconteceu em agosto de 1979, já no governo Figueiredo. Nesse momento estavam dados os limites para a transição. A anistia seria "ampla, geral e irrestrita". Não haveria indagações sobre o passado. Os militares estariam protegidos.

A reforma partidária que veio em novembro de 1979 visava a acabar com o monopólio que o MDB tinha sobre a oposição dentro do sistema bipartidário e tutelado que vigorava desde 1965. Estabelecia um pluripartidarismo limitado, mas não permitia, contudo, a criação de partidos de esquerda. E assim se fez a abertura, com avanços quando o governo conseguia impor seus objetivos e com retrocessos quando se calculava que poderia perder o controle. Lembre-se que em meio a tudo isso os atentados de direita continuaram. Foram cinco anos de bombas, sequestros, invasões, ameaças, agressões — atingindo os mais diferentes alvos — que só findaram com o atentado do Riocentro, em 30 de abril de 1981.[118] Aqui temos um ponto de inflexão na conduta militar em relação ao que vinha sendo praticado por Geisel. Embora fosse evidente nesse atentado a participação de militares pertencentes a órgãos de informação, a corporação e o presidente optaram por proteger seus integrantes. Nenhuma punição aconteceu. E com isso as Forças Armadas perderam respeito político e moral. Figueiredo deixou o poder pela porta dos fundos do Palácio do Planalto quando da posse de seu sucessor, José Sarney, o que ajudou a construir uma imagem pouco

---

118 Nessa ocasião, durante um show de música popular brasileira em comemoração ao Dia do Trabalhador, militares do DOI-Codi tentaram explodir bombas no local, mas foram vítimas de um acidente que levou as bombas a explodirem no carro que as transportava.

cordial a seu respeito.[119] Mas se foi um presidente incapaz de impor sua autoridade sobre a corporação e de punir os colegas, foi intocável no que toca aos compromissos políticos em torno de um calendário eleitoral. As eleições diretas para governador em 1982 tornaram irreversível o avanço da democracia política.

Do lado militar o temor de uma "revanche" ganhou fôlego depois da queda da ditadura na Argentina, em fins de 1982.[120] A anistia era um fato, mas para além dela era preciso mais demonstrações de entendimento com a classe política no sentido de que o passado seria intocável. O governo Sarney, o primeiro governo civil desde 1964 e sob o qual o país ganhou uma nova Carta, é evidência ainda de uma presença ativa dos militares no processo político. Basicamente o que se demandava era que a Constituição não alterasse os acordos anteriores sobre a anistia e, mais do que isso, que não alterasse o papel dos militares nas questões de segurança interna e externa. Enfim, garantir o que a literatura chama de prerrogativas. O ministro do Exército do governo Sarney, Leônidas Pires Gonçalves, será um fiel representante do espírito de corpo da instituição. Nada mais seria negociado. E assim foi feito. Durante todo esse governo corria a frase mágica "os militares podem não gostar" ou "os militares não querem". Frases que sinalizavam vetos, vetos que foram mantidos mas que, no fundamental, não alteraram a pauta democrática que a sociedade soube construir. E modificaram, muito menos, o compromisso que os militares assumiram de fazer retornar o poder aos civis. Mas a vitória da democracia política foi também uma vitória da imunidade militar no que toca aos crimes da chamada "guerra suja".

---

119 Este episódio é narrado por Cardoso (2006).
120 A ditadura argentina sofre um colapso quando da derrota do país na guerra das Malvinas.

Outra medida importante que ajuda a explicar o maior absenteísmo político dos militares brasileiros foi a criação do Ministério da Defesa, em 1998, por decisão política do presidente da República, Fernando Henrique Cardoso, que o anunciara em 1995 como um dos temas de sua agenda de governo. Essa foi uma decisão demorada, pois não era prioridade para qualquer das três forças, embora fosse uma iniciativa melhor aceita pelo Exército, a maior delas.[121]

Terminada a ditadura e com a subsequente queda do muro de Berlim, a percepção do que seriam ameaças à defesa e à segurança do país mudou. O comunismo perdera legitimidade como inimigo e, da mesma forma, as tensões entre fronteiras no sul do país, em especial com a Argentina, se distenderam em decorrência dos pactos regionais que terminariam no acordo do Mercosul.

Isso significava repensar a política nacional de defesa, bem como novas institucionalidades que adequassem a instituição militar do país a parâmetros internacionais de profissionalismo e de controle civil num contexto democrático. Com isso entrava em marcha a criação do MD, que, para Oliveira (2005:160), "representa a mais profunda reforma na Defesa Nacional jamais operada na história republicana do Brasil".

De fato, a criação do MD foi uma medida tão importante em termos de impacto sobre as Forças Armadas como o foi a criação das comissões de anistia e de desaparecidos. Todas implicavam tocar em pontos que eram tabus, ou seja, questões que revolviam o passado e se propunham a submeter os militares ao controle de um ministério civil. Isso significava pensar um novo formato da presença militar no governo, bem como promover uma mudança de valores e de mentalidade.

---

121 O Exército brasileiro responde praticamente por dois terços do contingente militar que, no Brasil, é de cerca de 430 mil pessoas.

Em agosto de 1997 o presidente da República lançou uma Diretriz Presidencial com três objetivos: criar o Ministério da Defesa e otimizar o sistema de defesa nacional; iniciar sua implantação entre outubro e dezembro de 1998; e extinguir os ministérios militares então existentes. Nesta altura vários estudos do Emfa já estavam em andamento sem que houvesse concordância suficiente entre os militares quanto à sua criação.

Para elaborar esses estudos o Emfa levou em consideração os ministérios similares de outros países. Segundo o sítio oficial do MD,[122]

> Durante os anos de 1995/96, o EMFA, responsável pelos estudos sobre a criação do Ministério da Defesa, constatou que, entre 179 países, apenas 23 não possuíam Forças Armadas integradas por um único Ministério. Desses 23 países, apenas três, entre eles o Brasil, possuíam dimensões políticas para justificar a criação de um Ministério da Defesa, como extensão territorial e Forças Armadas treinadas e estruturadas. Os Ministérios da Defesa da Alemanha, da Argentina, do Chile, da Espanha, dos EUA, da França, da Grã-Bretanha, da Itália e de Portugal foram escolhidos para análise aprofundada porque possuíam algum tipo de identificação com o Brasil, como extensão territorial, população, efetivo das Forças Armadas, entre outros fatores.

Os trabalhos do Emfa, contudo, não concluíam positivamente quanto à criação do novo ministério. Propunham que o MD existisse ao lado dos ministérios militares, e não como uma pasta agregadora das várias funções de defesa — o novo ministério teria que se adaptar aos ministérios militares existentes.

Segundo recomendações do Emfa, o país não deveria confrontar-se com a tradição militar brasileira. As "mudanças deveriam dar-se de for-

---

122 <www.defesa.gov.br/conheca_md/index.php?page=historico>.

ma progressiva (moderadamente e sem rupturas) contemplando um período de transição, rejeitando artificialismo e valorizando os comandantes das Forças singulares".[123]

Entre as três forças a que mais se opunha ao novo ministério era a Marinha, que, por ser a menor, temia ter seu poder diluído caso tivesse que partilhar um espaço de decisão com o Exército. Era o receio do "efeito vitamina de abacate", menção ao fato de que, quando se mistura o abacate com qualquer outra fruta, a cor verde acaba predominando. Era, portanto, o receio do protagonismo de Exército sobre as outras duas forças. Mas, para além das disputas por prestígio e influência entre as três forças, havia um sentimento geral de que a criação do ministério seria uma perda de prestígio para os militares.[124]

Os documentos de trabalho do Emfa concluíam que era desnecessária uma alteração na estrutura da defesa do país, pois as Forças Armadas estavam respondendo bem a suas funções; não havia risco nacional ou internacional que recomendasse a criação do MD; os ministros militares perderiam prestígio político; a escolha de um civil para chefiar o ministério representava uma "preocupação desnecessária com o controle civil das Forças Armadas", posto que esse controle já era exercido pelos presidentes da República; haveria desmantelamento, intromissão orçamentária, diminuição da eficiência militar e aumento de despesas.[125] Um argumento recorrente era que a criação do MD obedecia a uma imposição norte-americana que visava a transformar as Forças Armadas do Brasil em forças auxiliares das polícias daquele país no combate ao narcotráfico.

O jornalista Carlos Chagas foi um dos que melhor expressaram a opinião predominante entre os militares. Segundo ele a criação do novo

---

123 Citado em Fuccille (2005:104).
124 Sobre a criação do Ministério da Defesa, ver Castro e D'Araujo (2001).
125 Oliveira, 2005:140-141.

ministério era uma "estratégia globalizante adotada pelo presidente Fernando Henrique para desmoralizar, erodir, afastar as Forças Armadas dos centros decisórios". A nova pasta seria um "corpo estranho em nossa tradição histórica" e teria como meta afastar as Forças Armadas "das maiores decisões nacionais, negando-lhe voz e voto nos conciliábulos ministeriais". Um civil à frente do ministério, por melhor que fosse sua qualificação, seria "sempre o representante de um governo globalizante, jamais [o representante] de instituições permanentes encarregadas de zelar pela soberania nacional".[126]

No campo da esquerda algumas vozes também endossavam o pensamento militar. Entre elas o deputado comunista Haroldo Lima, para quem "por trás dessa decisão do Planalto" estava a pressão norte-americana para transformar os militares brasileiros em "forças especiais de combate ao narcotráfico". E, "na sequência desse processo, criar-se-ia o Ministério da Defesa, esvaziando o papel das Forças Armadas do nosso continente e do nosso país".[127]

No campo da direita predominava a mesma percepção. O deputado Jair Bolsonaro encampava as denúncias quanto à imposição norte-americana. As Forças Armadas seriam transformadas em polícias ou em distribuidoras de cestas básicas. O que se faria era "retirar de uma vez por todas a participação dos militares no cenário político nacional, principalmente porque castra os comandantes da Marinha, da Aeronáutica e do Exército".[128]

Do lado dos argumentos favoráveis à criação do Ministério da Defesa esclarecia-se que a excepcionalidade brasileira não fazia sentido. O Brasil era o único país de expressão internacional que não tinha um Ministério

---

126 Carlos Chagas, *Jornal de Brasília*, 24 jan. 2000, reproduzido por Oliveira (2005:118-119).
127 Citado por Oliveira (2005:188).
128 Citado por Oliveira (2005:231).

da Defesa e que matinha na prática cinco ministérios militares, pois além dos ministros das três forças, o chefe da Casa Militar e o comandante do Emfa tinham status de ministro. Esta dispersão de "autoridades" na área militar dificultava as negociações no exterior, uma vez que, enquanto os demais países se faziam representar por uma única voz, o Brasil tinha representantes de vários ministérios.[129] A par disso o Brasil necessitava de uma política nacional de defesa e de uma instituição moderna que, do ponto de vista interno, ordenasse e racionalizasse os temas e as ações de defesa nacional, sempre tendo em vista o necessário controle civil e democrático sobre as Forças Armadas.

Assim, após os estudos do Emfa, o presidente Cardoso, insatisfeito com os resultados, criou o Grupo de Trabalho Institucional (GTI), que tinha claramente a diretriz de criar imediatamente o MD com a transformação dos ministérios militares em comandos. Assim, nomeou para coordenar o grupo seu secretário da Casa Civil, Clovis Carvalho, e determinou que sua composição fosse ampliada e aberta a setores não militares. O grupo acabou sendo integrado por representantes da Casa Militar, do Ministério das Relações Exteriores, da Secretaria de Assuntos Estratégicos, do Emfa, da Marinha, do Exército e da Aeronáutica, além da Casa Civil, que coordenava as atividades. Ao fim, o GTI encaminhou a proposta em consonância com as diretrizes presidenciais: criação do Ministério da Defesa com a extinção dos ministérios da Marinha, do Exército e da Aeronáutica, que seriam transformados em comandos. Ficava definido o controle civil sobre as Forças Armadas, com a consequente adaptação dos comandos militares ao Ministério da Defesa, que teria implantação imediata e definitiva, ao contrário do que propunham os ministros militares.[130]

---

129   Oliveira, 2005:143-144.
130   Ver Oliveira (2005:155).

Em janeiro de 1999 foi criado o Ministério Extraordinário da Defesa, que durante seis meses coexistiu com os ministérios militares. Para a pasta foi nomeado um político e advogado experiente, Élcio Álvares (PFL/ES). Enquanto isso o governo preparava os trâmites legais que possibilitariam a criação da nova pasta, entre eles a aprovação da Lei Complementar nº 97, de 18 de maio de 1999, que criava o MD e adaptava as Forças Armadas à sua estrutura. Paralelamente, negociava-se a aprovação da Emenda Constitucional nº 23, de 2 de setembro de 1999, que organizava o ministério e definia suas funções. O Decreto nº 3.466, de 17 de maio de 2000, por sua vez, definiu a estrutura regimental e os cargos do novo órgão. Com isso, o país avançava significativamente na nova institucionalidade que trazia regras mais claras para as funções e a estruturação das Forças Armadas.

Finalmente, em 10 de junho de 2000, o ministério foi criado, e os ministérios militares extintos. Este foi um esforço bem-sucedido do presidente da República e de seus auxiliares, mas que não produziu mobilização parlamentar. Nesse ínterim outras mudanças foram operadas: a Casa Militar perdeu o status de ministério e foi criado o gabinete de Segurança Institucional.

Desde os anos 1930 a Presidência da República tinha dois corpos especiais de assessoramento: a Casa Civil e a Casa Militar, denotando claramente que os assuntos importantes do país estavam demarcados por uma divisão entre fardados e não fardados. Durante a ditadura militar, o chefe da Casa Civil foi, em várias ocasiões, um militar. A extinção de uma Casa Militar com status de ministério foi, sem dúvida, um passo altamente simbólico. Desde então não há mais instâncias da esfera do Poder Executivo que sejam de natureza militar e tenham status ministerial.

Entre os arranjos para uma nova institucionalidade militar foram criados três documentos importantes, ainda que incipientes: a Política de Defesa Nacional, de 1996, reformulada em 2006, e a Estratégia Nacional de Defesa, de 2008. Aos poucos, num contexto de democracia, o país foi definindo o que considerava ameaças e necessidades de defesa, e pensando o assunto de maneira estratégica. Esses são, sem dúvida, marcos fundamentais na história militar e das relações civil-militares no país.

Os novos arranjos não significam aceitação *in totum* das novas regras por parte dos chefes militares. Em várias ocasiões as corporações se rebelaram de forma discreta, visando à manutenção de nichos próprios de poder. A resistência ao controle civil fica clara na própria estrutura administrativa do Ministério da Defesa, que até 2009 era composta principalmente por militares.[131]

Em suma, o que vimos no decorrer deste capítulo é que várias transformações ocorreram no país limitando a ação política das Forças Armadas. Essas mudanças foram produto de processos políticos, mas, principalmente, de medidas muito bem-articuladas visando a criar uma nova institucionalidade para os assuntos de defesa. Não se tratou voluntarismos ou de acaso. Foi parte de um projeto político articulado dentro do gabinete da Presidência da República e que, mesmo com resistências iniciais, só encontrou ressonância nos quartéis em função de mudanças que se operaram dentro da instituição.

---

[131] Sobre o Ministério da Defesa no Brasil e em outros países da América Latina, ver Donadio (2008).

MILITARES, CORPORATIVISMO E MEMÓRIA POLÍTICA

5

O capítulo analisa como o projeto corporativo iniciado no primeiro governo de Getúlio Vargas (1930-1945) continua importante para que os militares brasileiros fortaleçam os interesses de sua instituição e mantenham seu prestígio social e político. Embora não fosse originalmente um projeto militar, o corporativismo foi uma doutrina política adequada aos interesses dos militares interessados na contenção da mobilização popular e na centralização do Estado. Corporativismo estatal, tal como definido por Schmitter (1974), e projeto político militar caminharam juntos no Brasil e foram complementares.

Defendemos a tese de que grande parte do que é hoje considerado projeto político autônomo dos militares brasileiros deva ser enquadrado como defesa corporativa dos interesses das Forças Armadas. Elas se beneficiaram da maturação do corporativismo como política de Estado para fazer valer seus interesses e, passado o período de governo ditatorial, utilizaram esse recurso como forma de explicitar e reivindicar demandas da corporação.

Desde o fim da ditadura militar (1964-1985) alguns tópicos continuam expressivos para evidenciar a estratégia militar tanto no que diz respeito à manutenção de uma imagem positiva do passado quanto no que se refere à adjudicação de funções que não são, em tese, monopólio militar.

Para discutir tal argumento, um eixo fundamental seria a criação do Ministério da Defesa e as reações militares para que não seja controlado por civis. Este tema tem sido objeto de várias análises e é amplo demais para ser tratado aqui.[132] Por isso vamos nos deter em três temas: arquivos da ditadura, anistia e controle do tráfego aéreo civil, este último tomando como foco as crises do tráfego aéreo de 2006 e 2007.

Os militares estão, desde 1985, fora do campo político-eleitoral, mas não abrem mão de exercer forte pressão perante as autoridades civis para manter intocada a questão dos crimes da ditadura e assegurar algumas funções civis. Não se pode dizer que isto signifique a manutenção de prerrogativas militares tal como definido por Huntington.[133] A presença, em maior ou menor parte, de algumas dessas prerrogativas pode ocorrer mesmo em democracias, e não significa militares preparados para um golpe ou em função de tutela. No nosso caso representa

---

132 Sobre a criação do Ministério da Defesa e sua trajetória, ver, por exemplo, Oliveira (2005) e Fuccille (2006).

133 Seguindo Huntington (1996), prerrogativas militares foram definidas em 15 aspectos por Zaverucha (2000:37): 1) Forças Armadas garantem os poderes constitucionais, a lei e a ordem; 2) potencial para os militares se tornarem uma força independente de execução durante intervenção interna; 3) militares controlam principais agências de inteligência; parca fiscalização parlamentar; 4) Polícia Militar e Bombeiros sob parcial controle das Forças Armadas; 5) alta possibilidade de civis serem julgados por tribunais militares mesmo que cometam crimes comuns ou políticos; 6) baixa possibilidade de militares federais da ativa serem julgados por tribunais comuns; 7) falta de rotina legislativa e de sessões detalhadas sobre assuntos militares domésticos e de defesa nacional; 8) ausência do Congresso na promoção de oficiais-generais; 9) Forças Armadas são as principais responsáveis pela segurança do presidente e vice-presidente da República; 10) presença militar em áreas de atividade econômica civil (indústria espacial, navegação, aviação etc.); 11) militares da ativa ou da reserva participam do gabinete governamental; 12) inexistência do Ministério da Defesa; 13) Forças Armadas podem vender propriedade militar sem prestar contas totalmente ao Tesouro; 14) política salarial do militar similar à existente durante o regime autoritário; 15) militar com direito de prender civil ou militar sem mandado judicial e sem flagrante delito nos casos de transgressão militar ou crime propriamente militar.

tanto a capacidade corporativa de defender interesses quanto a incapacidade do poder civil em dar direção às Forças Armadas.[134]

Ao contrário de países vizinhos, em especial os andinos, os militares no Brasil não se têm envolvido diretamente com a política desde que deixaram o poder em 1985 nem se rebelaram, ainda que isoladamente, como na Argentina. Nos países andinos a presença militar tem sido recorrente em vários episódios, mas esse envolvimento não tem significado agir contra a "vontade popular". As intervenções, em geral, são feitas a "pedido" de governos eleitos democraticamente. Outra importante diferença é que no Brasil às Forças Armadas não têm sido destinadas funções policiais ou sociais, como ocorre em outros países. Mas, mesmo quando isso ocorre, essa participação não tem significado maior autonomia ou maior poder político dos militares.[135] De acordo com Pion-Berlin (2008:53), na América Latina, em geral as relações civil-militares são mais estáveis, mas as Forças Armadas são politicamente mais débeis do que já foram em qualquer outro momento. Segundo ele, a "era dos golpes militares pode ter acabado, porém não terminou a era da intervenção militar. Os militares latino-americanos envolveram-se em numerosas funções, mas o fizeram a pedido, e não contra a vontade dos que foram eleitos democraticamente".

Corporativismo e positivismo como ideologias de Estado autoritário

O grande formulador da doutrina corporativa que deu unidade teórica ao Estado Novo de Vargas (1937-1945) foi o romeno Mihail Manoilesco, através do clássico *O século do corporativismo*, traduzido para o português

---

134 Oliveira e Soares, 2000.
135 Pion-Berlin, 2008.

por Azevedo Amaral, em 1938.[136] Nesta obra o autor recomendava uma recuperação do passado, particularmente do senso de comunidade gerado na Idade Média através das corporações de ofício que articulariam a atividade econômica com a necessária sociabilidade e espírito de comunidade que teriam sido destruídos pela frieza e impessoalidade da sociedade liberal. O corporativismo de Manoilesco procurava associar um espírito medieval de comunidade e de corporações de ofício à ideia de Estados nacionais fortes e centralizados. Estado forte, dentro da perspectiva brasileira, seria construído com Forças Armadas fortes, bem-equipadas e prestigiadas. E, na crítica à democracia liberal, as instituições representativas, como sufrágio ampliado, representação, competição eleitoral, partidos políticos e Parlamento, deveriam ser banidas.

Nossos militares partilhavam a ideia de que o Brasil era uma sociedade imatura, e isso ficara indelevelmente inscrito na instituição pela mão de outra corrente ideológica, o positivismo de Augusto Comte. Aqui também era central a ideia de um Estado forte e de Forças Armadas como "guias" da nação, principalmente pelo saber científico que seriam capazes de produzir acerca do país. No final do século XIX a Escola Militar da Praia Vermelha, na cidade do Rio de Janeiro, onde se formou o grupo de jovens militares que desferiu o golpe final contra a Monarquia, era conhecida como Tabernáculo da Ciência.[137]

Dentro da teoria dos "três estados" de Comte, grande parte do país era enquadrada nas fases teológica ou metafísica, faltando ainda muito tempo histórico a ser percorrido para que alcançasse o "estado positivo". A influência dessas ideias foi tão forte entre a elite que depôs a Monarquia que a bandeira nacional brasileira republicana veio com a inscrição positivista "ordem e progresso", o que se mantém até hoje.

---

136 Azevedo Amaral é um dos principais teóricos do Estado autoritário no Brasil.
137 Castro, 1999.

Com o positivismo os militares entravam na política apoiados na ciência e na crença de que seriam portadores de uma superioridade intelectual e moral. Com o corporativismo político em marcha a partir dos anos 1930 apoiaram um projeto centralizador de Estado que teria as Forças Armadas como árbitro. Usaram seu novo papel político como instrumento para a modernização bélica e profissional da instituição: um Estado nacional moderno deveria ter seu braço armado prestigiado politicamente e provido de equipamentos modernos.

Os militares foram grandes beneficiários do regime autoritário de Vargas. De um lado, as negociações para o apoio do Brasil aos aliados durante a II Guerra Mundial permitiram que novos armamentos entrassem no país. De outro, a segunda revolução industrial brasileira permitiu que o Brasil iniciasse sua indústria de base, em especial a do aço, o que possibilitou o início de um novo tipo de indústria, voltado para as necessidades bélicas dos militares brasileiros.[138]

Nos anos 1930 as Forças Armadas brasileiras eram constituídas apenas pela Marinha e pelo Exército — a Aeronáutica foi criada em 1941. A Marinha fora tradicionalmente uma força militar da elite, enquanto o Exército era formado por setores mais pobres da população. Carente de prestígio social e de recursos materiais, o Exército, durante a Primeira República (1989-1930), estivera dividido em facções regionais opondo generais entre si. Não era uma instituição nacional nem possuía a disciplina e a hierarquia que viriam a caracterizar esse tipo de organização. O Exército, que se consolidou na era Vargas, alcançaria maior capacidade de comando nacional e teria um poder de interferência política que nem o próprio Getúlio seria capaz de conter. A partir de 1930 os militares jamais deixariam de estar presentes nas grandes questões políticas nacionais e, em 1964, se transformariam em governo.[139]

---

138 Tronca, 1981.

139 D'Araujo, 1998.

Iniciava-se nos anos 1930, segundo vários analistas, um processo de nacionalização e de modernização das Forças Armadas. Nas palavras de um dos principais mentores desse processo, o general Góis Monteiro, era preciso acabar com a política *no* Exército e impor a política *do* Exército. Ou seja, eliminar a absorção da política que vinha da sociedade para dentro do Exército e impor a política do Exército à sociedade.[140] Isso passa a ser implementado com mais ênfase durante o Estado Novo de Vargas (1937-1945), quando o país viveu um regime de exceção apoiado pelos militares, um governo semicivil, um tipo de tutela militar. Ao fim do período, o próprio Vargas foi deposto pelas mesmas Forças Armadas que o sustentaram por mais de uma década.

Getúlio Vargas deixou o poder em 1945 por meio de um golpe de Estado com apoio militar. O país iniciou então uma democracia ampliada, que ainda contava com os militares como protagonistas políticos de primeira grandeza, o que poderíamos chamar de um Exército pretoriano. Até 1964 foram dezenas de pronunciamentos e manifestos militares e várias tentativas de golpe envolvendo as Forças Armadas.[141]

O pós-II Guerra Mundial, marcado pela Guerra Fria, redimensionava a questão do comunismo. Durante toda a República brasileira esse foi o tema que mais mobilizou os quartéis, e também o argumento mais importante para justificar o corporativismo e as interrupções autoritárias na política brasileira. Desde a Revolução Russa de 1917 o Brasil começou a experimentar, na sociedade civil e nos quartéis, organizações e movimentos contra "o perigo vermelho". O anticomunismo transformou-se em plataforma política nacional apoiada em bases políticas, religiosas e, principalmente, militares.[142]

---

140   Carvalho, 2006.
141   Martins Filho, 2003.
142   A esse respeito ver o excelente trabalho de Motta (2002).

Mas, apesar da argamassa do anticomunismo, até 1964 as Forças Armadas não estavam politicamente coesas a ponto de se manterem no poder, nem a sociedade as legitimava para esse papel. Nos anos 1950 as disputas políticas dentro dos quartéis eram imensas, comprometendo a disciplina e a hierarquia. Um observador na época assim se expressou:

> O Exército é, hoje, um campo aberto à conquista. [...] Há, hoje, um perigo dentro do Exército, um grande, sombrio perigo para toda a Nação. E este perigo não é o clássico perigo político, a solicitação dos políticos que sempre esteve, em toda a vida republicana, como uma nuvem que não se dissolve, sobre as tendas militares do Brasil. Hoje, no Exército, o que assusta não é a intromissão na política, fenômeno sempre ocorrente, com mais ou menos intensidade, em todas as épocas. Hoje, o que avulta, o que se acentua como uma doença que progride, é o perigo da luta interna, quartel contra quartel, região contra região, chefe contra chefe, homem contra homem, em todas as posições, em todo o quadro interno do Exército.[143]

O golpe de 1964 foi, acima de tudo, um golpe anticomunista. Foi também um golpe visando à manutenção da unidade das Forças Armadas, comprometidas e divididas pelo embate político-partidário.[144] Por 21 anos os militares governaram o país e, em todo esse período, não alteraram o modelo econômico estadocêntrico da era Vargas nem seu corporativismo sindical. Valeram-se do arranjo corporativo varguista para impor um projeto autoritário sobre a sociedade e, em particular, sobre os trabalhadores.

Os governos militares deram novos contornos ao autoritarismo brasileiro no exercício da repressão e da institucionalidade política, mas preservaram, e até redimensionaram, um modelo hierárquico e concen-

---

143 João Duarte Filho, *Tribuna da Imprensa*, 16 jul. 1956.
144 D'Araujo, Soares e Castro, 1994.

trador de renda, um sistema de privilégios para algumas categorias profissionais de servidores públicos, entre eles os militares.

O fracasso da política econômica dos militares para enfrentar os desafios da crise decorrente das altas do petróleo a partir de meados dos anos 1970 enfraqueceu o governo militar, mas não a convicção castrense de sua superioridade e da necessidade inexorável de sua intervenção política.

A crise econômica dos anos 1970-80 e a falta de legitimidade política levaram ao fim de uma das mais longas ditaduras militares da América Latina, mas isto implicou um longo processo. Pelo menos os 10 últimos anos do governo militar foram dedicados ao tema da "redemocratização". Ao fim, os militares e a elite política pactuaram um modo de transição que "esquecia o passado" através de uma anistia que abrangia tanto os agentes da repressão como os opositores.

Por essa lei, o "espírito militar" prevaleceu no que veio a ser um pacto de silêncio sobre o passado ditatorial. Os militares corporativamente exerceram um poder de veto na discussão sobre os temas dos direitos humanos e dos métodos da repressão durante a ditadura. O corporativismo militar que vetou o debate dessas questões passou a ser exercido por gerações que não tiveram qualquer contato com os governos militares. Não se trata, portanto, de defender um grupo de colegas por questões de lealdades pessoais, mas de preservar a instituição de qualquer crítica que venha da sociedade. Por isso mesmo têm reagido contrariamente às interpretações de que a Lei da Anistia não contempla o desrespeito aos direitos humanos bem como à orientação da Casa Civil que, desde 2005, vem insistindo com mais ênfase para que entreguem ao Arquivo Nacional os arquivos em seu poder. Da mesma forma, na crise aérea de 2006 e 2007, não aceitaram questionamentos acerca de seu papel na condução e no controle das regras da aviação civil.

Fora da política, protegendo a instituição

Em 1985 o governo brasileiro passou a ser liderado novamente pelos civis e, a partir de 1989, eleições presidenciais periódicas têm sido realizadas a cada quatro anos, garantindo o aprimoramento institucional e cultural da democracia. Em 1992 houve, como produto de uma das maiores crises políticas da história republicana do país, o *impecheament* de um presidente da República eleito, Fernando Collor de Mello. A crise foi solucionada sem que houvesse qualquer intervenção militar, o que foi tomado por quase todos os analistas como uma demonstração de profissionalismo dos militares brasileiros. Estes, ao lado dessa postura absenteísta na política, têm se movido nos corredores do poder civil para atuar em questões consideradas por eles como cruciais para a instituição. Comecemos pela questão da anistia.

A Lei da Anistia de 1979 foi revista várias vezes de modo a ampliar o número de beneficiados, mas a questão dos desaparecidos políticos sempre foi um forte ponto de tensão militar na medida em que as pressões da sociedade sempre foram grandes a esse respeito.[145] Da mesma forma, o debate acerca das possibilidades de punição aos torturadores nunca cessou.

---

145 Os principais textos legais sobre a anistia no Brasil a partir de 1979 são: Lei nº 8.213/1991, que define aposentadoria especial para anistiados; Lei nº 8.878/1994, que "anistia aos servidores públicos civis e empregados da administração pública federal direta, autárquica e fundacional, bem como os empregados de empresas públicas e sociedades de economia mista sob controle da União que, no período compreendido entre 16 de março de 1990 e 30 de setembro de 1992" tivessem sofrido algum tipo de perseguição ou constrangimento legal; Lei nº 10.559/2002, que "dispõe sobre os anistiados políticos e dá reparação econômica para os que estão incluídos nessa condição"; Lei nº 10.790/2003, que "concede anistia a dirigentes ou representantes sindicais e trabalhadores punidos por participação em movimento reivindicatório"; e Lei nº 11.282/2006, que "anistia os trabalhadores da Empresa Brasileira de Correios e Telégrafos punidos em razão da participação em movimento grevista".

A Comissão Especial de Mortos e Desaparecidos Políticos foi composta por representantes de vários setores da sociedade e instituições, além de um representante das Forças Armadas. Começou a funcionar em 1995 com o objetivo de solucionar a situação jurídica das famílias de pessoas desaparecidas durante o regime militar e ainda sem atestado de óbito. A maior parte dos "desaparecidos" era integrada por civis mortos em consequência da guerrilha rural na região amazônica, a guerrilha do Araguaia, que resultou na morte de cerca de 80 pessoas. Em novembro de 2006, a comissão encerrou suas atividades e concluiu a análise dos pedidos de indenização dos familiares de vítimas da repressão.

Pelos dados oficiais do Ministério da Justiça, o saldo da comissão foi a análise de 526 casos protocolados no decorrer de 56 reuniões. Destes, deferiu 354, rejeitou 158, encaminhou sete à Comissão de Anistia criada em 2001.[146] Outros sete casos não foram analisados por falta de requerimento formal. Estas ações resultaram no pagamento de cerca de R$ 40 milhões em indenizações. O trabalho da Comissão Especial de Mortos e Desaparecidos Políticos, numa segunda etapa, previa a localização das ossadas de 83 mortos, trabalho que se realiza lentamente.

A comissão não apurou a responsabilidade pessoal pelas mortes e as atribui ao Estado. Mesmo não apurando responsabilidades específicas, o Estado brasileiro dava uma prova de querer reconhecer injustiças do passado. Simbolicamente, o próprio presidente recebeu, em audiências oficiais, familiares de vários desses desaparecidos, marcando publicamente o gesto de conciliação que ali se produzia.

A Comissão de Anistia, por sua vez, foi encarregada de analisar os pedidos de indenização formulados por pessoas impedidas de exercer atividades econômicas e profissionais por motivação exclusivamente

---

146 Decreto nº 1.153/1994.

política no período compreendido entre setembro de 1946 e outubro de 1988, ano da Constituição.

Alguns casos de anistia, como o de Carlos Lamarca, considerado desertor pelas Forças Armadas, causaram constrangimento entre os militares da reserva, mas nenhuma contestação formal das autoridades militares. O mesmo não ocorre quando se trata de rever a Lei da Anistia ou de lhe negar legitimidade para anistiar crimes contra os direitos humanos. Sobre isso vamos nos deter no ocorrido basicamente nos anos 2008 e 2009, período em que o debate a esse respeito foi intenso, dando-nos uma ideia bem aproximada do poder de veto militar e das dificuldades de um governo de esquerda para lidar com esses temas. Foi nesse período que ministros do Poder Executivo, pela primeira vez, pronunciaram-se publicamente a favor da punição a torturadores e estabeleceram políticas efetivas visando ao recolhimento dos arquivos militares referentes ao período da ditadura.

Importante notar que os debates que se iniciam, basicamente a partir dos anos 2000, em torno dos direitos humanos e da anistia, todos envolvendo e demandando provas documentais sobre o passado, só são possíveis em função da democracia e do tempo decorrido desde que os militares eram poder político e policial.

Os arquivos da ditadura

O tema da anistia que mobilizou os militares, especialmente a partir de 2008, vem a se conectar diretamente com outro igualmente relevante para o exame da história. Desde 2004 a questão dos arquivos militares sobre a repressão política foi mais um dos motivos de confronto entre organizações de direitos humanos, a Casa Civil da Presidência da República e as Forças Armadas. A este respeito os avanços foram maiores pois, se não foi possível chegar a todos os arquivos militares, chegou-se a uma política pública voltada para esse assunto, conforme mostraremos a seguir.

Quando o presidente Lula tomou posse ocorreu uma mudança na legislação de arquivos tornando mais difícil a abertura dos que fossem considerados secretos ou sigilosos. Pelo Decreto nº 4.553, publicado no *Diário Oficial da União* em 30 de dezembro de 2002, tornava-se mais difícil o acesso aos documentos públicos. O decreto entrou em vigor em fevereiro de 2003, já no governo Lula, apesar das demandas da comunidade científica e dos organismos de defesa de direitos humanos para que fosse anulado. O andamento dos debates assumiu proporções preocupantes dentro dos quartéis. A demanda pela abertura dos arquivos militares da ditadura tomou duas direções. De um lado, alterar a legislação e criar novos critérios menos rigorosos de classificação de documentos. De outro, localizar e recolher os arquivos militares.

Uma evidência de que esses arquivos existiam, ao contrário do que diziam autoridades militares, foi a divulgação, em outubro de 2004, pelo *Correio Braziliense*, de fotos de um preso inicialmente identificado como Vladimir Herzog. Rapidamente foi detectado que as fotos eram do padre Leopoldo D'Astous, investigado pela ditadura por sua militância de esquerda. Porém, o fato de fotos desse teor terem chegado à imprensa deixou vários militares inquietos.[147]

O aparecimento ocasional de documentos da ditadura foi um tema que sempre preocupou e produziu notícias. Em 1997 o cabo José Alves Firmino, agente do Serviço de Inteligência do Exército entre 1990 e 1995, entregou à Comissão de Direitos Humanos da Câmara dos Deputados três caixas de documentos reservados do regime militar com fotos do referido padre inicialmente identificado como sendo Herzog. Foi de uma dessas caixas que, segundo a imprensa, as fotos "vazaram" para o *Correio Braziliense*.

---

147   *O Globo*, 20 out. 2004, p. 3.

Ouvido pela Comissão de Direitos Humanos logo após a divulgação das fotos, o cabo, que em 2000 fora para a reserva com apenas 34 anos de idade, declarou que uma grande quantidade de documentos produzidos pela repressão fora preservada e poderia ajudar a esclarecer mortes de militantes políticos durante o regime militar. Segundo ele, esses papéis estariam em um arquivo subterrâneo no pavilhão 31 de Março, no Setor Militar Urbano, sede do Comando Geral do Exército, em Brasília. O cabo também confirmou ter presenciado a queima de arquivos do DOI-Codi de Brasília.

Em versões contraditórias sobre a origem desses documentos, como chegaram a suas mãos e por quais razões os entregara à Câmara dos Deputados, o cabo deixava implícito que as atividades de inteligência militar continuavam funcionando para controlar atividades e pessoas vinculadas ao mundo político.

A divulgação das fotos produziu comoção no público que as viu e também uma reação extemporânea por parte das Forças Armadas. Em nota de 17 de outubro de 2008,[148] o Serviço de Comunicação Social do Exército justificava a ação das Forças Armadas no combate ao comunismo:

> Desde meados da década de 60 até início dos anos 70 ocorreu no Brasil um movimento subversivo, que atuando a mando de conhecidos centros de irradiação do movimento comunista internacional, pretendia derrubar, pela força, o governo brasileiro legalmente constituído.
>
> Na época, o Exército Brasileiro, obedecendo ao clamor popular, integrou, juntamente com as demais Forças Armadas, a Polícia Federal e as polícias militares e civis estaduais, uma força de pacificação, que logrou retomar o Brasil à normalidade. As medidas

---

148   Ver, por exemplo, *O Estado de S. Paulo,* 4 nov. 2004.

tomadas pelas forças legais foram uma legítima resposta à violência dos que recusaram o diálogo, optaram pelo radicalismo e pela ilegalidade e tomaram a iniciativa de pegar em armas e desencadear ações criminosas.

[...] Quanto às mortes que teriam ocorrido durante as operações, o Ministério da Defesa tem, insistentemente, enfatizado que não há documentos históricos que as comprovem, tendo em vista que os registros operacionais e da atividade de inteligência da época foram destruídos em virtude de determinação legal.

[...] Coerente com seu posicionamento, e cioso de seus deveres constitucionais, o Exército brasileiro, bem como as Forças coirmãs, vão demonstrando total identidade com o espírito da Lei da Anistia, cujo objetivo foi proporcionar ao nosso país um ambiente pacífico e ordeiro, propício para a consolidação da democracia e ao nosso desenvolvimento, livre de ressentimentos e capaz de inibir a reabertura de feridas que precisam ser, definitivamente, cicatrizadas. Por esse motivo considera os fatos como parte da História do Brasil. Mesmo sem qualquer mudança de posicionamento e de convicções em relação ao que aconteceu naquele período histórico, considera ação pequena reavivar revanchismos ou estimular discussões estéreis sobre conjunturas passadas, que a nada conduzem.

A nota produziu mal-estar no governo. Além de ser uma manifestação política que fazia uma defesa grosseira do golpe de 1964 em linguagem desatualizada da Guerra Fria, fora publicada sem a permissão do ministro da Defesa, configurando um ato de indisciplina.

Depois de várias conversações entre o presidente da República e as autoridades militares, decidiu-se encerrar o assunto com uma nota de retratação do comandante do Exército, Francisco Roberto de Albuquerque, em que se lamenta a morte do jornalista Herzog e se afirma o apreço dos militares pela democracia. Mais uma vez destaca-se que as Forças Armadas não queriam reavivar fatos do passado. A nota tinha o seguinte teor:[149]

> O Exército Brasileiro é uma instituição que prima pela consolidação do poder da democracia brasileira. O Exército lamenta a morte do jornalista Vladimir Herzog. Cumpre relembrar que, à época, este fato foi um dos motivadores do afastamento do comandante militar da área, por determinação do presidente Geisel. Portanto, para o bem da democracia e comprometido com as leis do nosso país, o Exército não quer ficar reavivando fatos de um passado trágico que ocorreram no Brasil. Entendo que a forma pela qual esse assunto foi abordado não foi apropriada, e que somente a ausência de uma discussão interna mais profunda sobre o tema pôde fazer com que uma nota do Centro de Comunicação Social do Exército não condizente com o momento histórico atual fosse publicada. Reitero ao senhor presidente da República e ao senhor ministro da Defesa a convicção de que o Exército não foge aos seus compromissos de fortalecimento da democracia brasileira.

O ministro da Defesa saía enfraquecido deste episódio. Um comandante indisciplinado fora poupado e o ministro desautorizado em seu papel de comandante das Forças Armadas. De fato, a valerem os regulamentos militares, o comando do Exército precisava ter algum tipo de punição por quebra da hierarquia.

Os fatos se encaminham todos para fortalecer a ideia, entre os defensores dos direitos humanos, de que os arquivos da ditadura precisavam ser encontrados e abertos. A Câmara solicita empenho do ministro da Defesa, José Viegas, nesse sentido. O próprio ministro admite que nem

---

149 A nota é de 19 de outubro de 2004 e foi publicada em todos os grandes jornais.

todos os documentos haviam sido destruídos.[150] Os militares, por sua vez, negam que eles existam e, a partir daí, dão uma série de declarações negando a existência desses papéis. O chefe do Centro de Comunicação da Aeronáutica, brigadeiro Antônio Telles Ribeiro, afirmou que os arquivos da Aeronáutica da época da ditadura haviam sido destruídos em um incêndio do aeroporto Santos Dumont, em 1998.

Em meio ao debate, o ministro Nilmário Miranda, da Secretaria Especial dos Direitos Humanos, anunciou que o governo federal iria reexaminar o decreto do ex-presidente Fernando Henrique Cardoso sobre documentos considerados secretos, sigilosos e confidenciais. O ministro fez, porém, a ressalva de que o reexame seria feito dentro de parâmetros definidos pelo presidente Lula: "com a cautela de não provocar ressentimentos nem crises políticas nem militares".[151]

Da mesma forma, o ministro da Justiça, Márcio Thomaz Bastos, afirmava: "A minha posição é pela abertura desses arquivos. Mas isso é uma posição pessoal. Precisamos ver qual é a agenda do governo, o que o governo como um todo vai decidir".[152]

Imediatamente o Executivo iniciou diálogo com o Legislativo na busca de uma solução para o problema. O presidente da Câmara, deputado João Paulo Cunha (PT-SP), reuniu-se com o ministro da Defesa, José Viegas, para tratar do assunto. Participaram da reunião o presidente da Comissão de Direitos Humanos da Câmara, Mário Heringer (PDT-MG), e o deputado federal Luiz Eduardo Greenhalgh (PT-SP).[153]

Uma subcomissão da Comissão de Constituição e Justiça foi formada na Câmara para analisar a melhor forma de modificar o decreto de 2002

---

150   *O Globo*, 21 out. 2004.
151   *O Estado de S. Paulo Online*, 26 out. 2004.
152   *Folha de S.Paulo Online*, 26 out. 2004.
153   *Folha de S.Paulo Online*, 27 out. 2004.

que aumentava os prazos para a abertura dos documentos referentes ao período da ditadura.

Para o ministro da Justiça, Márcio Thomaz Bastos, o governo caminhava para a abertura dos arquivos secretos dos governos militares: "Estamos trabalhando nesse assunto com determinação, mas com cautela, sem fazer marola, gritaria, suspenses à toa".[154] Para ele, a abertura dos arquivos do regime militar era um "processo inexorável", apesar da crise que se instalara no Ministério da Defesa.[155]

A polêmica em torno da abertura desses arquivos foi a gota d'água para a demissão do ministro da Defesa, José Viegas, que foi substituído na pasta pelo vice-presidente da República, José Alencar. Na carta de demissão, de 22 de outubro de 2004, Viegas deixava claras as divergências com o comando do Exército:

> Após uma reflexão prolongada a respeito das ocorrências dessa semana, julgo necessária uma atribuição mais efetiva de responsabilidades com relação à nota emitida pelo Exército no último domingo. Embora a nota não tenha sido objeto de consulta ao Ministério da Defesa, e até mesmo por isso, uma vez que o Exército Brasileiro não deve emitir qualquer nota com conteúdo político sem consultar o Ministério, assumo a responsabilidade que me cabe, como dirigente superior das Forças Armadas, e apresento a minha renúncia ao cargo de Ministro da Defesa.
>
> [...] Foi, portanto, com surpresa e consternação, que vi publicada no domingo, dia 17, a nota escrita em nome do Exército Brasileiro que, usando linguagem totalmente inadequada, buscava justificar lamentáveis episódios do passado e dava a impressão de que o

---

154 *O Globo*, 30 out. 2004; *O Estado de S. Paulo Online*, 5 nov. 2004.
155 *O Globo*, 6 nov. 2004.

Exército, ou, mais apropriadamente, os que redigiram a nota e autorizaram a sua publicação, vivem ainda o clima dos anos setenta, que todos queremos superar.

[...]

É incrível que a nota original se refira, no século 21, a "movimento subversivo" e a "Movimento Comunista Internacional". É inaceitável que a nota use incorretamente o nome do Ministério da Defesa em uma tentativa de negar ou justificar mortes como a de Vladimir Herzog. É também inaceitável, a meu ver, que se apresente o Exército como uma instituição que não precise efetuar "qualquer mudança de posicionamento e de convicções em relação ao que aconteceu naquele período histórico".

Para a demissão de Viegas contribuíra também a lentidão dos trabalhos da comissão interministerial criada com a finalidade de localizar os restos mortais de participantes da guerrilha do Araguaia.[156] Esta comissão foi composta pelos ministros da Justiça, da Casa Civil, pelo advogado-geral da União, pelo secretário especial dos Direitos Humanos e pelos comandantes da Marinha, do Exército e da Aeronáutica. O ex-ministro cobrava das autoridades militares mais empenho em seus trabalhos, e as divergências acabaram por esvaziá-la. De fato, até o fim da primeira década do século XXI, apenas dois corpos de guerrilheiros do Araguaia haviam sido identificados.

Ainda em novembro de 2004, logo após a demissão do ministro Viegas, o juiz Paulo Alberto Jorge, da 1ª Vara Federal de Guaratinguetá no estado de São Paulo, acolhendo liminarmente ação civil proposta pelo Ministério Público Federal, determinou a abertura imediata dos arquivos militares, tomando de surpresa os comandos militares, que

---

156   Decreto nº 4.850, de 20 de outubro de 2003.

insistiam na tese de que esses documentos inexistiam.[157] Pela decisão do juiz, todos os documentos relacionados ao período da ditadura militar deveriam ser postos à disposição desse juízo federal.

Ao mesmo tempo, o presidente da República lançou medida provisória criando a Comissão de Averiguação e Análise de Informações Sigilosas, que funcionaria dentro da Casa Civil, e assinou decreto anulando o de 2002, que fixava prazos mais longos para a liberação de documentos públicos considerados ultrassecretos, secretos, confidenciais e reservados. Com isso voltava a ter validade a Lei nº 8.159/1991 (Lei de Arquivos). A comissão, integrada por representantes de sete ministérios (Defesa, Casa Civil, Segurança Institucional, Justiça, Direitos Humanos, Relações Exteriores e Advocacia-Geral da União), iria examinar prazos concernentes aos direitos de acesso à informação por parte dos cidadãos.

Ato contínuo, foi amplamente divulgada pela imprensa escrita e pela TV a queima de arquivos militares referentes ao período da ditadura na Base Aérea de Salvador, na Bahia. Uma perícia da Polícia Federal concluiu que os documentos haviam sido queimados em outro local e jogados naquela base aérea. A queima desse material aparecia como uma reação militar desesperada ao cerco que se ia fechando.

Em decorrência do trabalho da Comissão de Averiguação e Análise de Informações Sigilosas foi editado o Decreto nº 5.585, de 18 de novembro de 2005, dispondo que todos os documentos arquivísticos públicos produzidos e recebidos pelos extintos Conselho de Segurança Nacional (CSN), Comissão Geral de Investigações (CGI) e Serviço Nacional de Informações (SNI) que estivessem sob a guarda da Agência Brasileira de Inteligência (Abin) deveriam ser recolhidos ao Arquivo Nacional. O ministro da Secretaria Especial de Direitos Humanos, Nilmário Miranda, fez um apelo a todos que detivessem documentos oficiais referentes à

---

157   *O Estado de S. Paulo Online*, 12 nov. 2004.

ditadura militar (1964-1985) no sentido de que os entregassem ao órgão competente, ou seja, ao Arquivo Nacional.

Nesse momento a questão já tomava dimensões internacionais. No início de novembro de 2005 o Comitê de Direitos Humanos das Nações Unidas pediu ao governo brasileiro que liberasse os documentos sobre a tortura praticada durante o regime militar e ainda mantidos em sigilo.

José Dirceu foi afastado da chefia da Casa Civil em junho de 2005, em decorrência de denúncias de corrupção no governo — episódio conhecido como escândalo do "mensalão". Foi substituído por Dilma Roussef, que levou a cabo a política de recolhimento dos arquivos da ditadura. Logo de início ordenou que ministérios e estatais transferissem os documentos referentes à ditadura militar para o Arquivo Nacional, instituição que passou a trabalhar na criação de um banco de dados virtual sobre o período ditatorial.

Uma nova lei aprovada em maio de 2005, a Lei nº 11.111, passou a reger o acesso a esses arquivos, mantendo sob sigilo parte deles, classificados como secretos ou ultrassecretos.

O passivo da ditadura continuou sendo examinado, apesar dos protestos de militares da reserva. Em agosto de 2007, mês de aniversário da Lei da Anistia, foi lançado o livro *Direito à memória e à verdade*, da Comissão Especial sobre Mortos e Desaparecidos Políticos, que faz um balanço dos 11 anos de trabalho da comissão especial instituída em 1995 para buscar soluções para os casos de mortes e desaparecimentos entre 1961 e 1988. O livro narra a história de cerca de 400 ex-militantes políticos e representou o primeiro documento público e oficial do governo a reconhecer o envolvimento das Forças Armadas em crimes contra a humanidade, tais como torturas, decapitações, esquartejamentos, estupros e ocultação de cadáveres.

O livro foi mais um elemento a acentuar descontentamentos militares, embora o ministro da Defesa, Nelson Jobim, garantisse que as Forças Armadas viam todo esse processo com naturalidade.

Em maio de 2008 outra autoridade, agora o procurador-geral da República, Antonio Fernando Souza, entrou com ação direta de inconstitucionalidade junto ao STF contra o sigilo de documentos públicos no Brasil alegando que, sem a "verdade histórica", a democracia brasileira seria "sempre um regime frágil e imaturo".[158] O procurador-geral questionava a Lei nº 8.159, de 1991, e a Lei nº 11.111, de 2005, esta que alterava artigos da primeira e defendia o acesso dos meios de comunicação e dos cidadãos a tais informações em razão do direito à liberdade de informar e de ser informado.

A ação do procurador-geral dava continuidade ao ofício que fizera ao presidente da República, em setembro de 2006, reportando-se à recomendação do Comitê de Direitos Humanos da ONU, de 2005, para que o Brasil tornasse públicos todos os documentos relevantes sobre abusos contra os direitos humanos. Mas, apesar de evidências e indícios em contrário, a resposta dos militares era sempre a mesma: os arquivos militares haviam sido queimados, bem como os documentos que autorizaram que o fossem.

Com tensões dentro do governo e com descontentamento militar, o assunto avançava. Em fins de 2008 foi lançado o projeto "Memórias Reveladas", que prevê a disponibilização na internet, para consulta online, de todo material da repressão em poder do Arquivo Nacional. O projeto deu início também a uma campanha publicitária para recolhimento ao arquivo de documentos guardados clandestinamente por militares, agentes da repressão e particulares.[159]

Ainda em fins de 2008 o governo enviou ao Congresso novo projeto de lei de acesso à informação, demonstrando a necessidade de regulação do assunto e as idas e vindas nesses marcos regulatórios. O acesso à

---

158 *Folha de S.Paulo Online*, 20 maio 2005.
159 *O Estado de S. Paulo Online*, 1 nov. 2008.

informação é um dos pontos mais delicados na democracia brasileira, e a quantidade de dispositivos legais em torno do assunto mostra avanços, retrocessos, mas, principalmente, a precária noção entre nós de que a informação é um direito de cada cidadão, resguardados interesses públicos, que não podem ser confundidos com interesses corporativos.

Todos os órgãos públicos enviaram ou estão destinando seus arquivos de censura interna ao Arquivo Nacional, à exceção das Forças Armadas.[160] Em nome de quê? Oficialmente, porque dizem não possuir documentos a esse respeito. Oficialmente também, porque não se julga necessário "mexer em páginas do passado". A instituição tomou para si a defesa daqueles que atuaram na repressão, e tomou isso como uma missão. Prevaleceu um pacto do silêncio, um veto sobre o passado, uma interpretação de que o passado é esquecimento. Nenhum colega de farda pode ser atingido por ações praticadas durante a ditadura, ainda que muitos deles já tenham morrido. Por isso, não se trata de defender pessoas, mas de zelar pelo nome da instituição e pela "honra" dos colegas fardados.

O tema inacabado da anistia

Em 1979 a anistia estabelecida em lei refletia o máximo de entendimento a que cada uma das partes envolvidas na discussão poderia chegar. Cada país tem formas particulares de se reconciliar com o passado, tem limites e possibilidades para rever seus traumas e dramas.[161] No Brasil não foi di-

---

160 Durante a ditadura os órgãos públicos tinham divisões ou assessorias de informação que enviavam informações dos funcionários aos serviços de inteligência militar.

161 Catela, 2000.

ferente. A anistia de 1979 era limitada por não prever julgamento de abusos contra os direitos humanos, mas foi entendida e aceita como a única possibilidade legítima para o país sair do estado de exceção e iniciar um processo de normalidade democrática.

A lei foi aceita como uma saída possível na ocasião, mas não como uma saída justa. Por isso mesmo tem sido recorrente a busca pela identificação dos torturadores e as pressões junto ao governo para que não ocupem cargos públicos. Frequentemente vêm a público demandas para rever a questão, bem como encaminhamentos jurídicos para que algum torturador seja punido. Nenhuma dessas tentativas prosperou porque a interpretação dada à lei é a de que tudo fora perdoado, conforme o contido no *slogan* "anistia ampla, geral e irrestrita". Anistia era esquecimento incondicional.

Em 2008, pela primeira vez uma autoridade do Executivo pronunciou-se publicamente a favor da punição dos torturadores num debate que acabou sendo desautorizado pelo presidente da República. Em 4 de abril daquele ano, o ministro da Justiça, Tarso Genro, gaúcho filiado ao PT, lançou na Associação Brasileira de Imprensa (ABI), no Rio de Janeiro, a Caravana da Anistia, que liderou e acompanhou até deixar o ministério, no início de 2010. A iniciativa tinha como objetivo fazer com que a Comissão de Anistia corresse todo o país até o ano 2010 para acelerar o julgamento dos processos de anistia em cada estado da federação e motivar a sociedade a considerar a seriedade do tema dos direitos humanos. Na mesma ocasião e local foram julgados pela Comissão de Anistia do Ministério da Justiça 20 jornalistas que haviam sido cassados pela ditadura. O evento foi uma cerimônia marcada pela emoção e recebeu ampla cobertura da imprensa do Rio, que deu especial destaque ao alto valor de algumas indenizações, descrito por alguns como "bolsa ditadura", em alusão ao Programa Bolsa Família, do governo federal, que visa a distribuir renda entres setores mais carentes da população.¹⁶² Essa questão dos valores vem sendo debatida desde que a comissão iniciou seus trabalhos, e vários casos de injustiça e falta de equidade foram apontados na mídia.

Cerca de um mês depois, no dia 15 de maio, ainda no âmbito da Caravana da Anistia, o ministro participou, também no Rio de Janeiro, do lançamento do Memorial da Anistia Política, na antiga sede da União Nacional dos Estudantes.¹⁶³ Com a presença do presidente da ABI, Maurício Azêdo, do presidente do Conselho Federal da Ordem dos Advogados do Brasil (OAB), Cezar Britto, e da presidente da União Nacional dos Estudantes (UNE), Lúcia Stump, anunciou que o local tinha inauguração prevista para 2010 e abrigaria o acervo de documentos do período da repressão no país. Segundo ele, o memorial passaria a abrigar um centro de divulgação e documentação, com acervo histórico do período de 1946 a 1988, além de todos os arquivos da Comissão de Anistia. Na ocasião, declarou:

> A anistia não é um esquecimento, nem contribuição financeira, porque o Estado nunca vai pagar todos os tipos de prejuízo que as pessoas que se opuseram ao regime militar tiveram. É um processo integrante da constituição do Estado democrático de direito e o momento pelo qual o país está passando é importante para a consolidação da democracia e da república.¹⁶⁴

---

162 A grande imprensa do Rio e de São Paulo deu, na ocasião, ampla cobertura ao tema dos valores pagos nessas indenizações; um dos mais atingidos pelas críticas foi o jornalista Ziraldo.

163 A sede da UNE, na praia do Flamengo, 132, Rio de Janeiro, foi incendiada em 1º de abril de 1964, horas depois do golpe militar e, anos mais tarde, o prédio foi demolido. Em 2007, após acampamento de estudantes, foi feita a reintegração de posse do terreno.

164 *Jornal da ABI*, nº 329, maio 2008.

E acrescentou: "Dizem que a anistia foi feita para todos, inclusive para os torturadores. Eu respondo que os torturadores têm que ser julgados, têm que receber uma pena. Eles se escondem hoje em uma postura arrogante que não aceita a controvérsia política".[165]

Sua tese era a de que a tortura não constituía crime político e que, se o Poder Judiciário fizesse essa interpretação, não seria necessário fazer mudanças na Lei da Anistia.

O ministro da Justiça, bem como o presidente da Comissão de Anistia (Paulo Pires Abrão), o ministro de Direitos Humanos (Paulo Vannuchi) e o presidente da OAB, entre outros, postularam a tese de que a tortura não era crime político. Era sim, segundo eles, crime contra os direitos humanos, crime de lesa-humanidade, que não podia ser contemplado pela Lei da Anistia. As reações de representantes das Forças Armadas, entre eles o deputado federal Jair Bolsonaro, do Rio de Janeiro, começam a aparecer, de forma a desqualificar essa interpretação e a insistir na tese predominante: a anistia de 1979 encerrava todo o passivo da ditadura.

Na mesma cerimônia, Tarso defendeu a abertura dos arquivos secretos do período da ditadura, posição endossada pelo presidente nacional da OAB, Cezar Britto: "Para que eu perdoe, preciso saber o que estou perdoando. Por isso insistimos que anistia não é amnésia. Temos que saber efetivamente o que aconteceu".[166]

Nessa mesma ocasião fatos importantes e inéditos ocorriam na Justiça de São Paulo, quando desembargadores davam prosseguimento ao exame do processo iniciado em 2005 responsabilizando o coronel reformado do Exército, Carlos Alberto Brilhante Ustra, pela morte do jornalista Luiz Eduardo Merlino, em 19 de julho de 1971, na sede do DOI-Codi em

---

165   *Folha de S.Paulo Online*, 15 maio 2008.
166   *O Estado de S. Paulo*, 16 maio 2008.

São Paulo, órgão que o coronel comandava.[167] Tratava-se de uma ação declaratória, com renúncia de indenização, que visava ao reconhecimento formal pela Justiça brasileira de que o coronel havia sido torturador. A família do jornalista solicitava que a Justiça reconhecesse que Luiz Merlino fora torturado até a morte.

A ação foi inicialmente acolhida, mas o desembargador aceitou o recurso do advogado de Ustra, que alegava estar o ex-coronel coberto pela Lei da Anistia. Além do mais, já se haviam passado mais de 30 anos dos fatos narrados e que, caso estes constituíssem crimes, estavam prescritos.[168]

Paralelamente, o Ministério Público Federal ajuizava, também em São Paulo, ação civil pública contra o mesmo Carlos Alberto Brilhante Ustra e outro coronel, Audir Santos Maciel, ambos acusados de crimes cometidos durante a ditadura militar. Maciel fora assistente de Ustra no DOI-Codi de São Paulo entre 1970 e 1976. Nesse período, segundo os procuradores, cerca de 7 mil pessoas passaram pelas dependências daquele órgão e aproximadamente 64 morreram ou desapareceram, entre elas o jornalista Vladimir Herzog e o operário Manoel Fiel Filho. Na ação os procuradores solicitavam que: (a) Ustra e Maciel fossem obrigados a reembolsar a União pelas indenizações pagas a 64 ex-presos políticos presos e mortos no DOI-Codi de São Paulo naquele período; (b) as Forças Armadas declarassem que os dois comandaram um centro de tortura, homicídios e prisões ilegais; (c) a União revelasse os nomes de todas as 7 mil pessoas que passaram pelo local e as circunstâncias em que isso ocorrera.

A denúncia estava baseada em dados do livro *Direito à memória e à verdade*, lançado em agosto de 2007 pela Secretaria Especial de Direitos Humanos sob a coordenação do ministro Paulo Vannuchi. Este livro foi o

---

167 DOI: Departamento de Operações e Informações; Codi: Comando de Operações de Defesa Interna.

168 Pela lei brasileira os crimes prescrevem em 20 anos.

primeiro documento do governo federal a acusar claramente a ditadura militar de atos como decapitação, esquartejamento, estupro, tortura de modo geral, ocultação de cadáveres e execução.

O livro *Direito à memória e à verdade* relatou os 11 anos de trabalho da Comissão Especial dos Mortos e Desaparecidos Políticos, e ali ficaram provados 64 casos de mortes e desaparecimentos no DOI-Codi de São Paulo no período em que Ustra e Maciel o comandavam.[169] Foi com base nesse livro, que havia desagrado aos militares, que a ação foi tomada contra os dois coronéis.

Tratava-se de um ato histórico também por ser a primeira vez que a Justiça valia-se de princípios do direito internacional para "driblar" a Lei da Anistia de 1979.[170] Os argumentos dos procuradores repetiam que a Lei da Anistia não podia ser usada para acobertar crimes praticados durante a ditadura contra os direitos humanos. Segundo eles, o Brasil seria passível de condenação em qualquer corte internacional, pois crimes desse tipo não prescrevem nem são passíveis de anistia.[171]

Imediatamente o general da reserva e presidente do Clube Militar, Gilberto Figueiredo, declarou à imprensa que a Lei da Anistia fora "feita para os dois lados", era assunto superado. Para ele, caso ocorresse a revisão da lei, os militares seriam os menos atingidos e as maiores punições incidiriam sobre os opositores do regime militar, entre eles grande número de políticos da cúpula do governo federal que, no passado, teriam estado envolvidos em ações criminosas.

Organismos públicos e da sociedade civil, como o Fórum Permanente dos Ex-Presos e Perseguidos Políticos, o Grupo Tortura Nunca Mais, o Conselho Estadual de Defesa dos Direitos da Pessoa Humana (Condepe),

---

169   *IstoÉ*, 21 maio 2008.
170   Ver, por exemplo, *O Globo*, 16 maio 2008.
171   *O Globo*, 17 maio 2008.

a Ação dos Cristãos para a Abolição da Tortura (Acat) e o Movimento Nacional dos Direitos Humanos mobilizaram-se solicitando punição para torturadores. Defendiam a punição dos responsáveis pelos crimes de tortura na ditadura militar e a abertura dos arquivos secretos.

O Clube Militar, em represália, divulgou nota afirmando que iria divulgar documentos com as fichas de homens e mulheres classificados como terroristas à época da ditadura e que integravam o governo federal. Era uma clara alusão ao fato de que tinham em seu poder os documentos sigilosos da repressão que as autoridades militares insistiam em dizer que não existiam.[172] Ameaçaram divulgar essa lista na reunião do Clube Militar, mas não o fizeram.[173]

O coronel Brilhante Ustra participou dessa reunião no Clube Militar, da qual também participaram militares da ativa, como o comandante militar do Leste, general Luiz Cesário da Silveira Filho, e os ex-ministros do Exército Zenildo Zoroastro e Leônidas Pires Gonçalves, além do deputado federal Jair Bolsonaro (PP-RJ).

Ante as reações militares, o ministro Tarso Genro esclareceu que defender o julgamento dos torturadores não representava ofensa às Forças Armadas. Para o ministro, a própria ditadura não defendeu a tortura:

> Tratar da questão da tortura não é revanchismo político. Em nenhuma legislação a tortura é considerada crime político, mas sim crime contra a vida. O regime autoritário brasileiro permitia prisões arbitrárias e até inconstitucionais, mas a tortura nunca foi permitida pelas próprias leis da ditadura. Logo, a violência contra uma pessoa presa, a tortura, é considerada crime comum, seja cometido por agentes do Estado, seja por pessoas contrárias ao regime.[174]

---

172 *Jornal do Brasil*, 7 ago. 2008.
173 *Folha de S.Paulo Online*, 7 ago. 2008.
174 *O Globo*, 18 maio 2008.

Simultaneamente o ministro convocou audiência pública no Ministério da Justiça para ouvir ministros, advogados e representantes de entidades da sociedade civil sobre o tema, mas não convidou representantes das Forças Armadas. O evento foi intitulado "Limites e possibilidades para a responsabilização jurídica dos agentes violadores de direitos humanos durante estado de exceção no Brasil" e propunha-se a examinar a possível punição dos torturadores nos campos civil e penal. Para o presidente da Comissão de Anistia, Paulo Abrão, ao citar a Constituição de 1988 e ao evocar a tortura como crime imprescritível, não poderia haver processo de reconciliação em matéria de tortura. Para ele, a decisão final, contudo, deveria caber ao Poder Judiciário.[175]

Em reação à realização dessa audiência pública no Ministério da Justiça, considerada uma afronta pelos militares, os clubes Militar, Naval e Aeronáutico decidiram realizar, no Rio de Janeiro, um seminário intitulado "Lei da Anistia: alcances e consequências". Compareceram como palestrantes o advogado e ex-ministro do Superior Tribunal de Justiça, Waldemar Zveiter, o jurista Antônio José Ribas Paiva e o general da reserva Sergio de Avellar Coutinho, diretor cultural do Clube Militar.[176] Nos pronunciamentos dos três foi feita a defesa do golpe de 1964, justificada a "guerra suja" contra a oposição durante a ditadura e relembrado que a anistia fora feita em nome da pacificação, o que permitiu que muitos "ex-terroristas" tivessem chegado ao poder.[177]

O ex-ministro Waldemar Zveiter afirmou que os torturadores do regime militar não podiam ser processados porque o crime de tortura só foi tipificado em 1997, portanto após a Lei da Anistia, de 1979. Par-

---

175 *Folha de S.Paulo Online*, 31 jul. 2008.
176 *O Globo*, 2 ago. 2008.
177 A íntegra desses pronunciamentos está em <www.brasildefato.com.br>. Acesso em: mar. 2009.

ticiparam ainda do evento o deputado federal Jair Bolsonaro (PP-RJ) e o coronel reformado Brilhante Ustra, que se limitou a repetir que nada tinha a declarar. Da ativa participaram o chefe do Comando Militar do Leste, general de Exército Luiz Cesário Silveira Filho, e o diretor de ensino do Exército, Paulo César de Castro. A imprensa noticiou frases agressivas pronunciadas no evento contra o ministro da Justiça, evidenciando as tensões do momento. Entre elas, a de Jair Bolsonaro de que "o erro foi torturar e não matar".[178] Um coronel, por sua vez, anunciava que seria iniciada uma campanha, encampada pelo site Ternuma (Terrorismo Nunca Mais), expondo a presença de vários terroristas no poder.

Diante deste enfrentamento as autoridades da República passam a se movimentar para minimizar os efeitos do descontentamento entre os fardados, expresso basicamente pelos reformados. Mas examina-se também a possibilidade de punir os oficiais da ativa que participaram do ato desrespeitando os regulamentos disciplinares.

Atendendo ao pedido do comandante das Forças Armadas, o ministro da Defesa, Nelson Jobim, o assunto foi encerrado. Em solenidade no Planalto, durante apresentação dos oficiais-generais promovidos, deu-se por encerrada a polêmica criada pelo ministro Tarso Genro. O ministro Jobim descartou qualquer possibilidade de o comandante militar do Leste, general Luiz Cesário da Silveira, e de o chefe do Departamento de Ensino e Pesquisa do Exército, general Paulo César Castro, serem punidos.[179]

O Comando do Exército, através de seu Centro de Comunicação Social, declarou que o "Exército considera que a discussão da temática já ocorreu em tempo passado, no fórum adequado e com a participação

---

178   *Folha de S.Paulo Online*, 9 ago. 2008.
179   *O Estado de S. Paulo*, 12 ago. 2008.

de representantes da sociedade, sendo concluída e consolidada com a promulgação da Lei nº 6.683, de 28 de agosto de 1979". Segundo o Centro de Comunicação do Exército não cabia a "discussão proposta, mas sim o respeito e o cumprimento da referida lei [da anistia] e seus desdobramentos, como deve ocorrer com os demais instrumentos legais de nosso país".[180]

No dia seguinte, durante reunião da Coordenação Política, realizada no Palácio do Planalto, o presidente Lula orientou os ministros Tarso Genro e Paulo Vannuchi a não debaterem em público o tema da punição dos militares que praticaram a tortura durante a ditadura militar e a não declararem em público seu posicionamento acerca da revisão da Lei da Anistia.

Militares também se calam sobre o assunto, sob a orientação do ministro da Defesa. Mais uma vez as Forças Armadas ganham a "queda de braço". O assunto sai da agenda do governo, mas não sai da agenda pública.

Enquanto isso, o juiz espanhol Baltazar Garzón, mundialmente famoso por ter conseguido a prisão do ditador chileno Augusto Pinochet, visitou o país e referendou a posição de que o Brasil deveria investigar os crimes cometidos no período da ditadura militar, sem que a Lei da Anistia imponha limites à revelação de crimes contra a humanidade. Na opinião do juiz, as leis de anistia locais não podem impedir a investigação de crimes cometidos em períodos ditatoriais.[181]

A posição do ministro da Defesa foi francamente favorável aos pleitos dos militares. Criticou "os que preferem olhar só para o passado" e afirmou não haver "qualquer responsabilidade histórica do Exército com relação a isso [tortura]. O Exército continua com seu prestígio nacional

---

180 *Jornal do Brasil*, 12 ago. 2008.
181 *Folha de S.Paulo Online*, 19 ago. 2008.

intocável". Para Jobim, a Lei da Anistia "foi autossuficiente". As alternativas jurídicas para punir torturadores deviam, segundo o ministro, ser examinadas pelo Poder Judiciário, e não pelo Executivo.[182]

Dentro do Executivo, vozes discordantes da do ministro da Defesa, como a do ministro Paulo Vannuchi, pediam que a sociedade entrasse com processos em massa na Justiça para pressionar o Judiciário a rever a Lei da Anistia.[183] Ou seja, embora o presidente Lula e o ministro da Defesa tivessem se mantido numa posição conciliadora para com os militares, dentro do governo havia espaço legítimo para várias ações oficiais a favor da revisão dos direitos humanos. Desde os anos 1990 o legado violento da ditadura tem tido no Executivo um espaço de disputa: de um lado, avançou-se na questão dos desaparecidos, ao reconhecer que era uma questão do Estado, e ainda nos temas da anistia a perseguidos, das indenizações e do reconhecimento dos direitos das vítimas; de outro, tem-se acatado a opinião dos chefes militares de que têm poder de veto sobre a discussão de suas ações políticas no passado ditatorial, especialmente no que toca aos desaparecidos. A instituição, nesse aspecto, é inexpugnável.

O destino dos processos não variou muito. Acabou vigorando a lógica do silêncio por parte da corporação militar. No caso dos jornalistas Luiz Eduardo Merlino e Vladimir Herzog, a Justiça de São Paulo extinguiu os processos. No primeiro caso, por dois votos a um, essa corte aceitou o recurso dos advogados de Ustra contra a ação que buscava responsabilizá-lo pela morte desse jornalista em 19 de julho de 1971.[184] No segundo, o de Herzog, a juíza concluiu que os crimes estavam prescritos.[185]

---

182   O Globo, 2 ago. 2008.
183   Ver O Globo, 28 fev. 2009.
184   O Estado de S. Paulo Online, 23 set. 2008.
185   O Globo, 13 jan. 2009.

No caso da ação contra os coronéis reformados Carlos Alberto Brilhante Ustra e Audir Santos Maciel, comandantes do DOI-Codi paulista nos anos 1970, os procuradores da República solicitaram, como vimos, a responsabilização pessoal por desaparecimento, morte e tortura de 64 pessoas. O assunto seguiu para a Procuradoria Regional da União em São Paulo e, depois, para o chefe da Advocacia-Geral da União (AGU), José Antônio Dias Toffoli. Nessa instância o governo assumiu a defesa dos acusados considerando, mais uma vez, que os acusados estavam protegidos pela Lei da Anistia, de 1979.

Ao fim a Justiça determinou que a ação fosse suspensa até que o Supremo Tribunal Federal julgasse dois outros casos: a Ação Direta de Inconstitucionalidade (ADin) movida pela Procuradoria Geral da República pedindo a abertura dos arquivos da ditadura e a Arguição de Descumprimento de Preceito Fundamental (ADPF) movida pela Ordem dos Advogados do Brasil (OAB) questionando a validade da Lei da Anistia para crimes contra a humanidade.[186]

A Comissão Especial sobre Mortos e Desaparecidos Políticos declarou imediatamente que a União, por meio do parecer da AGU, se havia alinhado aos torturadores da ditadura militar. O ministro Tarso Genro também criticou o parecer: "A decisão contraria toda a jurisprudência internacional, todos os juristas sérios que tratam do assunto e os princípios fundamentais de defesa dos direitos humanos que estão incorporados na Constituição".[187]

A Justiça de São Paulo ainda se pronunciou sobre outra ação declaratória contra o coronel Carlos Alberto Brilhante Ustra. Neste caso ele é acusado de praticar, quando era comandante do DOI-Codi de São Paulo, torturas em Maria Amélia de Almeida Teles, seu marido César Augusto

---

186 *O Globo Online,* 13 nov. 2008.
187 *Folha de S.Paulo Online,* 30 ago. 2008.

Teles e sua irmã Criemeia Schmidt de Almeida. O casal fora preso em 1972 por gerir uma gráfica do PCdoB.[188] Embora com decisão favorável em primeira instância, o caso foi parar em instâncias recursais.

A anistia de torturadores dividiu o governo federal. Enquanto a Advocacia-Geral da União, baseada em tese do Ministério da Defesa, contestou na Justiça Federal de São Paulo a ação da Procuradoria da República contra os coronéis Carlos Alberto Brilhante Ustra e Audir dos Santos Maciel, o Ministério da Justiça decidiu ir à Comissão Interamericana de Direitos Humanos (CIDH) da Organização dos Estados Americanos (OEA) defender a responsabilização dos torturadores.[189] Paulo Pires Abrão, presidente da Comissão de Anistia, foi designado pelo ministro da Justiça, Tarso Genro, para participar dessa reunião.

A Comissão Interamericana dos Direitos Humanos da OEA questionou a posição do governo brasileiro pela omissão na investigação e punição de agentes do Estado envolvidos com a prática de tortura contra ativistas políticos durante o regime militar. A audiência foi provocada por uma organização não governamental internacional, a Center for Justice and International Law (Cejil), que acusa o governo brasileiro de fazer uma interpretação equivocada da Lei da Anistia para evitar choque com as Forças Armadas. Segundo a entidade, a tortura é um crime de lesa-humanidade, imprescritível e não anistiável.[190]

No decorrer de todo este confronto, como se posicionou o Supremo Tribunal Federal? Ainda que seu parecer definitivo não tenha sido emitido até o fim da primeira década do século XXI, para vários ministros dessa corte a lei brasileira não admite a punição de crimes cometidos durante o regime militar. O ministro Celso Mello argumentou ser o caso bra-

---

188   O Estado de S. Paulo Online, 9 out. 2008.
189   O Globo Online, 21 out. 2008.
190   Jornal do Brasil Online, 27 out. 2008.

sileiro diferente de outros países cujas leis de anistia foram contestadas pela Corte Interamericana de Direitos Humanos. Segundo Mello, nesses casos de contestação, as leis de anistia foram elaboradas pelos próprios agressores (Peru e Uruguai), não sendo este o caso da anistia brasileira.[191] O ex-presidente do Supremo Tribunal Federal, o jurista Carlos Velloso, contrário à revisão da Lei da Anistia, afirma: "É um assunto superado. A Lei da Anistia é peremptória, e estabelece um esquecimento, um perdão para os dois lados". Ainda segundo Velloso: "Isso não seria bom para a democracia brasileira. Sob o ponto de vista político, é desastroso. Sob o ponto de vista jurídico, é difícil imaginar uma mudança na lei".[192]

Ao longo deste sensível debate não houve envolvimento explícito de partidos políticos ou mesmo do Congresso, à exceção do Partido dos Trabalhadores, o partido do governo. O PT, por meio de sua Comissão Executiva Nacional, divulgou nota solicitando a punição dos torturadores da ditadura. O argumento defendido conclui que os crimes contra a humanidade não prescrevem, e que a Lei da Anistia não beneficia os torturadores da ditadura. Conclui afirmando que a "punição aos violadores de direitos humanos é tarefa da Justiça brasileira. Esperamos que o Poder Judiciário atenda aos reclamos das vítimas, especialmente dos familiares de mortos e desaparecidos".[193]

Assim como muitas entidades da sociedade civil, a Igreja Católica também se pronunciou claramente a favor da punição aos crimes de tortura. O presidente da Conferência Nacional dos Bispos do Brasil (CNBB), d. Geraldo Lyrio Neto, defendeu em várias ocasiões não só a abertura dos arquivos da ditadura como a punição aos torturadores: "Perdão não é sinônimo de impunidade. Temos que perdoar porque

---

191   *O Globo*, 2 ago. 2008.
192   Ibid.
193   *Folha de S.Paulo Online*, 28 ago. 2008.

sem perdão não há reconciliação e sem reconciliação não há paz. Mas impunidade não. É preciso que os culpados sejam conhecidos, dentro do possível e do que é justo e legal".[194]

O debate do tema da anistia não mobilizou a sociedade nem o Parlamento, mas demonstrou a capacidade de resistência organizada dos militares para manter intactos certos pontos relativos à nossa memória. Provocou fissuras dentro do governo, colocou ministros em lados opostos e mostrou a dificuldade de todos os governos civis em lidar com um tema que foi considerado tabu pelas Forças Armadas. De toda forma, foi a primeira vez que um ministro tomou iniciativa desse gênero com apoio de alguns poucos colegas de gabinete. Ao fim predominaram o veto do presidente ao tema e a decisão de que quem pode falar sobre o assunto é o Judiciário. Os direitos humanos deixavam o campo do debate político para se tornarem prerrogativa das cortes de Justiça.

Em fevereiro de 2009, fazendo um balanço das atividades da Caravana da Anistia, Tarso Genro e Paulo Abrão publicam na imprensa artigo em que declaram:

> Rompeu-se a cultura do medo, reafirmando que na democracia não podem existir temas proibidos e a sociedade livre pôde levar o tema ao STF, que definirá se o Brasil enfrentará seu passado a exemplo de tantas outras nações e segundo as exigências da ONU e da OEA. Outro fato novo foi a primeira Conferência das Comissões de Reparação e Verdade da América Latina, que permitiu efetiva integração entre as políticas comuns e trocas de experiências com diversos países.[195]

---

194 *O Estado de S. Paulo Online*, 26 set. 2008.
195 "Anistia e democracia". *O Globo*, 23 fev. 2008.

Nesse mesmo mês o ex-presidente da Comissão Interamericana de Direitos Humanos da OEA e diretor do Centro Internacional para a Justiça de Transição (ICTJ), Juan Méndez, publica artigo na grande imprensa de São Paulo chamando a atenção para as responsabilidades do Brasil ante os tratados internacionais. Segundo ele a lei de 1979 não poderia ser usada para proteger torturadores, e o país, como Estado-membro das Nações Unidas e da OEA, deveria reabrir esse capítulo de sua história. Tratava-se de crimes de lesa-humanidade definidos pelos Princípios de Nuremberg (de 1950) e por outras convenções ou agências, tais como o Estatuto da Corte Penal Internacional, a Comissão de Direitos Humanos das Nações Unidas e Corte Interamericana de Direitos Humanos. E conclui:

> As opções são claras: ou o Brasil decide comportar-se como um autêntico Estado de Direito, que respeita as obrigações internacionais consagradas na sua Carta Constitucional ou, pelo contrário, prefere enviar um perigoso sinal de impunidade a todos os que, em posições de poder, são capazes de abusar dos seus concidadãos.[196]

Em todo este debate o partido do presidente da República, o PT, pronunciou-se oficialmente a favor da punição de torturadores e da abertura dos arquivos da ditadura. O presidente, contudo, foi sempre mais cauteloso, e como sua opinião é mais forte do que a do partido, a posição do PT acabou neutralizada. As declarações do presidente foram no sentido de que a lei deveria ser cumprida e de que caberia ao Judiciário, e não ao Executivo, se posicionar sobre a legalidade e as possibilidades das demandas. O presidente da República, que é constitucionalmente o comandante supremo das Forças Armadas, em nenhum momento tomou qualquer medida que pudesse contrariar as demandas corporativas da

---

196   Méndez, 2009.

instituição. Mesmo quando a disciplina foi atingida, a saída foi a conciliação, e não a aplicação dos regulamentos.

Sem mudanças no panorama interno, a pressão internacional, contudo, deu novo patamar à discussão. Independentemente dos resultados, o fato é que a discussão sobre a violência do regime militar foi trazida novamente à tona, bem como a questão dos direitos humanos. Sejam quais forem os destinos da discussão, o surpreendente até aqui é que este não seja um tema que mobilize o Congresso, os partidos ou a sociedade. A violência é banalizada entre nós, e o respeito aos direitos humanos não é um valor solidificado. Por isso mesmo toda essa discussão é bem-vinda, não só porque fala da impunidade do passado, mas porque traz o mesmo tema para o Brasil de hoje.

Ao terminar as atividades da Caravana da Anistia, em 2009, o ministro Tarso Genro, da Justiça, voltou a lembrar que a

> transição para a democracia no Brasil precisa ser completada. Não desejamos que quem praticou tortura durante o regime [militar] seja preso, mas reconhecido pela sociedade e julgado, mesmo que seja para a Justiça dizer que a pena já está prescrita. Quem foi torturado e quem torturou não pode receber o mesmo tipo de anistia.

Segundo o ministro, era um equívoco atribuir revanchismos às demandas da Comissão de Anistia do Ministério da Justiça:

> É uma afirmação mentirosa. Não confundimos as Forças Armadas, que merecem nosso respeito, com os torturadores que agiram à margem da legalidade do regime militar. [...] Não se admite a tortura como prática de repressão. Tortura não é crime político, mas imprescritível e contra a humanidade.[197]

---

197 Site do Ministério da Justiça (www.mj.gov.br). Acesso em: dez. 2009.

Iniciada em abril de 2008, até fins de 2009 a Caravana da Anistia, que integra os trabalhos da Comissão de Anistia, percorreu 16 estados e julgou cerca de 500 processos. O governo admite, portanto, reparar injustiças do passado, mas, enquanto isso, a revisão da Lei da Anistia permanece tabu para os militares.

Em dezembro de 2009 novo atrito surgiu entre o governo e as Forças Armadas. O governo anunciou o terceiro Plano Nacional de Direitos Humanos, onde constava a sugestão de criar uma Comissão da Verdade, para averiguar os crimes da ditadura. Os comandantes militares ameaçaram renunciar a seus cargos, e o ministro da Defesa os acompanhou. O presidente da República, mais uma vez, acatou a demanda dos militares e o assunto foi postergado. De toda forma, o assunto voltou aos jornais, e o debate público se acentuou com opiniões contra e a favor da revisão da Lei da Anistia.

Assim, com a cumplicidade dos governantes e a morosidade da Justiça, a tortura política permanece impune, mas o debate, ainda que precário e intermitente, continua. Há sérios aspectos legais a serem contemplados que demandam tempo e formação de apoio político, especialmente se envolver a necessidade de uma reforma constitucional. Mas há também um certo entendimento na sociedade de que este não é um tema tão relevante, o que acaba fortalecendo o comportamento militar de vetar qualquer discussão mais séria do assunto no âmbito do governo.

Crise aérea e hibridismo institucional

Durante os trabalhos da Constituinte os militares exerceram, no Congresso, um dos mais importantes *lobbies* na defesa de seus interesses e na manutenção de suas antigas funções. Além da manutenção da anistia, de uma Justiça Militar corporativa, da manutenção de uma lei especial de previdência, mantiveram para si o controle do Departamento de Aviação Civil, que vinha sendo exercido pela Aeronáutica.

O século XXI iniciou-se dando sinais de saturação no sistema aéreo no Brasil: falta de equipamento e de pessoal, pistas de aeroportos sem manutenção adequada, poucas verbas para melhorias e investimentos, escalas salariais fora do mercado. Ao mesmo tempo verificava-se uma duplicação da demanda por transporte aéreo. Este grave problema, que atinge toda a sociedade, foi e ainda é, como veremos, um problema militar, e por isso sua solução passa por lógicas que não apenas as da negociação e da transação.

Desde que a Aeronáutica foi criada no Brasil, em 1941, passou a ser responsável pela defesa do espaço aéreo e pelo controle do tráfego aéreo. Ou seja, os militares faziam e fazem, ao mesmo tempo, um trabalho nos setores de defesa espacial e de transportes aéreos civis. Este modelo institucional foi muito valorizado no Brasil durante a ditadura quando alguns sequestros de aviões aconteceram no país. Com a democracia e a Carta de 1988 os militares demandaram para si a manutenção dessa tarefa, que representa recursos financeiros advindos de taxas da aviação e uma reserva de mercado para uma atividade que, em quase todo o mundo, é civil. Demandaram e conseguiram. O Departamento de Aviação Civil (DAC) da Aeronáutica foi mantido com a função de ter o monopólio da atividade do controle do tráfego aéreo nacional.

O quadro muda um pouco com o aparecimento da Agência Nacional da Aviação Civil (Anac), criada em 2005 e implantada em março de 2006. Não por acaso, a Anac foi a última das agências reguladoras a ser criada no país. Partes de um processo decorrente da reforma do Estado, as agências reguladoras visavam a dar maior agilidade ao mercado e maior transparência e controle social às atividades econômicas e às políticas públicas.[198]

---

198   O Brasil tem 10 agências reguladoras. São elas:

O Partido dos Trabalhadores (PT) sempre foi contra essas agências por considerar que enfraqueciam o papel do Estado e se prestavam ao jogo dos interesses privados. De fato, com o início do governo Lula em 2003 essas instituições emergentes não receberam muita atenção governamental, e o poder dos ministérios foi fortalecido. A Anac foi criada tendo em vista uma exigência legal que obrigava sua criação, embora o desejo para que ela existisse não fosse forte quer no governo quer entre os militares. O resultado foi a introdução de um híbrido institucional — civil e militar — que trouxe mais incertezas do que vantagens para todas as partes.

Antes da criação da Anac o controle do espaço aéreo cabia ao comando da Aeronáutica, ao Departamento de Aviação Civil (DAC), um dos oito órgãos dentro dessa força voltados para a questão da aviação civil e militar. A Empresa Brasileira de Infraestrutura Aeroportuária (Infraero), com cerca de 28 mil funcionários e ligada ao Ministério da Defesa,

- Aneel (Agência Nacional de Energia Elétrica), criada pela Lei nº 9.427, de 26 de dezembro de 1996;
- Anatel (Agência Nacional de Telecomunicações), criada pela Lei nº 9.472, de 16 de julho de 1997;
- ANP (Agência Nacional do Petróleo, Gás Natural e Biocombustíveis), criada pelo Decreto nº 2.455, de 14 de janeiro de 1998;
- Anvisa (Agência Nacional de Vigilância Sanitária), criada pela Lei nº 9.782, de 26 de janeiro de 1999;
- ANS (Agência Nacional de Saúde Suplementar), criada pela Lei nº 9.961, de 28 de janeiro de 2000;
- ANA (Agência Nacional de Águas), criada pela Lei nº 9.984, de 17 de julho de 2000;
- ANTT (Agência Nacional de Transportes Terrestres), criada pela Lei nº 10.233, de 5 de junho de 2001;
- Antaq (Agência Nacional de Transportes Aquaviários), criada pela Lei nº 10.233, de 5 de junho de 2001;
- Ancine (Agência Nacional do Cinema), criada pela Medida Provisória nº 2.228-1, de 6 de setembro de 2001;
- Anac (Agência Nacional de Aviação Civil), criada pela Lei nº 11.182, de 27 de setembro de 2005 e implantada em 20 de março de 2006.

era encarregada do controle dos principais aeroportos do país. Parte dos controladores de voo — cerca de 600 — era então civis e contratados por esta empresa, enquanto os outros 2.100 pertenciam à carreira militar. Havia e continua havendo também um Conselho Nacional de Aviação Civil (Conac), que se reporta diretamente ao presidente da República.

Com a criação da Anac, o DAC é extinto. A Anac passa, por lei, a regular o funcionamento dos aeroportos, a indústria aeronáutica, os serviços de empresas auxiliares e de manutenção, as atividades de fomento, as ações das empresas de transporte aéreo regular e de táxi aéreo. Ao lado da Infraero, ela se reporta ao Ministério da Defesa. O controle do espaço aéreo continuou com a Aeronáutica através de dois órgãos: Centro de Investigação e Prevenção de Acidentes Aeronáuticos (Cenipa) e Departamento de Controle do Espaço Aéreo (Decea). A agência encarregada de regular a aviação civil podia, em tese, tudo, *menos* controlar o tráfego aéreo. A lei de criação também previa que gradativamente funcionários civis fossem assumindo as funções do controle aéreo sem que a atividade deixasse de ser militar. Na prática, a Anac podia fazer pouco, prensada que estava entre os interesses das empresas privadas — que viam seus lucros crescerem em função do aumento da demanda — e os militares, que regulavam a parte mais importante da atividade.

Uma outra fragilidade da agência era o fato de que entre seus cinco diretores apenas um tinha carreira reconhecida no setor da aviação. Os demais, a começar pelo presidente, tinham pouco ou nenhum contato com a área, e suas nomeações foram resultado de indicações de líderes do partido do governo. Assim como no caso da Infraero, a Anac era criticada por ter um corpo de dirigentes nomeado por critérios políticos que descuidavam das qualidades profissionais.

A hibridez do comando dessa atividade, bem como as delicadas questões de infraestrutura e as distorções salariais entre os controladores do voo vieram a público de forma dramática em decorrência de uma tragédia. Em 29 de setembro de 2006 um avião Legacy da Embraer, alugado por norte-americanos, chocou-se com um Boeing 737-800 da companhia brasileira Gol, que explodiu matando 154 pessoas. Cerca de 10 meses depois, em meados de julho de 2007, outro grave acidente abalou o mundo. Um Airbus A-320 da empresa brasileira TAM explodiu no aeroporto de Congonhas, em São Paulo, matando 187 pessoas. Entre as duas tragédias, quatro acidentes em aeroportos (sem vítimas fatais) foram noticiados pela imprensa.

Nesse espaço de 10 meses entre uma explosão e outra ocorreram 10 paralisações ou semiparalisações em vários aeroportos do país. Verificou-se aqui o que foi chamado de "apagão" ou "caos" aéreo. Centenas de voos cancelados, atrasos de horas e de dias, insegurança, conflitos, desrespeito e desconforto nos aeroportos. Tensão e desconfiança, prejuízos para as empresas aéreas, para os passageiros e para os negócios em geral. As empresas de aviação processaram o governo para pedir indenização por perdas, os passageiros processaram as empresas aéreas. O governo, por sua vez, investigou e procurou os culpados pelos acidentes e incidentes. Direitos feridos, todos buscando o amparo da lei.

As paralisações, que começaram logo depois do primeiro acidente, ocorriam por várias razões. Algumas tinham como motivo oficial uma pane nos equipamentos de um dos quatro Centros Integrados de Defesa Aérea e Controle do Tráfego Aéreo (Cindactas); outras eram consequência de "operações-padrão", ou seja, os controladores alegavam estar trabalhando apenas dentro do ritmo previsto na lei e nas normas internacionais; outras eram devido a demandas salariais mais explícitas. O resultado era o mesmo: caos, insegurança na população. Os controladores de voo deixavam claro que precisavam de melhores salários, mas também de melhores condições de trabalho. O acidente com o avião da Gol em setembro de 2006, além de uma grande tragédia, foi a senha para que uma caixa-preta começasse a ser aberta. Gradativamente os controladores de voo, através de seus representantes sindicais e de associações profissionais, iam mostrando ao país os problemas do setor, até que a segunda tragédia levou o governo a atuar, de fato, no caso, nomeando um novo ministro da Defesa em 30 de julho de 2007 com a missão de resolver o problema da aviação civil.[199]

Esta crise pode ser examinada por vários ângulos. Vamos nos deter aqui, rapidamente, em três deles: o movimento salarial dos controladores de voo que, na condição de militares, não podiam fazer greves, mas o fizeram (tecnicamente o nome é *motim*); o papel do ministro da Defesa e do comandante da Aeronáutica e a atuação da Anac no decorrer desses meses de caos. Deixaremos de lado questões orçamentárias e dados mais técnicos sobre a situação dos aeroportos e dos equipamentos militares e aéreos. Interessa-nos aqui analisar como estes fatos servem para ilustrar o estado da arte das relações civil-militares no Brasil e a defesa corporativa que os militares fazem de certos setores e atividades.

O "movimento" dos controladores de voo iniciou-se em fins de outubro de 2006. A explicação oficial foi uma pane nos radares do centro de controle de tráfego no Sul do país, aeroporto de Curitiba. Rapidamente produziu-se um efeito cascata e os aeroportos do país praticamente param. O comandante do Exército decide, sob protestos, aquartelar os controladores. Menos de um mês depois, em meio ao feriado nacional da República (dia 15 de novembro), novos transtornos. Dias depois os aeroportos param de novo, devido a uma pane nos radares de Brasília. Em meio a isso descobre-se que as empresas aéreas praticam o *overbook* de forma exagerada, e que algumas de suas naves não estavam em condições de voar. A retirada das naves provocou

---

[199] O novo ministro, Nelson Jobim, ligado ao governo do antecessor de Lula, Fernando Henrique Cardoso (1994-2002), é o quinto ministro da Defesa. Em menos de nove anos foram cinco ministros nessa pasta, um deles o vice-presidente da República.

novo caos. O presidente da República reitera pedido de providências e troca o comandante da Aeronáutica em meados de fevereiro. Logo em seguida, contudo, novos tumultos e ainda mais duas paralisações parciais dos aeroportos em março seguinte, a última paralisando 49 aeroportos e cancelando 229 voos.

Nessa ocasião o comandante da Aeronáutica quis punir os amotinados, mas foi desautorizado pelo governo. O ministro do Planejamento foi chamado a negociar com os grevistas, prometeu não haver punições para os militares e abriu nova frente de conflito. Era um ministro civil admitindo que a hierarquia pudesse ser quebrada sem punição e que amotinados pudessem sair ilesos do movimento. Nessas negociações o ministro da Defesa foi o grande ausente. A Anac também.

Do ponto de vista militar a situação era delicada. Militares se amotinaram aderindo a um movimento grevista de uma parte da categoria que é composta por civis. Enquanto os militares não podiam se fazer representar através de qualquer entidade, mas apenas através de seus canais de comando, os controladores civis se pronunciavam na imprensa através de três organizações: o Sindicato Nacional dos Trabalhadores na Proteção Civil, o Instituto de Controladores de Tráfego Aéreo e a Associação dos Controladores de Tráfego Aéreo. Do ponto de vista legal houve militares amotinados e isso precisaria ser tratado pela instituição dentro de suas normas e códigos. Para uma mesma categoria profissional há duas maneiras de se comportar. Os controladores civis, contratados pela Infraero, podiam reivindicar dentro dos direitos que lhe eram conferidos pelas leis trabalhistas do país. Os militares, não.

As demandas salariais, por sua vez, não podiam ser atendidas sem ferir a hierarquia militar. Os militares que trabalham como controladores de voo têm, em geral, o posto de sargento. Recebem um salário de menos de mil dólares, mas não podem ser aumentados, pois não podem ganhar mais do que aqueles que lhes são hierarquicamente superiores dentro dos quartéis.

O Congresso promove a abertura de uma comissão parlamentar de inquérito para investigar o "apagão aéreo", a polícia e os militares também dão andamento aos seus inquéritos. Vários setores políticos pedem a desmilitarização desse serviço, mas os militares reagem e não aceitam.

Apesar das providências tomadas ou anunciadas, nada muda de fato até o segundo acidente. Em meados de junho novos transtornos e ameaças de paralisação nos aeroportos acontecem em protesto pela prisão de um sargento.[200] As demandas dos controladores não são atendidas nem são fáceis de atender em função desse hibridismo civil e militar numa mesma categoria profissional. No meio das crises militares prendem civis, e civis — presidente e ministros — desautorizam decisões de comandantes militares. A agência reguladora não tem autoridade para regular ou para se impor perante as empresas aéreas e a definição de rotas aéreas. O congestionamento de certas rotas ficou claro pouco depois, com o acidente na cidade de São Paulo em 17 de julho de 2007.

Nas reuniões mais importantes para tratar deste acidente e das providências a serem tomadas, o então ministro da Defesa, vice-presidente José Alencar, não compareceu. Assim como a Anac, o ministro demonstrava não ter autoridade para cuidar do assunto. Mas quem teria? Por lei, o tráfego aéreo era assunto afeto aos militares e estava, portanto, sob a égide do Ministério da Defesa.

Em meio à comoção nacional, os controladores de voo anunciam nova pane nos radares da Amazônia. Novo caos aéreo. Dias depois o ministro cai e Nelson Jobim assume a pasta disposto a demonstrar autoridade e a tomar para si a resolução da crise.

Não faremos aqui um balanço das medidas tomadas do ponto de vista legal e administrativo para resolver as questões do *overbook*, do satura-

---

[200] De acordo com o noticiário da imprensa, ao longo de todo o movimento foram presos sete sargentos.

mento de rotas aéreas, do desgaste de aeroportos etc. Vamos nos limitar a refletir sobre este legado do passado getulista que os militares mantêm para si: o controle do tráfego aéreo.

Em todo o conflituoso período entre os dois grandes acidentes verificou-se que, embora o serviço tenha controle militar, os problemas dali decorrentes foram administrados de maneira difusa, algumas vezes passando por cima da hierarquia própria das Forças Armadas. Vimos militares fazendo greve, assinando manifesto, fazendo pronunciamento público. Vimos um ministro da Defesa (civil) sem autoridade nas Forças Armadas e no governo para manejar o assunto. Vimos um governo perdido, sem saber como agir, e um presidente da República dando hora e prazo para a crise acabar sem ser atendido. Não se tratou, portanto, de um específico problema militar, mas de uma injunção de problemas que atestam a pouca atenção que os governos civis vêm dando ao tema militar e ao Ministério da Defesa recém-criado. Se os militares resistem corporativamente para manter uma atividade que lhes dá recursos financeiros e prestígio social, as autoridades da República não têm se ocupado devidamente das tarefas relacionadas à administração dessa instituição. Os militares possuem uma organização rígida, ao contrário do mundo do trabalho na sociedade de mercado, cujas regras estão explícitas por contratos, negociação e transação.

O fulcro de todo o problema teve motivação salarial e funcional. Os controladores de voo, contrariados por baixos salários, usando equipamentos sem a devida manutenção, e submetidos a jornadas intensas de trabalho, sabiam que, involuntariamente, faziam a sociedade correr riscos. Defendendo seus interesses mostraram os problemas do setor e a dificuldade para resolvê-los.

O resultado da crise mostrou os dois ângulos pelos quais se devem examinar as relações civil-militares no Brasil: de um lado o corporativismo, tal como foi assinalado aqui. Por outro, a desarticulação das autoridades civis em relação ao tema. O corporativismo militar sobreviverá com mais força na medida em que as Forças Armadas forem timidamente comandadas pelo poder civil democrático.

Forças Armadas, corporativismo e política no século XXI

Os militares brasileiros têm sido aguerridos na defesa dos interesses da corporação, de seus salários e, principalmente, na defesa de seu sistema especial de aposentadorias e pensões. Desde 1990 o Brasil tem feito várias revisões em sua política de bem-estar social, alterando vários critérios na distribuição de benefícios à população civil. Até agora as Forças Armadas e o Judiciário não foram atingidos. Sintomaticamente são as duas instituições do país mais fechadas à sociedade e com mais força institucional para se manterem à margem das reformas.

Segundo dados oficiais, as Forças Armadas têm cerca de 428 mil pessoas na ativa e cerca de 330 mil pensionistas e inativos, sendo que 80% do orçamento do Ministério da Defesa são gastos com esse contingente. Entre os ministérios, o da Defesa é o que possui o segundo maior orçamento, vindo depois do da Saúde, mas antes do Ministério da Educação. Apesar disso, os gastos com investimento ficam em torno de 7%. As despesas com pessoal são tão altas e desproporcionais devido a um sistema previdenciário próprio que faz com que os pensionistas e inativos ganhem mais do que os que estão na ativa, invertendo completamente a lógica do que é feito com os demais brasileiros, à exceção dos magistrados. A mudança introduzida em lei para alterar o quadro crônico de déficit nas Forças Armadas foi a limitação para que as filhas solteiras dos militares que morressem também ficassem com suas pensões. Ao contrário dos muitos ajustes que foram feitos no sistema de aposentadorias de quase todos os trabalhadores dos setores privado e público durante os anos 1990 visando a um maior equilíbrio da Previdência, os militares permaneceram à margem desses rearranjos. São usados para tanto argumentos legítimos de especificidades da carreira militar, mas são principalmente utilizados argumentos retóricos e corporativos para defender a honra e a "glória" da instituição.[201]

Mas barganhar a manutenção de benefícios não significa que estejam sendo gestadas novas formas de intervenção político-militar nem que os militares mantenham o papel político que tiveram na ditadura. Os militares defendem interesses da corporação, querem tratamento diferenciado nas políticas sociais e salariais e silêncio sobre o passado, mas não explicitam projetos de poder. Estão particularmente interessados em manter a Lei da Anistia que os isenta dos crimes do passado e em conseguir melhorias em seu orçamento. Mas devemos lembrar que o sucesso nessas demandas corporativas tem sido tão grande até agora porque nenhum governo civil tem ousado impor direção política à instituição, que continua sendo tratada com deferência apesar dos debates sobre anistia e dos avanços na legislação sobre documentos. Nenhum grupo político no poder quer, de fato, se indispor com os militares.

A falta de um debate maior na sociedade e na academia sobre temas militares e de defesa, associada a uma tradição de afastamento dos militares dos meios civis e universitários, fortalece as tradições corporativas da instituição. Incentiva uma forma de representação corporativa em que um grupo, no caso os militares, se vale de seu acesso direto ao poder para demandar seus interesses em uma situação assimétrica em relação aos demais grupos da sociedade.

---

201 Sobre gastos militares na Nova República, ver Brustolin (2009) e Zaverucha e Rezende (2009).

O corporativismo no Brasil ainda tem fortes tentáculos na organização da sociedade e de seus interesses. Este corporativismo tem sido, para os militares, uma forma de garantir o conservadorismo do país e de assegurar privilégios. Exemplo disso é o fato de os militares terem conseguido manter até hoje uma Justiça corporativa, a Justiça Militar, que integra o Poder Judiciário.

Vale ressaltar que precisamos entender os limites entre corporativismo e ação política. Defender os interesses da corporação não significa necessariamente impor-se como protagonista privilegiado no cenário político nem como instituição com funções governamentais paralelas ao poder formal. Vários outros setores organizados da sociedade, incluindo as próprias polícias, civis e militares, vêm se comportando da mesma maneira, visando à manutenção de funções e "direitos" que fazem perpetuar os padrões hierárquicos de uma sociedade corporativa e desigual.

Temos, contudo, de lembrar que, ao contrário de outros grupos de interesse, os militares têm o monopólio das armas de guerra. Ou seja, *não* são um grupo de interesse como outro qualquer. Há que lembrar, ainda, que sempre que se sentem mal-avaliados em seu passado político deixam claro um sentimento de injustiça. Querem justificar seu papel na história, afirmar a necessidade dos atos que praticaram no poder. Estão mais voltados para a política que fizeram no passado do que para o futuro da política da instituição. Defendem no presente maiores orçamentos, prestígio, honra e monopólio de algumas funções. O controle do tráfego aéreo, por exemplo, inclui-se nesse projeto, gerando uma modelagem institucional difícil de operacionalizar que lança incerteza sobre um setor que tanto afeta a sociedade e sua economia.

O Ministério da Defesa é um exemplo típico a comprovar o ponto de vista que estamos defendendo aqui. Criado em 1999, sua primeira década de existência foi marcada pela quase nula presença de civis em seus quadros, pelo monopólio dos militares em todas as funções ministeriais e pelo preconceito quanto à presença de civis na gestão dos assuntos de defesa. Para muitos militares, depois de 10 anos continuou sendo inaceitável a presença de civis nesse ministério.[202]

---

[202] Ver, por exemplo, opiniões de militares em *O Globo*, 4 mar. 2009, p. 11.

REGISTROS E FONTES SOBRE A DITADURA MILITAR NO BRASIL

A violência do golpe militar de 1964 teve reflexos indeléveis sobre a sociedade e a maneira de o país pensar seu projeto político. Na academia surgiram novos enfoques e preocupações, novas descobertas analíticas, e houve uma particular valorização das fontes textuais, visuais e orais. Passados os anos, observamos que muito ainda pode ser acrescido à nossa agenda de conhecimentos sobre a ditadura, e que novas fontes ainda podem ser exploradas, especialmente aquelas que dependem da autorização ou da compreensão de autoridades civis e militares para virem a público.

Com base na documentação existente fazemos uma retrospectiva dessas possibilidades e defendemos o ponto de vista de que alguns aspectos ainda precisam ser mais bem explorados, tal como a participação da sociedade no golpe e no regime militar, em especial o apoio do Parlamento.[203] Da mesma forma, entendemos que o anticomunismo, como forma de pensamento, não recebeu tratamento analítico adequado. Argumentamos também que, apesar de avanços na divulgação dessas fontes, os militares, com apoio do Executivo, têm se posicionado como atores com poder de veto para evitar que a legislação possa ser interpretada de forma a levar algum fardado ao banco dos réus em decorrência de abusos contra os direitos humanos durante o regime militar.

---

203 No início de dezembro de 2008, por ocasião dos 40 anos do AI-5, o jornal *O Globo* publicou uma série enfatizando este aspecto.

O golpe de 1964 teve um profundo impacto sobre as ciências sociais no país. Caiu a democracia e, com isso, muitas das abordagens existentes para nos estudarmos foram questionadas, quer pelo ensaísmo, quer pelo economicismo de teor marxista. O esforço para entender a interrupção da democracia brasileira produziu alguns livros que são ainda geminais. Apenas para ilustrar, menciono, em ordem cronológica, quatro autores: Boris Fausto (*A revolução de 1930, historiografia e história*, de 1970), Alfred Stepan (*Os militares na política*, de 1975, versão inglesa de 1971), Gláucio Ary Dillon Soares (*Sociedade e política no Brasil*, de 1974) e Maria do Carmo Campello de Souza (*Estado e partidos políticos no Brasil*, de 1976).[204]

Boris Fausto nos proporcionou nova visão sobre a política oligárquica do início da República e uma nova interpretação sobre o que aconteceu no Brasil em 1930. Mostrou as divergências dentro das oligarquias que se revezaram no poder sem perder o controle econômico e político do país. O conceito de modernização conservadora, aqui introduzido via Barrington Moore,[205] será depois exaustivamente adotado para entender a modernização brasileira. Com o livro de Moore saímos dos dilemas entre reforma e revolução, burguesia e latifúndio, e passamos a entender como o processo de modernização e industrialização se foi efetivando entre nós sem compromissos com a democracia política ou social. As elites tradicionais lideraram a mudança econômica e política dos anos 1930, assim como o fizeram em 1964. Nem todos os países industriais tiveram sua revolução burguesa.

---

204 Há uma série de trabalhos que precisariam ser mencionados aqui pelo seu pioneirismo. Entre eles, as pesquisas de Wanderley Guilherme dos Santos, reunidas em livro em data posterior aos trabalhos aqui citados (Santos, 1986) e vários trabalhos de Florestan Fernandes. Parei em Maria do Carmo, a quem gostaria de homenagear. Depois de seu livro os estudos sobre o Brasil não foram mais os mesmos.

205 Moore Junior (1975). A edição inglesa é de 1967.

Alfred Stepan inovou em dois sentidos. Criou uma interpretação sobre o papel dos militares na política brasileira, além de introduzir fontes até então inéditas. Sua tese era a de que haveria um "padrão moderador" das Forças Armadas, quebrado em 1964 quando assumiram posição de liderança e de direção política. Ou seja, pela primeira vez, tornaram-se poder. Essa interpretação foi questionada ou aprimorada nos anos seguintes, mas, de qualquer forma, tornou-se obrigatória para analisar os militares e a política no Brasil. Quanto às fontes, valeu-se de conversas com militares com atuação importante no golpe e no governo, conseguindo assim maior aproximação com seu objeto de estudo. Naquele momento tais fontes orais eram inéditas e sigilosas.

Gláucio Ary Dillon Soares inovou ao analisar as eleições no Brasil, especialmente entre 1946 e 1964, usando modernas metodologias da sociologia eleitoral. Examinou quem era o eleitor, como votava, onde os partidos tinham prestígio e como se dava o crescimento de um voto mais progressista no mesmo passo em que diminuía o apelo eleitoral dos partidos conservadores. Em sua visão, o golpe correspondia a uma mudança, a uma reação política conservadora, ante uma sociedade que se democratizava lentamente.

Finalmente, Maria do Carmo, seguindo a linha dos estudos ancorados na ciência política, centrou sua atenção na relação entre partidos e Estado. Evidenciou a fragilidade institucional dos partidos em consonância com as posições de uma elite política de tradição estatista e autoritária. Os partidos políticos foram, no Brasil, mais instrumentos de políticas de Estado do que de participação e de representação democrática. As elites subordinaram a autonomia dos partidos a seus projetos de controle do poder do Estado e de controle da participação popular. O ponto alto de seu trabalho foi demonstrar a heterogeneidade na política brasileira. Embora os traços autoritários tenham predominado, o Brasil acabou respeitando algumas formas de representação da sociedade, tanto com Vargas quanto com os governos militares. Mudança e continuidade conviveram no Brasil com espetacular agilidade sempre que isso conveio à composição de interesses da elite governante e dos próprios dirigentes partidários. Partidos no Brasil, com a conivência de seus dirigentes, foram mais agentes do Estado do que da sociedade.

Resumidamente, esses trabalhos nos levaram para novos enfoques e para o uso de novas fontes: anais do Poder Legislativo, atas de reuniões de partidos, mapas eleitorais, entrevistas, jornais, livros de memórias etc. As grandes estruturas ficavam de lado para facilitar melhores interpretações e propiciar novas análises. Neste aspecto os *brasilianistas*, a exemplo de Alfred Stepan e Thomas Skidmore (1969), deram grande contribuição aos estudos sobre o Brasil do século XX e sobre o entendimento dos limites da democracia brasileira, especialmente depois da chegada de Getúlio Vargas ao poder, em 1930. Skidmore, com sua denominação *os de dentro e os de fora*, mostra como a permanência dos getulistas no poder e as dificuldades para o revezamento entre os grupos políticos incentivaram os projetos golpistas da oposição.

O que essa bibliografia mostrava é que a aplicação da boa teoria só funcionava com boas fontes documentais. Era preciso ler o documento, entrevistar o ator histórico, buscar e agregar os dados, ir à imprensa para sentir o período, fazer regressões etc.

Este novo modo de conhecer alterou a forma de lidar com as fontes, obrigando o investigador a perseguir novas alternativas de informação. O Brasil submetido à ditadura era um país ávido por se conhecer e, apesar da censura, as ciências sociais e humanas avançaram muito no período. Ao contrário das outras experiências de governo na América Latina, os militares brasileiros não foram obscurantistas no saber. A herança positivista os levou a relevar o conhecimento como condição necessária para a construção do "desenvolvimento" do país. "Desenvolvimento e segurança", lema da ditadura, se faziam com ciência e tecnologia, com conhecimento. As ciências sociais beneficiaram-se desse processo, embora os custos da censura e da repressão não tenham sido desprezíveis.

A bibliografia sobre o golpe e o regime militar tornou-se imensa, e grande parte dela valeu-se da preocupação com novas fontes. Um fio condutor dessas pesquisas foi, sem dúvida, o legado de Maria do Carmo Campello de Souza, que de forma irreversível nos chamou a atenção para o estudo do Estado como um espaço de disputa entre as próprias elites e como um freio às demandas de democratização. Precisávamos conhecê-lo melhor.

O regime militar sob vários ângulos

No início do século XX o cinema brasileiro foi generoso com temas em que se evocam os tempos do governo militar. Antes disso tivemos filmes marcantes como *Pra frente Brasil* (1983) e *O que é isso companheiro* (1997).

Em 2006, por exemplo, quatro filmes trataram de figuras e temas "malditos" durante a ditadura: *Araguaya, conspiração do silêncio*, sobre a guerrilha rural; *Dom Hélder Câmara, o santo rebelde*, biografando a vida de um bispo da Igreja Católica contrário à ditadura e por ela perseguido; *Vlado, trinta anos depois*, tratando da vida de um jornalista assassinado nas dependências da polícia política; e *Zuzu Angel*, retratando a peregrinação de uma mãe para recuperar o corpo do filho, morto em decorrência da tortura durante prisão clandestina. De lá para cá outros surgiram: *Perdão Mr. Fiel, O ano em que meus pais saíram de férias, Lamarka, Hércules 56, Batismo de sangue* e vários outros, tocando em temas sensíveis, como a tortura e a guerrilha.

As lutas contra a ditadura inspiraram escritores e artistas. Nessa linha, o Brasil se beneficia também de uma extensa bibliografia de memória e análise de ex-guerrilheiros e ex-militantes no campo da esquerda. Cinema, memórias, biografias, jornais, revistas, documentários e uma série de outros trabalhos não estritamente acadêmicos são uma fonte imprescindível e poderosa para o estudo do regime militar. Tudo isso compõe uma vasta massa documental sobre a qual podemos avaliar expectativas e o comportamento da esquerda ante o golpe e o regime.[206]

A literatura biográfica daqueles que apoiaram o regime ou que dele participaram não é tão numerosa. Nos anos 1990 houve um esforço, em particular no Centro de Pesquisa e Documentação de História Contemporânea do Brasil da Fundação Getulio Vargas (Cpdoc/FGV), para que estes atores também tivessem suas memórias registradas. Falaremos adiante sobre isso.

Um outro campo amplamente examinado foi o das eleições. Seguindo a linha de estudos eleitorais, intelectuais brasileiros fizeram o mapa da vontade dos eleitores e mostraram o crescimento da oposição e a desaprovação da ditadura nas urnas. Um dos estudos pioneiros a esse respeito foi *Os partidos e as eleições no Brasil* organizado por Fernando Henrique Cardoso e Bolívar Lamounier (1975). A este se seguiram outros trabalhos que mostravam a dinâmica das eleições e os desgastes da ditadura, além de tantos outros que estudavam estruturas e instituições partidárias nos planos nacional e regional.[207]

Estudos eleitorais são certamente um campo no qual, recentemente, a produção mais cresceu no Brasil. Com a democracia aprimoram-se análises sobre o desempenho e funcionamento do Legislativo, bem como so-

---

206 Dois clássicos de memórias de ex-guerrilheiros são Gabeira (1988) e Sirkis (1983). Um excelente estudo sobre fontes e abordagens acerca do golpe e do governo militar é o de Fico (2004b).

207 Dois números do *Boletim Informativo Bibliográfico Brasileiro* dão uma ideia do volume da produção sobre partidos e eleições no Brasil até os anos 1990. Ver Lima Jr., Schmitt e Nicolau (1992); Lamounier e Kinzo (1985).

bre suas relações com o Executivo.²⁰⁸ No que toca à ditadura, contudo, o Legislativo não foi um tema favorito para os estudiosos. O bipartidarismo tutelado e o temor das cassações tornaram o Congresso adesista e previsível. E, por muito tempo, dado seu "ranço autoritário", ele não foi considerado um objeto de estudo "nobre". Esta é uma área na qual, a meu ver, precisaríamos investir mais. O Congresso era, de fato, um espaço que podia oferecer prestígio e honra aos seus dirigentes. Tinha poder simbólico, especialmente no sentido de oferecer posições de prestígio para a elite que se formava com a ditadura, e foi instrumentalizado para recompor a nova elite do poder.

Creio que se pode ver no Congresso uma importante chave para dois temas ainda pouco estudados. De um lado, como um campo civil a favor da "linha dura", um campo de manifestação do autoritarismo e, quem sabe, mesmo do totalitarismo em sua vertente civil. Isso fica mais bem explicitado nos momentos de sucessão presidencial, quando os grupos se articulavam para favorecer candidatos que "aprofundassem" ou "defendessem" a "revolução", isto é, o golpe de 1964. Tornou-se quase lugar-comum associar o autoritarismo aos militares e descuidar de seu suporte civil. Em alguns aspectos, setores civis foram inspiradores de uma ideologia autoritária que os militares defenderam como a mais adequada para o combate ao comunismo. O Congresso deu aos militares os instrumentos legais e de legitimidade que permitiram a longa duração do regime. Foram aliados até onde foi conveniente e possível para cada uma das partes.

O Congresso foi também espaço de resistência, e esta faceta é mais bem conhecida, em especial no período da "abertura". Sintomaticamente temos alguns bons trabalhos sobre o partido de oposição, o Movimento Democrático Brasileiro (MDB), mas não um trabalho de envergadura sobre

---

208   Um dos estudos pioneiros neste sentido foi o de Figueiredo e Limongi (1999).

a Aliança Renovadora Nacional (Arena).[209] Esses eram os dois partidos que configuravam o bipartidarismo tutelado vigente entre 1965 e 1979.

A dinâmica parlamentar não envolvia apenas autoritários e democratas "comportados". Havia tensões em todos esses espaços, bem como estratégias diferentes. Havia parlamentares que abriam mão das responsabilidades legislativas em favor do regime, havia uma oposição pragmática e uma esquerda que queria explorar dissidências dentro do campo da direita mesmo se isso ocasionasse alianças obscuras.

O Legislativo desse período precisa ser mais estudado em toda sua complexidade, como fonte de prestígio e legitimidade para o governo e como espaço para uma trincheira em defesa de valores democráticos; como espaço de disputa dentro do próprio governo e como uma arena de alianças nem sempre consistentes que visavam a fortalecer os aliados ou a corroer os inimigos; como uma tribuna de liberdade e como terreno seguro para a afirmação de uma doutrina autoritária.

Paradoxalmente, foi graças à manutenção de um Congresso aberto que a ditadura pôde se estender por 21 anos. Ele representou um espaço de negociação e de transação que aliviava para as elites as tensões mais duras da política autoritária. Sintomaticamente, quando o governo militar começou a cair, algumas figuras de proa na defesa do regime, como José Sarney, migraram para o centro ou para a oposição. A vida parlamentar, submetida que é ao voto da população, lhes autorizava migrações partidárias pragmáticas de acordo com os movimentos da política nacional.

O Congresso funcionando em praticamente todo o período foi um importante fator de suporte para a ditadura. Nenhum outro governo militar da época conseguiu esse feito. Interessava aos militares manter as aparências das instituições representativas, mas interessava também manter o apoio que obtiveram dos civis, e esse era o caminho. Ao contrário de

---

209 Sobre o MDB ver, por exemplo, Kinzo (1988) e Nader (1998).

Argentina e Chile, por exemplo, o golpe no Brasil não ocorreu no país em decorrência de um processo de violência política. Foi, de certa forma, um golpe "preventivo", mas que desencadeou a violência. Nos dois outros países citados a violência atingira tal nível de gravidade em forma de guerrilha e conflitos de rua, que a elite política delegou aos militares o papel de governar a qualquer custo. Lá houve transferência do poder; aqui se manteve uma certa negociação e, para isso, o Congresso foi crucial. Bem ou mal, distribuía poder entre parceiros e aliviava tensões entre os membros de uma nova elite no poder.

Outro ponto sobre o qual precisamos nos deter é o do anticomunismo como doutrina articulada e não apenas como reação de momento, ou como ingenuidade política. O livro de Frota (2006) é exemplar nesse sentido. Esse livro é, sem dúvida, uma das expressões mais acabadas e extremadas do anticomunismo no Brasil. O anticomunismo foi parte das políticas de Estado no Brasil pelo menos desde os anos 1930.[210] O comunismo era visto por Sylvio Frota, ministro do Exército do governo do general Ernesto Geisel (1974-1979), como uma ameaça constante, e tornava-se mais premente na medida em que, segundo ele, o próprio presidente da República era simpatizante da esquerda. O relato de momentos em que o matiz ideológico socialista do presidente Geisel teria se tornado explícito é fundamental na construção de evidências que dão sustentação às conclusões de Frota e que nos ajudam a entender as representações sobre o comunismo. Nesse contexto de ameaça à "revolução", o papel do ministro do Exército era visto, por ele, como fundamental. Para Frota (2006:34), o ministro deveria ser, "primordialmente, o representante e defensor de sua Força junto ao presidente e, secundariamente, um delegado deste na sua instituição". Um presidente da República "revolucionário" devia ser, portanto, um servidor das Forças Armadas e a elas render, em

---

210 A esse respeito, ver Motta (2002).

última instância, obediência. As Forças Armadas não só deveriam estar na política, como os mais altos interesses de Estado deveriam ser definidos pelos chefes militares, os combatentes do comunismo.

Entender melhor o que foi o anticomunismo como visão de uma época ajudará a repensar esse momento político. De qualquer forma, mesmo com algumas áreas, insuficientemente exploradas, avançamos e aprendemos a nos conhecer melhor. Em 2004, quando dos 40 anos do golpe, o interesse despertado entre jovens estudantes sobre o tema foi surpreendente. Em todo o Brasil eles lotaram auditórios onde foram realizados seminários sobre o tema.[211] Da mesma forma, os 40 anos do Ato Institucional nº 5, em 2008, também mereceram ampla e excelente cobertura da imprensa nacional.

A distância temporal é normalmente uma boa aliada do conhecimento histórico. Estudos sobre militares foram, durante muito tempo, considerados um tema de segunda grandeza. Era razoável admitir que um país ávido por democracia desse prioridade aos tópicos que, de alguma forma, se voltavam para pessoas, instituições ou eventos que a representavam em qualquer de um de seus diferentes matizes.

Apesar de todas as ambiguidades, ou por causa delas, o Brasil acabou sendo o único país da América Latina em que os militares que estiveram no poder deixaram registradas memórias sobre sua experiência política e os objetivos do exercício direto do poder. Isso foi feito de duas maneiras. Inicialmente com as memórias ou biografias dos "generais de 1964", ou seja, das lideranças militares mais antigas que aderiram ao golpe e que por sua longa carreira acabaram lhe dando legitimidade. Esses foram os homens que viabilizaram o golpe entre seus pares, mas não foram os que

---

211 Desses encontros, podemos mencionar dois resultados em publicações: Martins Filho (2006) e Fico (2004a).

governaram o país.²¹² Era preciso chegar aos mais jovens, à geração que participara do poder, mas que, em função de suas carreiras acopladas à ditadura, com poucas exceções, não despertara o interesse das editoras.²¹³

Em 1992 o Centro de Pesquisa e Documentação de História Contemporânea do Brasil da Fundação Getulio Vargas (Cpdoc/FGV) iniciou um projeto sobre a construção da memória militar que editou, inicialmente, três livros, todos reunindo depoimentos de militares que tiveram papel destacado no governo, entre eles vários que atuaram junto aos órgãos de repressão. Os depoentes tinham em comum serem os "coronéis de 1964" e terem galgado o poder junto com a escalada do regime. O primeiro desses livros intitulou-se *Visões do golpe, a memória militar sobre 1964*, e teve como mérito principal demonstrar como a geração que chegou ao poder não tinha um projeto político definido.²¹⁴ Fica claro que o objetivo era, em nome do anticomunismo, depor o governo João Goulart, mas que não havia um projeto articulado de como construir uma alternativa de poder. No livro justifica-se o golpe como uma necessidade de derrubar um governo considerado suspeito, e admite-se que foi um movimento contra e não a favor de uma proposta. Pela voz dos próprios atores caía por terra a ideia de que o golpe fora produto de uma lenta e sofisticada conspiração rumo ao poder mediante um plano político detalhado.

O segundo livro, *Os anos de chumbo, a memória militar sobre a repressão*, evoca, como o título anuncia, os anos mais duros da repressão e mostra claramente as cisões militares, a indisciplina e a duplicidade da cadeia de

---

212 Ver, por exemplo, Viana Filho (1975); Távora (1973-1977); Camargo e Góes (1981); Leite e Novelli Júnior (1983); Mourão Filho (1978); Guedes (1979).

213 Exceções são as memórias de Melo (1979); Abreu (1979); Tavares (1976-1977).

214 D'Araujo, Soares e Castro (1994). Esta pesquisa foi realizada no Cpdoc/FGV com o apoio da Finep, da Universidade da Flórida e do North South Center.

comando em função da notoriedade dos órgãos de informação das Forças Armadas.[215] É um livro que choca pela sinceridade com que alguns entrevistados expõem sua familiaridade com o arbítrio. Choca também por mostrar como eram tensas e constantes as clivagens militares quebrando a mística acalentada durante muito tempo de que os militares formavam um bloco homogêneo. Ficava claro, pela voz dos próprios atores, que não só as Forças Armadas partilhavam visões diferenciadas sobre o regime, como também que, dentro de cada uma delas, as percepções eram diferenciadas. Fica explicitado, portanto, como a política minava a disciplina, o que se torna mais evidente no livro seguinte: *A volta aos quartéis, a visão militar sobre a abertura.*[216]

No âmbito deste projeto foi publicado em seguida o livro de memórias do general Ernesto Geisel, o presidente que iniciara a abertura política e que, em nome dela, tivera que conviver com o terrorismo de direita.[217] Foi por este motivo acusado de simpatizante da esquerda pelos opositores pertencentes à linha dura. O livro mostra, contudo, pontos de convergência entre as facções políticas. O principal era que os militares deveriam deixar o poder unidos, sem dar margem a questionamentos de futuros governos civis. Era preciso unir duros e moderados quanto a uma "saída honrosa" para a instituição. Para manter essa unidade foram necessárias concessões que levavam a retrocessos nas liberdades públicas, a exemplo das muitas cassações durante o governo Geisel e as investidas violentas contra dirigentes dos partidos comunistas. Geisel não tinha um projeto de democracia para o país, mas tinha um projeto para repor a disciplina dentro dos quartéis e enquadrar os órgãos da repressão que haviam adquirido autonomia ante a cadeia de comando tradicional das Forças Armadas.

---

215 Soares, D'Araujo e Castro, 1994.
216 D'Araujo, Soares e Castro, 1994.
217 D'Araujo e Castro, 1997.

Ainda na linha da memória militar foi produzido um livro sobre os militares na Nova República. Nele se notam claramente as diferentes percepções geracionais sobre a carreira e a corporação.[218] Os chefes militares da Nova República foram socializados nas Forças Armadas dentro de novos critérios para a profissão estabelecidos pelo governo militar. A Lei de Carreira de 1967 introduziu mudanças significativas na corporação, impedindo, por exemplo, que um oficial permanecesse no último posto da carreira por mais de 12 anos. Com isso evitava-se que a longevidade em um posto de prestígio significasse a formação de redes de lealdade e de "clientela" que comprometessem o profissionalismo. Tentava-se evitar que as Forças Armadas produzissem seus caudilhos internos. A lei impediu também que os militares deixassem seus postos temporariamente para ocupar postos políticos.

A geração de militares que ocupou e ocupa os cargos de direção em comandos militares no Brasil desde a redemocratização, em 1985, foi formada quando essa lei já estava em vigor e reflete uma forma de pensar menos intervencionista. Assim, a mudança de atitude destes novos chefes não se explica apenas pela questão geracional. Foi produto de uma mudança institucional.

Outra fonte imprescindível para entender o período são os quatro livros de Elio Gaspari, publicados entre 2002 e 2004.[219] Durante anos o jornalista pesquisou o assunto e pôde se valer de fontes preciosas, algumas delas em seu poder e ainda não disponíveis ao público. Gaspari estuda o regime e seu fim tentando perseguir a lógica e a estratégia de dois protagonistas-chave: o presidente Ernesto Geisel e seu chefe do Gabinete Civil, general Golbery do Couto e Silva.

---

218 Castro e D'Araujo, 2001.
219 Ver "Referências" ao fim deste livro.

Os arquivos jurídicos e policiais dos estados: os Deops ou Dops

Ainda antes do término formal do último governo militar que viria a ocorrer em março de 1985, os departamentos estaduais que cuidavam da "ordem política e social" (Departamentos Estaduais de Ordem Política e Social ou Departamentos de Ordem Política e Social — Deops e Dops) começaram a ser extintos. Na mesma ocasião os atentados terroristas levados a cabo pela extrema direita militar, que não aderiu ao processo de abertura política, foram desmantelados, embora os responsáveis nunca tenham sido julgados ou condenados disciplinarmente por qualquer uma das forças.

Em cada estado da federação a abertura dos arquivos dessa polícia política estadual seguiu ritmos diferentes, mas, de forma geral, todos ficaram fechados por cerca de 10 anos, e só no início dos anos 1990 tiveram destinação arquivística apropriada. Em geral, foram guardados nos arquivos públicos estaduais, começaram a ser organizados e consultados de acordo com regras que variam de um estado a outro.

Os Deops ou Dops existiram no Brasil desde os anos 1920 e se caracterizaram inicialmente por serem uma polícia especial destinada a acompanhar e a perseguir os movimentos de trabalhadores em suas diferentes conotações ideológicas. No Brasil, as greves de trabalhadores constituem crime passível de prisão desde o Código Penal de 1890. Nos anos 1930 os Dops ganharam o estatuto de polícia política, e assim se mantiveram mesmo durante período democrático a partir de 1946. Após o golpe militar de 1964 passaram a integrar a rede de informações que começou a formar "o sistema", ou seja, a ampla malha de órgãos civis e militares de informação e de operações destinada a empreender o combate à luta armada e aos opositores do regime. Ser "fichado no Dops" era sinônimo de ser um inimigo do regime, de ser alguém que estava sob vigilância policial. Ser preso pelo Dops era adentrar o mundo dos "porões".

A abertura dos arquivos dos Dops (ou Deops) permite estudos que vão muito além da ditadura militar. Vários trabalhos têm sido realizados sobre questões sindicais e étnicas, por exemplo, em décadas anteriores ao golpe.[220] São acervos que mal começaram a ser examinados. Não se sabe se toda a documentação foi mantida no arquivo e, muitas vezes, é difícil entender a lógica da organização das informações.[221] De toda forma, é um vasto material por meio do qual, para o caso que nos interessa aqui, podemos aprender muito sobre como a polícia olhava para seus alvos políticos, como os classificava, como se relacionava com outros órgãos militares da repressão e, até mesmo, com órgãos informais, como a Operação Bandeirantes, criada em São Paulo em 1969, com o apoio financeiro de empresários.

Um balanço nacional da situação desses arquivos foi feito por Rodrigo Patto Sá Motta (Motta, 2006). Segundo o autor, em pouco mais da metade dos estados brasileiros, o acervo da polícia política produzido durante a ditadura foi recolhido aos arquivos públicos estaduais. No Rio Grande do Sul apenas parte do acervo foi coletado, em Santa Catarina desconhece-se a localização desses documentos, e no Paraná todo o acervo foi destinado ao arquivo público. Nos estados da região Sudeste, ou seja, Rio de Janeiro, São Paulo, Minas Gerais e Espírito Santo, a documentação foi encaminhada aos arquivos públicos e já é consultável. Esta região engloba os estados que tiveram maior concentração de guerrilha urbana e de atuação dos órgãos de repressão. Isso significa que a maior parte do registro do movimento da repressão do Brasil deve constar nesses arquivos. Os demais estados cujos arquivos dos Dops foram destinados aos arquivos públicos estaduais são: Pernambuco, Sergipe, Ceará e Rio Grande do Norte. Em Goiás o acervo está em poder da Universidade Federal daquele estado. Dos 20 estados existentes no Brasil durante a ditadura,

---

220 Ver, por exemplo, Carneiro (1997) e Matos (2004).
221 Sobre a organização do Deops de São Paulo, por exemplo, ver Aquino (2006).

11 tiveram essa documentação recolhida. Dos faltantes, em vários ainda se faz a busca para localização do acervo.

O grande ausente entre as fontes são os arquivos dos órgãos militares de repressão. Assim mesmo, dos registros disponíveis já saíram vários trabalhos importantes, que vão ajudando a entender melhor como esses órgãos se estruturavam, o que informavam sobre os presos, como era o processo de construção da verdade, a lógica dos interrogatórios, a dinâmica da censura, os grupos que constituíam os principais alvos etc.[222]

Outra fonte que ainda pode ser explorada são os arquivos do Superior Tribunal Militar (STM), em Brasília.[223] O STM é um órgão recursal que compõe a segunda instância da Justiça Militar, e para lá apelaram os condenados por crimes contra a segurança nacional durante a ditadura militar. A importância deste acervo se dá principalmente pelo fato de que, a partir do Ato Institucional nº 2, de 1965, os crimes políticos passaram a ser julgados pela Justiça Militar. Com o endurecimento da ditadura, outros crimes também passaram para a alçada desse tribunal, como os assaltos a bancos. Houve uma militarização da Justiça no Brasil, e o STM tornou-se o tribunal da "segurança nacional". Este acervo aguarda olhares atentos. Além de ajudar a estudar a repressão, ajuda a entender a instituição que lhe deu sustentação e as suas contradições. É comum ouvir-se de advogados, que atuaram como defensores de presos políticos, que o STM teve uma ação mais moderada do que as auditorias militares que constituíam a primeira instância da Justiça Militar. Essa é uma tese que precisa ser ainda testada, embora haja indícios de que ali prevaleceu

---

[222] Seguem indicações de alguns trabalhos que usaram esse tipo de documentação em vários estados: Kuschnir (2004); Aquino, Mattos e Swensson Jr. (2001); Maciel (2000); Assunção (2006); Joffily (2006).

[223] Os arquivos do STM são o objeto da tese de doutorado em andamento de Ângela Domingues Moreira da Silva junto ao Cpdoc/FGV.

uma forma menos radical de encarar o crime político. As penas de morte, por exemplo, foram transformadas em penas de prisão perpétua.

A abertura de novos acervos da ditadura

A Constituição Federal brasileira de 1988, também chamada de "Constituição cidadã", é muitas vezes criticada por falar mais em direitos do que em deveres dos cidadãos. Nas críticas há ainda um tom contrário ao intervencionismo e à regulação estatal nos campos da economia e do trabalho, mas esquecem-se, muitas vezes, suas qualidades no que toca ao direito de informação. Pela primeira vez houve no país um esforço bem-sucedido de humanistas, juristas, acadêmicos, arquivistas etc. no sentido de democratizar o acesso à informação, em especial aos arquivos públicos. Ao lado de direitos políticos inéditos para a história do país, a Constituição trazia um arcabouço que permitia a cada cidadão saber as informações que o Estado produzia a seu respeito. Este era um direito especialmente bem-vindo se lembrarmos que estávamos saindo de uma ditadura que fizera do segredo e do arbítrio uma maneira vulgarizada de invadir a privacidade das pessoas e produzir "documentos" e "provas" que podiam tirar tanto a vida quanto a liberdade.

Sobre a anistia aos envolvidos em crimes políticos durante a ditadura, o teor da Lei nº 6.683, de 1979, publicada no governo do presidente João Figueiredo, ainda durante a ditadura, permaneceu intocado, garantindo uma série de prerrogativas aos militares que estiveram no poder. A Carta lhes facultou o direito de não serem atingidos pelas leis dos direitos humanos criadas pela democracia emergente. O Decreto nº 84.143, que regulamentou a lei ainda em 1979, estabeleceu em seu art. 1º que

> É concedida anistia a todos quantos, no período compreendido entre 2 de setembro de 1961 e 15 de agosto de 1979, cometeram crimes

políticos ou conexos com estes, crimes eleitorais, aos que tiveram seus direitos políticos suspensos e aos servidores da Administração Direta e Indireta, de Fundação vinculada ao Poder Público, aos servidores dos poderes Legislativo e Judiciário, aos militares e aos dirigentes e representantes sindicais, punidos com fundamento em Atos Institucionais e Complementares.

§1º Consideram-se conexos, para efeito deste artigo, os crimes de qualquer natureza relacionados com crimes políticos ou praticados por motivação política.

A amplidão do termo "conexos" permitiu que não se pudessem julgar atos abusivos aos direitos humanos ocorridos no governo militar. Isso não foi mudado pela nova Constituição e assim permanece até hoje.[224] Ou seja, a Carta de 1988 produziu novos direitos para o cidadão, mas não permitiu rever os atos de terror da ditadura. Esta é uma das ambiguidades da democratização brasileira. Uma bela Constituição com amplos direitos e garantias que, ao mesmo tempo, mantém o passado intocado por força de uma anistia "ampla, geral e irrestrita". A Carta estabelece no art. 5º do Capítulo "Dos direitos e garantias individuais e coletivos" alguns direitos inéditos no acesso à informação no Brasil. O artigo estabelece que todos "são iguais perante a lei, sem distinção de qualquer natureza, garantindo-se aos brasileiros e aos estrangeiros residentes no País a inviolabilidade do direito à vida, à liberdade, à igualdade, à segurança e à propriedade". O inciso X é preciso no que toca ao acesso à informação: "são invioláveis a intimidade, a vida privada, a honra e a imagem das pessoas, assegurado o direito a indenização pelo

---

224 No decorrer de 2008 e 2009 várias ações na Justiça, envolvendo particularmente as denúncias sobre tortura praticada pelo coronel Carlos Alberto Brilhante Ustra, foram arquivadas. Este ponto será examinado em outra parte deste livro.

dano material ou moral decorrente de sua violação". O inciso XXXIII, no entanto, estabelece algumas incertezas:

> todos têm direito a receber dos órgãos públicos informações de seu interesse particular, ou de interesse coletivo ou geral, que serão prestadas no prazo da lei, sob pena de responsabilidade, *ressalvadas aquelas cujo sigilo seja imprescindível à segurança da sociedade e do Estado* [grifos nossos].

O acesso a essas informações, ainda segundo a Constituição, é gratuito nos casos de "petição aos poderes públicos em defesa de direitos ou contra ilegalidade ou abuso de poder" e "obtenção de certidões em repartições públicas, para defesa de direitos e esclarecimento de situações de interesse pessoal". Outra novidade foi, sem dúvida, o *habeas data*, que visa a "assegurar o conhecimento de informações relativas à pessoa do impetrante, constantes de registros ou bancos de dados de entidades governamentais ou de caráter público" bem como à "retificação de dados, quando não se prefira fazê-lo por processo sigiloso, judicial ou administrativo" (inciso LXXII).

Com base nesses dispositivos chegou-se a uma legislação sobre política nacional de arquivos firmada pela Lei nº 8.159, de 1991, publicada durante o governo do presidente Fernando Collor. O texto, uma novidade no Brasil, estabelece em seu art. 4º:

> Todos têm direito a receber dos órgãos públicos informações de seu interesse particular ou de interesse coletivo ou geral, contidas em documentos de arquivos, que serão prestadas no prazo da lei, sob pena de responsabilidade, *ressalvadas aquelas cujo sigilo seja imprescindível à segurança da sociedade e do Estado,* bem como à inviolabilidade da intimidade, da vida privada, da honra e da imagem das pessoas [grifos nossos].

O artigo seguinte prevê que esses documentos serão franqueados pela administração pública, "resguardado o direito de indenização pelo dano material ou moral decorrente da violação do sigilo, sem prejuízo das ações penal, civil e administrativa".

A lei também estabelecia prazos para a abertura dos arquivos da ditadura e deixava por conta de um futuro decreto a classificação temporal dos acervos existentes. Ou seja, quando os arquivos militares poderiam ser abertos de acordo com seu conteúdo.

Em fins de 2002, em evidente retrocesso no acesso à informação, os prazos para abertura de arquivos considerados secretos e sigilosos foram ampliados por decreto do presidente Fernando Henrique Cardoso (Decreto nº 4.553), decisão endossada pelo presidente Lula em fevereiro de 2003, gerando protestos da comunidade acadêmica e da imprensa.

A Lei nº 11.111, de maio de 2005, publicada durante o primeiro governo do presidente Lula, buscou atender às demandas por revisões na legislação e anulou em parte os efeitos do decreto. Além disso, a nova lei estabelecia que o "Poder Executivo instituirá, no âmbito da Casa Civil da Presidência da República, Comissão de Averiguação e Análise de Informações Sigilosas, com a finalidade de decidir sobre a aplicação da ressalva ao acesso de documentos".[225]

Coordenada pelo ministro da Casa Civil, José Dirceu, a comissão requisitou das Forças Armadas, da Polícia Federal e do próprio Ministério da Justiça todos os arquivos da repressão política da ditadura e determinou que fossem recolhidos ao Arquivo Nacional. A comissão também tinha poderes para propor novos prazos para a abertura ao público desses documentos.

Não é nossa proposta historiar aqui os caminhos de um longo processo que tenta implantar, na prática, o que a Constituição prevê (acesso do

---

225 Sobre a legislação nacional de arquivos, seus problemas, ver os trabalhos de Costa (2003 e 2005).

cidadão à informação), tampouco os boicotes de que foi alvo. A intenção é registrar a base legal mínima que permitiu que vários importantes arquivos da ditadura tenham sido encaminhados ao Arquivo Nacional a partir de 2006 para serem avaliados e posteriormente abertos ao público, embora alguns continuem sigilosos ou acessíveis apenas aos neles citados ou com autorização destes ou de seus familiares. Entre eles os arquivos do Conselho de Segurança Nacional (CSN), do Serviço Nacional de Informações (SNI) e da Comissão Geral de Investigações (CGI), todos guardados agora no lugar de direito, isto é, sob a guarda do Arquivo Nacional.[226]

O CSN foi criado pela Constituição de 1934 e tinha por função estudar as questões relativas à segurança nacional. Em 1935, em meio ao temor quanto ao comunismo, o Brasil ganhou sua primeira Lei de Segurança Nacional, e o país passou a se equipar institucionalmente para fazer frente a esses novos imperativos legais. Em 1946 foi criada a Secretaria do CSN, diretamente subordinada ao presidente da República e dirigida pelo chefe do Gabinete Militar da Presidência. Depois do golpe de 1964 o CSN ganhou notoriedade inédita em função das mudanças na política de segurança nacional. A partir de 1969, tornou-se o órgão mais importante no assessoramento direto ao presidente da República na formulação e na execução da política de segurança nacional. Cabia à Secretaria do conselho examinar e encaminhar os pedidos de cassação.[227] Foi extinto pela Medida Provisória nº 150, de 1990.[228]

A Comissão Geral de Investigações (CGI) foi criada em dezembro de 1968, integrando a estrutura do Ministério da Justiça. Tinha como

---

226 Para ver todos os arquivos sobre este tema depositados no Arquivo Nacional acesse o site <www.arquivonacional.gov.br>.

227 Ver <www.arquivonacional.gov.br>.

228 Sobre o tema, ver Antunes (2002).

objetivo fazer investigações sumárias para o confisco de bens de pessoas denunciadas por enriquecimento ilícito durante o exercício de cargo, emprego ou função pública. O arquivo está composto pelos processos das investigações sumárias e tem cerca de 264 metros lineares de documentos textuais para o período entre 1968 e 1979. Está totalmente organizado, mas com restrições ao acesso por possuir documentos sigilosos que só podem ser consultados com autorização das pessoas citadas ou de seus parentes.

Até o momento a percepção de jornalistas e historiadores é a de que a maior parte desses arquivos não contém informações mais relevantes do que aquelas que já vieram a público. Mais do que isso, sabe-se que grande parte dessas fontes foi destruída.

Em 2008 foi lançado pela Casa Civil o projeto Memórias Reveladas: Centro de Referência das Lutas Políticas no Brasil (1964-1985), coordenado pelo Arquivo Nacional. Com esta iniciativa objetiva-se criar um acervo online em associação com cerca de 50 instituições que possuem documentos acerca da ditadura.

Em setembro de 2009, no âmbito desse projeto, o governo federal começou a veicular pela imprensa uma campanha nacional solicitando a doação de documentos sobre a ditadura, garantido o anonimato dos doadores. O objetivo é "resgatar informações sobre um período tão marcante de nossa História e, também, contribuir para a localização de corpos de mais de 140 desaparecidos políticos".[229]

Ao lado desse esforço para identificar e recolher aos órgãos competentes os arquivos produzidos pelos militares durante a repressão política, é unânime a voz da caserna: os chefes das três forças têm declarado sistematicamente que não têm em seu poder qualquer documento a esse respeito, que tudo foi queimado, destruído ou encaminhado a quem de direito. Em dezembro de 2004, por exemplo, foram recorrentes as notícias

---

229   Cf. <www.memoriasreveladas.gov.br>.

na imprensa sobre queima de arquivos militares ou de arquivos em posse da Aeronáutica na Base Aérea de Salvador.

Anistia e desaparecidos

Convivemos com o passado de várias formas. Uma delas é fazer desaparecer provas documentais, queimando-as ou escondendo-as, criando silêncios em vários sentidos, reais ou metafóricos. O Brasil, a esse respeito, tem oscilado seu comportamento. Enquanto a Lei da Anistia resguarda torturadores e criminosos, outros caminhos, no entanto, se abrem para examinar o passivo de crimes deixados pela ditadura. Ao lado dos arquivos que hoje estão sendo recolhidos aos órgãos competentes, a Nova República, ainda que de maneira fragmentária, continua mantendo vivo o debate sobre os crimes contra os direitos humanos praticados pela ditadura. Exemplo disso foi o pronunciamento do ministro da Justiça, Tarso Genro, em 4 de abril de 2008, na sede da Associação Brasileira de Imprensa, no Rio de Janeiro, defendendo que os crimes de tortura não fossem objeto de amparo pela Lei da Anistia, de 1979.

Mais uma vez, como examinaremos em outro capítulo, este tema foi adiado depois que o presidente Lula vetou sua discussão dentro do governo e que o Judiciário tomou para si a palavra final.

Dada a ação do Executivo e do Judiciário, até inícios de 2010 o Brasil continuava sendo o único país da América Latina em que nenhum militar envolvido com práticas de tortura durante a ditadura militar chegou ao banco dos réus. Apesar de tudo não se pode desmerecer avanços, mesmo com os atropelos de um país acostumado à impunidade. Este é o caso dos desaparecidos.

A anistia de 1979 não mencionava a questão dos desaparecidos, um dos temas mais delicados para os militares. A maior parte dos "desaparecidos" era composta por civis mortos em consequência da guerrilha rural na região amazônica, a guerrilha do Araguaia, que resultou na morte de cerca de 80 pessoas. O tema permaneceu em pauta até 4 de dezembro de 1995, quando o governo Fernando Henrique Cardoso sancionou a Lei nº 9.140. Esta lei instituía uma comissão vinculada ao Ministério da Justiça, incumbida de pesquisar e elencar as pessoas desaparecidas em decorrência de participação, ou de acusação de participação em atividades políticas classificadas como ilegais pela ditadura. A lei abrangia o período de 1961 a 1979, o mesmo período coberto pela Lei da Anistia.

A questão dos desaparecidos era o ponto mais forte da tensão militar, pois a maior parte deles foi morta em confronto com as Forças Armadas. Para muitos militares, aquilo fora um combate em que "inimigos" sucumbiram. Alegava-se também que o fato de os cadáveres não terem recebido identificação ou enterro formal havia sido produto da urgência e das condições adversas da selva. Seriam inimigos da pátria e, por isso mesmo, nada haveria a ser reparado.

O tema era e continua sendo delicado, pois investigá-lo leva obrigatoriamente a imputar responsabilidades, entre elas a de crime de ocultação de cadáveres. A saída vislumbrada pelo governo Fernando Henrique Cardoso foi reconhecer que havia desaparecidos, mas que a responsabilidade disso não recairia sobre a instituição militar, sobre o governo militar, ou sobre seus executores diretos, mas sim sobre o Estado. O Estado brasileiro reconheceria que havia cidadãos mortos em decorrência de conflitos políticos, que seus cadáveres haviam sido encobertos e dispunha-se a regularizar a situação legal dessas pessoas mortas e a amparar suas famílias.

Foi isso o que providenciou a Comissão de Desaparecidos Políticos do Ministério da Justiça, composta por representantes de vários setores da sociedade e instituições brasileiras, inclusive por um representante das Forças Armadas. A comissão examinou 366 casos entre 1995 e 1998, acolheu 280 e negou 86. O valor das indenizações variou entre R$ 100 mil a R$ 150 mil.[230]

Mesmo não apurando responsabilidades, o Estado brasileiro dava uma prova de querer se recompor com a sociedade reconhecendo injustiças do passado. Simbolicamente, o próprio presidente recebeu familiares de vários desses desaparecidos em audiências oficiais, marcando publicamente o gesto de conciliação que ali se produzira. O governo ainda ampliou até 1990 o prazo para que vítimas de atos de terrorismo ou de manifestações políticas pudessem pedir indenização ao Estado. Continuaram as buscas pelos cadáveres e sepulturas, pesquisas que contaram, e contam ainda, com a ajuda de militares, enquanto médicos, antropólogos e legistas continuam o trabalho de reconhecimento de ossadas.

Em 2001 foi criada a Comissão de Anistia, encarregada de analisar os pedidos de indenização formulados por pessoas impedidas de exercer atividades econômicas por motivação exclusivamente política no período compreendido entre setembro de 1946 e outubro de 1988, ano da atual Constituição brasileira. Em novembro de 2002, o Congresso aprovou nova Lei da Anistia, na verdade a quarta desde 1979. Nela são previstas formas de reparação financeira mais abrangentes para todas as pessoas punidas por força de critérios políticos durante esse mesmo período.[231] Até fins de 2009 a Comissão de Anistia havia protocolado 65 mil processos, julgado 53 mil. Destes, 33 mil foram deferidos e 10 mil foram objeto de algum tipo de reparação econômica.[232]

Os documentos provenientes dos trabalhos dessas comissões também estão integrados ao acervo do Arquivo Nacional, o que permitirá novos

---

230 Nesse período o valor da moeda brasileira, o real, variou entre um dólar e 50 centavos de dólar americano.

231 Trata-se da Lei nº 10.559, de 13 de novembro de 2003.

232 Cf. <www.mj.gov.br/anistia>. Acesso em: dez. 2009.

caminhos para o estudo do período. Constituem-se em mais uma fonte importante para recompor e rever casos de perseguição durante a história brasileira. Ou seja, enquanto se reflete e se tenta rever o passado, produzem-se novas fontes de conhecimento.

Grupos de direitos humanos ainda questionam a timidez do governo brasileiro. Para alguns, o pacto do silêncio em relação à "guerra suja" permanece. Os militares brasileiros, mesmo defendendo recorrentemente prerrogativas corporativistas para sua instituição, têm aceito com disciplina as medidas envolvendo a revisão da anistia proposta pelos governos civis e têm aceito, sem protestos públicos, as decisões tomadas pelos órgãos encarregados de examinar os pedidos de reparação. Nos bastidores, contudo, a situação foi diferente. Se os militares aceitaram o trabalho e os resultados dessas duas comissões, mantêm-se cerrados quanto à possibilidade de rever a Lei da Anistia de forma a possibilitar a punição de qualquer colega da caserna implicado desrespeito aos direitos humanos. Da mesma forma, negam a existência de arquivos em seu poder que possam esclarecer os casos de desaparecidos políticos, em especial os que participaram da guerrilha rural no Araguaia em inícios dos anos 1970. Sobre este ponto ainda predomina o veto sobre o passado.

Apenas em 2008 uma autoridade do Executivo, o ministro da Justiça, Tarso Genro, gaúcho filiado ao PT, pronunciou-se publicamente a favor da punição aos torturadores, mas o assunto acabou sendo vetado pelo presidente Lula.[233] Em abril desse ano foi lançada a Caravana da Anistia, que até fins de 2009 havia percorrido 16 estados. Em vários encontros promovidos nos estados pela caravana o ministro reafirmou seu ponto de vista de que o crime de tortura não podia ser beneficiado pela Lei da Anistia de 1979.

Não deixa de ser intrigante o fato de que um regime de exceção, como a ditadura militar brasileira, tenha produzido tantas provas documen-

---

[233] Este tópico é tema do capítulo 4.

tais — embora algumas permaneçam inacessíveis. Isso não ocorreu com as ditaduras similares de nossos vizinhos na mesma época e, por si só, este já seria um fato a merecer uma reflexão à parte. É importante ainda ressaltar que as comissões de revisão de direitos — desaparecidos e anistia — ajudaram a produzir novas fontes, e que as medidas tomadas pela Casa Civil da Presidência da República desde 2005 foram também cruciais para se inaugurar uma nova postura do Executivo em relação a esse período do passado.

Fizemos aqui um balanço de registros históricos provenientes de diferentes instituições, produzidos de variadas formas em diversos contextos. Uns foram criados *a posteriori*, outros produzidos em tempo real e sendo agora liberados. No caso dos arquivos militares prevalece a tese da corporação de que foram destruídos. Periodicamente, contudo, aparecem algumas evidências dispersas de que boa parte desses arquivos pode estar em mãos de particulares. Esta é uma tese perfeitamente plausível, tendo em vista o fato de que, no Brasil, é muito comum pessoas que ocupam funções públicas armazenarem privadamente papéis que deveriam ser destinados aos arquivos públicos.

SEGURANÇA NACIONAL E TRIBUNAIS ESPECIAIS NO BRASIL

A literatura em geral trata a segurança nacional como um fenômeno típico da Guerra Fria.[234] Sem subestimar esse aspecto, queremos também entendê-la como uma política de Estado que foi sendo formulada a partir do século XIX e que terá no Brasil, a partir do século XX, a Justiça Militar como um foro especial para os que contra ela se insurgirem. Queremos nos deter na relação entre Justiça Militar e segurança nacional, pois cremos que ajuda a entender tanto a construção de uma ideologia e de um projeto militar quanto a forma autoritária como a questão foi tratada ao longo de nossa história. Ambos os aspectos, por sua vez, se conjugam na forma como se deu a consolidação e o processo de centralização do Estado brasileiro durante o período republicano.[235]

No Brasil, até os anos 1950, os conceitos de segurança, defesa, segurança nacional, defesa do Estado foram usados de forma um tanto aleatória. De fato a Guerra Fria obrigou a uma conceituação mais aprimorada. Os conceitos que começam a ser formulados então indicam que segurança nacional é superior à segurança do Estado, que o Estado está a serviço da nação e que, junto com cada indivíduo e com a sociedade, é responsável por esse tipo de segurança. Diferencia também segurança de defesa. Segundo um dos militares mais expressivos na formulação dessa doutrina,

---

234 Alves, 1987; Comblin, 1978.
235 A Justiça Militar e o Superior Tribunal Militar são objeto da tese de doutorado de Ângela Moreira Domingues da Silva junto ao Cpdoc/FGV.

segurança seria um *estado*, ao passo que a defesa seria um *ato*.[236] Esta era e é, aliás, uma definição corriqueira nos estudos sobre defesa nacional.

Desde essa época a novidade nas políticas de defesa e segurança era o fato de que as guerras haviam mudado de forma e conteúdo. Ao lado das guerras convencionais apareciam guerras revolucionárias, guerras totais, guerras psicológicas e subversivas, patrocinadas por inimigos internos normalmente sob influência de outras potências. A Guerra Fria trazia a novidade do "inimigo interno", que dependendo de cada país podia ser mais forte e importante do que as ameaças externas. Este foi o caso do Brasil.

Os estudos no Brasil sobre segurança nacional têm como marco simbólico a criação da Escola Superior de Guerra (ESG), em 1949. A exemplo do que aconteceu em outros países da América Latina, o que houve desde então foi uma militarização do tema que nem mesmo a redemocratização dos anos 1980 conseguiu superar. Com a relevância que o tema foi ganhando, sobressaiu também a importância da Justiça Militar que, a partir dos anos 1960, irá se converter em uma Justiça especial.

A segurança nacional em retrospectiva no Brasil

A Constituição de 1824 já tocava no tema da "segurança" estabelecendo, em seu art. 102, que cabia ao imperador prover a "segurança interna e externa do Estado". A defesa do Estado estava também prevista no Código Criminal do Império, de 1830, mas não havia um código ou uma lei especialmente dedicada ao tema. A Justiça Militar no Império, por sua vez, estava a cargo do Conselho Superior Militar e de Justiça, instalado em 1808, no Rio de Janeiro, com a vinda da família real, e que julgava tanto os

---

236   Tavares, 1958.

problemas administrativos da Marinha e do Exército (promoções, transferências etc.) quanto infrações e crimes tipicamente militares (deserção, insubordinação, abandono de serviço etc.). Era um órgão presidido pelo imperador e não fazia parte do Poder Judiciário, o que só viria a ocorrer com a Constituição de 1934.[237]

Digamos que durante o Império o Brasil seguia um padrão liberal no trato das questões de segurança do Estado, ou seja, não eram estabelecidos para tal leis ou foros especiais. Os arts. 147 e 148 da Constituição brasileira de 1824 estabeleciam que "a Força Militar é essencialmente obediente; jamais se poderá reunir, sem que lhe seja ordenado pela Autoridade legítima", ou seja, o imperador, e que a ele cabia "privativamente empregar a Força Armada de Mar, e Terra, como bem lhe parecer conveniente à segurança, e defesa do Império". Esta foi a única Constituição que não deu poderes aos militares para atuar em questões internas e "zelar" pela ordem pública. O termo segurança aparece várias vezes: segurança do Estado, pública, interna, do cidadão. Apenas uma vez temos a palavra defesa. As noções de segurança interna e defesa externa estão claras desde então sem que houvesse menção a códigos especiais.

No Brasil a noção de segurança foi-se tornando mais sofisticada na medida em que se começaram a identificar novos atores que constituiriam ameaças à ordem estabelecida. A emergência do trabalho industrial e da organização sindical, associados à grande presença do imigrante, inspirou grande parte das ideias sobre inimigos da ordem interna antes mesmo de o comunismo se constituir em corrente política e ideológica expressiva.

Com a proclamação da República, em 15 de novembro de 1889, os militares assumem conotação mais explícita na política brasileira, e não por acaso o primeiro presidente foi um marechal de Exército, Deodoro

---

237 Seixas, 2002.

da Fonseca. Em seu governo, perante as manifestações monarquistas que apareciam ou eram temidas, inclusive entre os militares, novos inimigos entram em cena: os inimigos da República. Foi para enfrentá-los que se editou, em 23 dezembro de 1889, o Decreto nº 85-A, definido por alguns como a primeira Lei de Segurança Nacional e, mais popularmente, como "decreto-rolha". Além de instituir a censura à imprensa, criava a Comissão Mista Militar de Sindicâncias e Julgamentos, cujos integrantes seriam indicados pelo ministro da Guerra. A comissão tinha por função julgar civis e militares envolvidos em atos considerados comprometedores para a nova ordem política. O decreto dizia:

> Os indivíduos que conspirarem contra a República e o seu governo; que aconselharem ou promoverem, por palavras escritas ou atos, a revolta civil e a indisciplina militar; que tentarem o suborno ou a aliciação de qualquer gênero sobre soldados e oficiais, contra seus deveres para com os superiores e a forma republicana; que divulgarem nas fileiras do Exército e Armada noções falsas e subversivas, tendentes a indispô-los com a República; que usarem da embriaguez para insubordinar os ânimos dos soldados; serão julgados militarmente por uma comissão militar nomeada pelo ministro da Guerra, e punidos com as penas de sedição.[238]

Esta comissão funcionou, de fato, como um tribunal de exceção.

Ainda no governo Floriano Peixoto, os crimes relacionados ao "estado de rebelião", cometidos por civis ou militares, estariam sujeitos a foro militar.[239] Ficou estabelecido também que, para a punição de determinados crimes, o estado de rebelião seria assemelhado ao estado de guerra,

---

238 Lemos, 1999:461.
239 Decreto nº 1.681, de 29 de fevereiro de 1894.

herança do Decreto nº 61, de 24 de outubro de 1838. Foi ainda definido que as leis que regiam o estado de guerra seriam aplicadas nos lugares que se encontrassem em estado de rebelião.[240] O Decreto nº 61 definiu em oito parágrafos quais crimes deveriam ser punidos com pena de morte nos casos de guerra externa e em situações caracterizadas como estado de rebelião.

Desde o Código Penal de 1890 as greves de operários eram consideradas crime passível de prisão. A chamada Lei de Segurança Nacional de 1935 classifica também como crime a greve nos serviços públicos, o que se repete no Código Penal de 1940. Com um breve interregno em 1946, jamais houve liberdade de greve no país até a Constituição de 1988.

A tendência a que a defesa da nação e a segurança interna se tornassem uma questão militar e, ao mesmo tempo, a percepção de que os militares deveriam ser tratados constitucionalmente como um ator especial para essas funções vão ficando mais claras com a República. A Carta de 1891 menciona "segurança da Pátria", do indivíduo, pública, e também usa a palavra defesa para se referir à proteção das fronteiras. As Forças Armadas ganham, no art. 14, novo patamar dentro da organização do Estado: passam a ser "instituições nacionais permanentes, destinadas à defesa da Pátria no exterior e à manutenção das leis no interior". Ela [a força armada] seria "essencialmente obediente, *dentro dos limites da lei*, aos seus superiores hierárquicos e obrigada a sustentar as instituições constitucionais" [grifos nossos].

Aqui se inicia um precedente que só se acentuará ao longo do século XX: a participação das Forças Armadas na manutenção da segurança interna e nas garantias constitucionais. Os crimes políticos, contudo, continuavam a ser julgados pela Justiça Federal. A preeminência militar vai ficando mais clara nessa e nas constituições seguintes. Fica estabelecido,

---

240   Regulamento nº 23, de 29 de fevereiro de 1894.

dentro do texto constitucional, que os militares teriam direito a foro especial, o então Supremo Tribunal Militar, com membros vitalícios e que seria presidido pelo chefe do poder Executivo até 1893.

Na Carta de 1934 já há um título, composto de nove artigos, dedicado à segurança nacional, e uma seção dedicada à Justiça Militar. Define o art. 84 que os "militares e as pessoas que lhes são assemelhadas terão foro especial nos delitos militares. Este foro poderá ser estendido aos civis, nos casos expressos em lei, para a repressão de crimes contra a segurança externa do país, ou contra as instituições militares". A partir daí o Tribunal Militar passa a ser o responsável pelo julgamento de crimes definidos como contrários à segurança nacional, ainda que praticados por civis, e mais uma vez fica claro o papel dos militares em assuntos internos. Segundo o art. 162, "as forças armadas são instituições nacionais permanentes, e, *dentro da lei*, essencialmente obedientes aos seus superiores hierárquicos. Destinam-se a defender a pátria e a *garantir os poderes constitucionais, e a ordem e a lei*" [grifos nossos]. Foi criado também um Conselho Superior de Segurança Nacional, mantido nas constituições seguintes, mas que só se tornaria realmente expressivo como centro de poder durante a ditadura militar.

O art. 159 da Carta de 1934 estabelecia que todas "as questões relativas à segurança nacional serão estudadas e coordenadas pelo Conselho Superior de Segurança Nacional e pelos órgãos especiais criados para atender às necessidades da mobilização". O conselho seria presidido pelo presidente da República e dele fariam parte os ministros de Estado, o chefe do Estado-Maior do Exército e o chefe do Estado-Maior da Armada. No título sobre a segurança nacional também se definia em que situações o Congresso Nacional podia decretar o estado de sítio ou o estado de guerra.

Os anos 1930 são significativos em vários sentidos. São anos de radicalização ideológica, mudanças nos padrões de desenvolvimento, no corpo da elite dirigente, na burocracia; anos de industrialização, ebulição intelectual e política, de repressão, para mencionarmos apenas alguns aspectos. Dento do espectro de nossas preocupações vamos nos deter no tema militar em seu vínculo com a Justiça e a segurança do Estado.[241]

Com a Constituição de 1934 já temos a vinculação da Justiça Militar ao Poder Judiciário. Cabe a ela julgar a corporação militar, mas fica dotada também de um caráter de Justiça especial. Este quadro será reforçado com a Lei de Segurança Nacional (LSN), de 1935[242] e seus desdobramentos.

A LSN, aprovada pelo Congresso, corresponde a uma reação política e jurídica do governo Vargas contra movimentos grevistas e ideológicos que se vinham organizando no Brasil em um processo de crescente mobilização social e de radicalização política. As principais expressões disso são a criação da Ação Integralista Brasileira (AIB), em outubro de 1932, e da Aliança Libertadora Nacional (ALN), em março de 1935. A primeira, uma organização paramilitar, expressava as tendências fascistas em voga no mundo. A segunda, uma organização de esquerda, postulava ser uma frente popular contra o governo Vargas, o imperialismo e o fascismo. O chefe de honra da ALN era Luiz Carlos Prestes, já então um notório membro do Partido Comunista do Brasil (PCB), criado em 1922 e que se encontrava na ilegalidade.

Os conflitos entre ambas as organizações, as desconfianças do governo em relação ao comunismo e as manifestações públicas da ANL levaram

---

241 Faz parte de nossas preocupações examinar com mais rigor como os conceitos de segurança nacional e defesa do Estado se vão firmando entre nós. Cremos que há diferenças na forma como esses conceitos vão amadurecendo no país se comparado, por exemplo, com os Estados Unidos.

242 Lei nº 38, de 4 de abril de 1935.

ao seu fechamento, por decreto, em 11 de julho de 1935,[243] usando o que dispunha a LSN, recém-criada. Era a primeira vez que a lei era usada. O comunismo já era então a maior preocupação do governo, e logo se transformaria em seu inimigo público número um. Assim como durante o governo militar (1964-1985), o *perigo vermelho* foi considerado a principal ameaça à segurança do país.

A Lei de Segurança Nacional de 1935 é um caso semântico importante para o ponto que queremos discutir neste capítulo. Foi chamada à época por essa nomenclatura sem que a expressão "segurança nacional" apareça nela uma só vez. Ela define "crimes contra a ordem política e social" e cita apenas a ordem pública, política e social. É visivelmente uma lei contrária à ação dos sindicatos, às greves, às organizações políticas e milícias particulares. É dura no que toca a conspirações e movimentos militares, a estrangeiros envolvidos em atividades políticas e a propaganda política nos meios de comunicação. A lei prevê as penas para cada crime e mantém a estrutura vigente da Justiça Federal como foro para o julgamento desses crimes com direito a recurso.

Os debates da época a trataram como Lei de Segurança Nacional, tanto no Congresso quanto na imprensa.[244] Nela ainda não havia menção a um tribunal especial. O processo de radicalização ideológica levará a mudanças rápidas nesse campo.

Grosso modo, podemos dizer que nos anos 1930 três projetos políticos estão em cena: o projeto liberal, que vinha da Primeira República, expresso especialmente por São Paulo; o projeto insurrecional comunista, veiculado pelo PCB e seus aliados; e um projeto autoritário, distante do governo representativo, embora modernizante. No embate destas forças, Getúlio Vargas foi vencedor, o que não significa que os demais

---

243 Decreto nº 229, de 11 de julho de 1935.
244 Sobre as críticas da oposição à lei, ver Covello (1935).

tenham desaparecido. Em 1937, com a ditadura do Estado Novo, os militares ganharam mais poder e direitos, os derrotados permaneceram inimigos, a vigilância ideológica foi desdobrada e a democracia entrou em franco retrocesso.

O Tribunal de Segurança Nacional e a Justiça Militar

Em fevereiro de 1931, depois da Revolução de 1930, foi criado o Tribunal Especial, de efêmera duração. Seguindo o que dispunha o art. 16 do Decreto-Lei nº 19.398, de 11 de novembro, que definia os poderes do governo provisório, foi criada uma justiça especial com o objetivo de identificar os responsáveis pela prática de atos contrários à vida constitucional e por irregularidades administrativas que teriam sido praticadas durante o governo de Washington Luís. Em março o tribunal foi extinto e substituído pela Junta de Sanções, menos radical em sua orientação, mas que não ficou isenta de crises internas. Em setembro seguinte a Junta de Sanções foi substituída pela Comissão de Correição Administrativa, que aplicava sanções às autoridades administrativas do governo anterior e encaminhava os processos ao chefe do governo provisório. Sem grandes assuntos apurados, mas motivando várias queixas quanto ao seu poder, a comissão, último órgão da "justiça revolucionária", foi extinta em 1932. Embora tenha sido uma Justiça especial, teve um cunho administrativo e não visava a punir "inimigos do Estado" tal como o que ocorreu com o Tribunal de Segurança Nacional (TSN) entre 1936 e 1945, e com o Superior Tribunal Militar (STM) durante a ditadura militar.

O Levante Comunista de 1935 tornou mais rigorosa e mais institucionalizada a legislação repressiva contra os comunistas. Embora tivesse apoiado a formação da ANL como frente popular e eleitoral, o PCB apostava na alternativa insurrecional e a colocou em prática em novembro de 1935, com os levantes militares em Natal, Recife e Rio de Janeiro. A partir daí o combate ao comunismo ganhou novos contornos e adquiriu prioridade inédita. Imediatamente após os levantes, o governo criou a Comissão Nacional de Combate ao Comunismo e pediu ao Congresso a decretação do estado de sítio, depois transformado em estado de guerra e que duraria ininterruptamente até julho de 1937.[245] Entre as medidas para enfrentar o Levante Comunista tivemos, ainda em dezembro de 1935, outras iniciativas. Uma mudança na LSN[246] tornava mais rigorosa a lei anterior e definia novos crimes contra a segurança do país, em especial entre os militares, e três emendas constitucionais davam mais poder ao presidente da República. Pela primeira delas o Congresso autorizava o presidente a equiparar o estado de sítio ao estado de guerra. Pela segunda o Executivo ficava autorizado a cassar, por decreto, postos e patentes de oficiais acusados de atos subversivos. Pela terceira o presidente poderia demitir, também por decreto, funcionários públicos civis acusados dos mesmos crimes.[247]

A lei tornava mais simples as regras para demitir funcionários públicos e militares filiados a partidos ou organizações clandestinas, fazia referência a medidas contra levantes armados, tornava obrigatório um cadastro de funcionários para todos os órgãos de imprensa escrita e falada e pedia o controle das atividades políticas em escolas.

Foi mantida até então a Justiça comum como foro para os crimes contra a LSN, mas, paralelamente, começou a ser examinada a necessidade de criação de um tribunal especial para julgar os acusados desses

---

245 Em outubro de 1937 o estado de guerra foi novamente decretado. Sobre o tema, ver Camargo et al. (1989).
246 Lei nº 136, de 14 de dezembro de 1935.
247 Camargo et al., 1989.

crimes. Contrariando a Constituição de 1934 — que dizia não poder haver tribunal de exceção — começava a ser gerado o Tribunal de Segurança Nacional (TSN), criado formalmente em setembro de 1936.[248] O tribunal surge como órgão da Justiça Militar e funcionaria apenas no Distrito Federal (Rio de Janeiro), para onde seriam encaminhados todos os casos pertinentes.[249] O mais importante é que seu funcionamento era previsto apenas para os períodos em que estivesse vigorando o estado de guerra.

O TSN destinava-se a julgar, em primeira instância, militares e civis acusados de "crimes contra a segurança externa da República" e "crimes contra as instituições militares". Considerava como crimes desse teor aqueles

> com finalidades subversivas das instituições políticas e sociais, definidos nas Leis ns. 38, de 4 de abril, e 136, de 14 de dezembro de 1935, sempre que derem causa a comoção intestina grave, seguida de equiparação ao estado de guerra, ou durante este forem praticados.
>
> (Art. 3º da Lei nº 244, de 11 de setembro de 1936)

Por esta lei os crimes tipicamente militares continuavam sendo julgados pelo Superior Tribunal Militar (STM). O novo tribunal julgaria militares envolvidos em crimes contra a segurança interna do país. Lembre-se de que a insurreição de 1935 fora um levante militar, e o governo estava particularmente preocupado em expurgar o Exército de suas vozes dissidentes. Estava em marcha um processo de nacionalização e de moderni-

---

[248] Lei nº 244, de 11 de setembro de 1936.

[249] O tribunal foi instalado na avenida Oswaldo Cruz, 124, onde funcionava a Escola Alberto Barth. Após sua extinção em 1945 a escola voltou a funcionar no mesmo local. Sobre o TSN, ver Campos (1982).

zação das Forças Armadas. Nas palavras de um dos principais mentores desse processo, o general Góis Monteiro, era preciso acabar com a política *no* (dentro) Exército e impor a política *do* Exército.[250]

A lei de criação do TSN estabelecia que o juiz podia julgar por convicção e previa a criação de cinco colônias agrícolas (campos de concentração) para onde seriam enviados os réus e suas famílias.

Até fins de 1937 o TSN funcionou como órgão de primeira instância, e de suas decisões cabia recurso ao Superior Tribunal Militar (STM). Mas não por muito tempo. O golpe de 1937 e o *putsch* integralista de 11 de maio de 1938 vão motivar nova expansão no leque de crimes contra o Estado, bem como nos critérios de julgamento.

Com essas medidas de exceção, a Carta de 1934 vai se tornando figura de retórica. É sob esse signo que começam as prisões e o julgamento dos acusados pelo Levante Comunista de novembro de 1935. Após o levante, milhares de pessoas são presas em todo o país. O primeiro processo a ser examinado pelo TSN, o Processo nº 1, foi montado pelo delegado Eurico Bellens Porto. Com 41 volumes, arrolava as 36 pessoas consideradas cabeças do levante e mais 120 indiciados, a grande maioria já presa. A pena máxima para cada crime era de 10 anos, mas as penas totais poderiam ser maiores em função dos crimes conexos. Fazia parte desta situação de "emergência" que a LSN tivesse ação retroativa, e que os juízes do TSN julgassem a partir de suas convicções pessoais, e não apenas com base nas peças do inquérito ou do processo.[251]

Alguns casos de tortura ganharam notoriedade por sua crueldade, entre outros, os de Harry Berger, Gregório Bezerra e Carlos Marighela. Um dos mais expressivos registros desses tempos é o livro *Memórias do cárcere*,

---

250 Carvalho, 1983.
251 Parágrafo único do art. 10 da Lei nº 244, de 11 de setembro de 1936. Ver, também, Campos (1982).

de Graciliano Ramos, publicado pela primeira vez em 1953. A perseguição atingiu também o prefeito do Distrito Federal, Pedro Ernesto, preso em abril de 1936 e acusado de dar cobertura a ações da ALN. Condenado pelo TSN, acabou sendo absolvido pelo STM e solto da prisão em setembro de 1937, pouco antes do golpe do Estado Novo.

Quando, em março de 1936, o estado de sítio foi comparado ao estado de guerra e com isso se extinguiram as imunidades parlamentares, deu-se a possibilidade legal de prender vários parlamentares: um senador, Abel Chermnot, e quatro deputados — Abguar Bastos, Domingos Velasco, João Mangabeira e Octávio da Silveira —, todos acusados de "estarem a serviço de Prestes". Alguns desses parlamentares atuavam, junto ao TSN, como advogados de defesa de prisioneiros acusados de participar do Levante Comunista. As prisões se estendiam, atingiam trabalhadores, intelectuais, artistas, jornalistas. Professores universitários e intelectuais, como Edgardo de Castro Rabelo, Leônidas Resende, Hermes Lima, Carpenter Ferreira e Graciliano Ramos, caíram em celas comuns.

Em março de 1936 são presos também Luiz Carlos Prestes e sua mulher Olga Benário. Ela foi deportada para a Alemanha em setembro de 1936, onde foi direcionada para um campo de concentração, e ele condenado a 16 anos e oito meses de prisão. Todos os julgados pelo TSN neste processo recorreram ao STM, que em geral diminuiu penas, além de ter absolvido vários acusados, entre eles o ex-prefeito do Rio de Janeiro, Pedro Ernesto.

Em meados de 1936, dos cinco parlamentares presos havia mais de um ano, dois foram absolvidos pelo TSN (Abel Chermont e Domingos Velasco); um, Abguar Bastos, foi condenado a seis meses de prisão; João Mangabeira teve sua pena anulada pelo STM; e Octávio da Silveira teve a pena reduzida, também pelo STM, de três anos para seis meses.

Após o golpe do Estado Novo (10 de novembro de 1937) a legislação que regulamentava o TSN foi modificada substancialmente. Pelo

Decreto-Lei nº 88, de 20 de dezembro de 1937, o TSN deixou de ser órgão da Justiça Militar. Mais do que isso, passaria a atuar em tempo de paz e assumiria as funções de primeira e segunda instâncias. Os réus seriam julgados por um juiz do TSN, e o recurso seria julgado pelo "tribunal pleno", ou seja, pelos demais juízes.[252] Introduziu-se também o rito sumário e diminuiu-se o número de testemunhas de defesa. A esta altura a maior parte dos envolvidos com o Levante Comunista já estava julgada, mas as políticas anticomunistas ganhavam fôlego. Foi o anticomunismo que justificou o golpe de 1937.[253] Isso não quer dizer que os comunistas fossem os únicos alvos. O golpe de 1937 atingia também as propostas liberais dos paulistas e de outras oligarquias adeptas da descentralização política.

A Carta outorgada de 1937 não menciona o TSN, apenas a Justiça Militar, assim definida: "Os militares e as pessoas a eles assemelhadas terão foro especial nos delitos militares. Esse foro poderá estender-se aos civis, nos casos definidos em lei, para os crimes contra a segurança externa do país ou contra as instituições militares". No capítulo sobre a "segurança do Estado", atribui ao presidente da República uma série de poderes de exceção, como declaração do estado de guerra, decretação da censura, suspensão das liberdades individuais etc. Do ponto de vista militar, as Forças Armadas ficam completamente submetidas à autoridade do presidente.

---

252 "Art. 8º. Da sentença proferida pelo juiz, na forma do artigo anterior, caberá recurso de apelação, sem efeito suspensivo, para o Tribunal pleno, impedido no julgamento o juiz prolator da sentença apelada. Mas não caberá recurso da sua decisão sobre questões incidentes, podendo estas ser suscitadas novamente, como preliminares, nos julgamentos, pelo Tribunal."

253 Um plano comunista, usado para treinamento pelos integralistas, denominado Plano Cohen, foi a peça usada pelo governo para atestar iminentes ameaças comunistas e justificar um regime de exceção. Ver Silva (1980).

A Carta de 1937 tem um capítulo dedicado à "segurança nacional", outro dedicado à "defesa do Estado" e menciona "defesa interna". Em suma, é um texto que deixa claramente transparecer que vários tipos de ameaça à ordem constituída são possíveis. Embora ainda não tenha o rigor conceitual dos anos 1950 e 1960, as preocupações são as mesmas.

Outra mudança importante na legislação concernente ao TSN ocorreu depois do *putsch* integralista de 11 de maio de 1938. Em 16 de maio do mesmo ano, através do Decreto nº 428, foram diminuídas ainda mais as condições de defesa dos acusados: prazos, quantidade de testemunhas, tempo para os depoimentos.

O TSN entraria numa nova fase, isto é, não mais julgar apenas comunistas, mas também a oposição de direita que se fizera pronunciar através de um levante armado. Dois dias depois, nova legislação[254] definia "os crimes contra a personalidade internacional, a estrutura e a segurança do Estado e contra a ordem social" e estabelecia a pena de morte.[255] Era uma nova Lei de Segurança Nacional, a segunda do país,

---

254 Decreto-Lei nº 431, de 18 de maio de 1938.

255 A pena de morte estava prevista nos incisos 1 a 7 do art. 2º: "Caberá pena de morte nos seguintes crimes:

   1) tentar submeter o território da Nação, ou parte dele, à soberania de Estado estrangeiro;

   2) atentar, com auxílio ou subsídio de Estado estrangeiro ou organização de caráter internacional, contra a unidade da Nação, procurando desmembrar o território sujeito à sua soberania;

   3) tentar por meio de movimento armado o desmembramento do território nacional, desde que para reprimi-lo se torne necessário proceder a operações de guerra;

   4) tentar, com auxílio ou subsídio de Estado estrangeiro ou organização de caráter internacional, a mudança da ordem política ou social estabelecida na Constituição;

   5) tentar subverter por meios violentos a ordem política e social, com o fim de apoderar-se do Estado para o estabelecimento da ditadura de uma classe social;

que definia os crimes e suas penas, e limitava ainda mais as possibilidades de defesa.

Muitos consideram ser esta a terceira Lei de Segurança Nacional do país e, no sentido que a expressão ganhou, ela de fato o foi.[256] A nova lei tem certamente um caráter mais amplo e arbitrário, e quanto aos militares a situação muda bastante. Embora o art. 23 disponha que todos os incursos em crimes previstos no decreto-lei devam ser julgados pelo TSN, o art. 10 estabelece que

> o oficial das forças armadas da União que praticar qualquer dos atos definidos como crime nesta lei, ou se filiar, ostensiva ou clandestinamente, a partido, centro, agremiação ou junta de existência proibida, será, por decisão do Supremo Tribunal Militar, declarado indigno do oficialato, e perderá o respectivo posto e patente.[257]

Isto significa que em questões políticas os oficias militares deixaram de ter direito de defesa.[258] No plano legal é esta LSN de 1938 que será revogada pela de 1953, que, aliás, nem menciona a de 1935.

Redefinidos os crimes contra a segurança do Estado, novo decreto-lei estabelece, ainda em 1938, os procedimentos do TSN nesses casos.[259] Novamente os prazos são encurtados e todo o processo poderia demo-

---

6) insurreição armada contra os poderes do Estado, assim considerada ainda que as armas se encontrem em depósito;

7) praticar atos destinados a provocar a guerra civil, se esta sobrevém em virtude deles".

256 A primeira teria sido o "decreto-rolha", de 1889, e a segunda, a de 1935 — ambas mencionadas no texto.

257 Os limites precisos entre o que era crime militar e crime contra a segurança do Estado ainda não foram devidamente examinados para esse período.

258 Os arquivos do STM e do TSN ainda precisam ser consultados para que se saiba exatamente o impacto dessa legislação.

259 Decreto-Lei nº 474, de 8 de junho de 1938.

rar apenas oito dias. Durante a II Guerra Mundial o Tribunal dedicou-se a julgar não só crimes políticos de direita e de esquerda, mas também crimes "contra a economia popular", uma de suas atribuições desde o início do Estado Novo.[260]

Naquele momento o país vivia um regime de exceção apoiado pelos militares, um governo semicivil. Não significava uma subordinação dos militares ao poder civil, ainda que autoritário, mas um tipo de tutela.[261]

O *Diário* de Getúlio Vargas publicado em 1995 mostra claramente o quanto o presidente se sentia desconfortável e inseguro com o poder militar. Boris Fausto lembra que Getúlio, um homem calculista, por diversas vezes demonstra sua insegurança, como em 29 de maio de 1939:

> Estou à mercê do Exército, sem força que o controle e sem autoridade pessoal e efetiva contra ele. Estou só e calado para não demonstrar apreensão. As próprias pessoas de minha família passeando na maior despreocupação. O inimigo esparso e difuso procura diluir as resistências. Veremos o que está para acontecer.[262]

Após concluir longa consulta aos arquivos do TSN no Arquivo Nacional, no Rio de Janeiro, Campos (1982:123) assim sumariza:

> Durante oito anos, 11 meses e 17 dias, ele estivera funcionando em "defesa das instituições", período em que julgou 6.998 processos envolvendo mais de 10 mil pessoas, 4.099 das quais foram condenadas a penas que variaram entre uma simples multa (economia

---

260 Decreto-Lei nº 88, de 20 de dezembro de 1937, e Decreto-Lei nº 869, de 18 de novembro de 1938.

261 Os termos tutela, autonomia e subordinação foram inicialmente definidos por Huntington (1996).

262 Fausto, 2006:90.

popular) até 60 anos de reclusão. Para tão exaustiva missão, diligenciaram ao longo desse período, 10 juízes e nove procuradores.

Também aqui não se tem a indicação de quantos eram civis e quantos eram militares.

Após algumas modificações em sua composição, o TSN voltou a ser alvo de legislação específica apenas em 1942, depois da entrada do Brasil na guerra. A Lei Constitucional nº 7, de 30 de setembro de 1942, estabeleceu que o presidente da República definiria quais crimes seriam julgados pelo STM e quais o seriam pelo TSN. Em seguida, o Decreto-Lei nº 4.766, de 1º de outubro, definiu que crimes militares, em tempo de paz e de guerra, estariam sujeitos ao julgamento no STM e quais crimes contra a segurança do Estado, de civis e militares, seriam julgados pelo TSN. Com tropas atuando fora do país procurava-se dar nova inteligibilidade a um emaranhado legal que colocava as questões de Estado acima das especificidades institucionais e das garantias individuais. Durante a guerra duas auditorias da Justiça Militar funcionaram na Itália.

O fim do Estado Novo se deu com o golpe de 29 de outubro de 1945. Dias depois, pela Lei Constitucional nº 14, de 17 de novembro, o TSN foi extinto. Esses foram anos em que uma Justiça de exceção para julgar crimes contra a segurança do Estado esteve diretamente sob o controle do presidente da República e de seus principais chefes militares. A presença dos militares no TSN e nas ações contra o comunismo foi notória e decisiva, embora não tenha cabido apenas à instituição militar *stricto sensu* nem ao Judiciário zelar pela "defesa nacional". Houve um aparelhamento do Estado para isso, com a criação de um conjunto de leis e regras e de uma instituição singular.

A condução dos trabalhos no tribunal não foi feita exclusivamente pelos militares. Com exceção do primeiro ano, em que a presidência podia ser ocupada por um magistrado civil ou militar, nos demais coube a um civil presidir a corte. De 1937 a 1939 o presidente era um magistrado civil e, depois disso, até o fechamento em 1945, era um ministro do Supremo Tribunal Federal (STF). Os militares sempre estiveram presentes entre os juízes, mas nunca foram maioria. Inicialmente o TSN tinha cinco membros, dois militares, dois civis e um magistrado, civil ou militar, que seria o presidente. A partir de dezembro de 1937 passa a ter seis juízes, sempre nomeados pelo presidente da República, três deles militares, sob uma presidência civil.[263] Mas o fato de serem nomeados pelo presidente assegurava uma ação favorável às "razões de Estado".

Com o fim do Estado Novo o STM passa a julgar os crimes de civis e de militares contra a segurança do Estado. Os crimes contra a economia popular vão para a Justiça comum.

Foram anos de leis de exceção e de uma corte excepcional, parecendo com o que acontecera no governo Deodoro, mas diferente do que aconteceria no regime militar. Nos anos 1930 provavelmente a Justiça Militar ainda era vista pelos pares da corporação e pelo governo como um órgão pouco apto a enfrentar situações emergenciais do ponto de vista político e ideológico. As Forças Armadas ainda eram alvo das leis de exceção e estavam marcadas pela "traição" dentro dos quartéis em 1935. Eram fortes na política, mas apenas como poder de tutela. Em

---

263 Pela Lei nº 244, de 11 de setembro de 1936, o TSN era composto por um juiz militar da Marinha, outro do Exército — da ativa ou da reserva —, dois civis de "comprovada competência jurídica" e por um magistrado, civil ou militar, que ocuparia a presidência. O Decreto nº 88, de 20 de dezembro de 1938, eleva para seis o números de juízes: dois magistrados civis, um magistrado militar, um oficial da Marinha, outro do Exército — da ativa ou da reserva — e um advogado. A presidência caberia a um magistrado civil. Em 10 de maio de 1938, o Decreto-Lei nº 1.261 mantém em seis o número de juízes, o mesmo recrutamento e a mesma distribuição entre civis e militares. Estabelece, contudo, que a presidência caberia a um ministro do STF, e que os juízes militares precisavam ser da ativa, critério que se mantém até o Decreto-Lei nº 6.608, de 21 de junho de 1944. Também até 1944, em caso de impedimento do presidente assumiria o juiz civil mais antigo.

1964 elas se transformam em poder direto, ganham autonomia e tomam para si as funções de juízes da "revolução".

A ideia de segurança nacional mudou com o tempo, ficou associada à Guerra Fria, mas é importante para o caso brasileiro observar com atenção este período do TSN, pois aqui estão evidenciados vários aspectos que irão marcar a ação da instituição militar em questões de política e de Estado. Ajuda-nos a entender como se vai fortalecendo o eixo composto pela tríade Justiça Militar, segurança nacional e tribunais de exceção.

Terminando este tópico é preciso lembrar que ainda não há pesquisas disponíveis feitas nos arquivos do STM em Brasília sobre os processos julgados por essa corte durante o Estado Novo. Conhece-se mais os arquivos do TSN guardados no Arquivo Nacional, embora ainda não tenham sido examinados no que toca especificamente à questão militar. As pesquisas nos arquivos do STM precisam avançar. Só assim poderemos aferir de que forma se fazia o trânsito entre as leis de exceção e os códigos militares regulares, em especial os códigos de Justiça Militar e os códigos penais militares existentes.

As leis de segurança nacional e a Guerra Fria

A Constituição de 1946 manteve a tradição de a Justiça Militar avocar para si o julgamento dos crimes contra a segurança nacional. O art. 108 estabelecia que a ela competia "processar e julgar, nos crimes militares definidos em lei, os militares e as pessoas que lhes são, assemelhadas" e que esse "foro especial poderá estender-se aos civis, nos casos, expressos em lei, para a repressão de crimes contra a segurança externa do País ou as instituições militares." Manteve também a tradição de atribuir às Forças Armadas a manutenção da ordem interna, aspecto que se manteve na Constituição de 1988.

A LSN de 1938 esteve em vigor até 1953, quando foi substituída.[264] A julgar pelo volume de textos legais que regularam o tema da segurança nacional nos anos 1930, os anos seguintes são calmos até chegarmos ao governo militar, em 1964. Em comum com a lei de 1935 a de 1953 tinha o fato de ter sido objeto de debate no Congresso,[265] com a diferença de que a primeira foi debatida durante meses e a segunda durante anos. A nova LSN encaminhada ao Congresso pelo Ministério da Justiça no governo Dutra, em 1947, foi considerada dura demais pela oposição, mas concebida como muito branda pelos militares que assumiram o poder em 1964. Apesar de seu rigor, esta foi a Lei de Segurança Nacional no Brasil, desde 1938, que menos poderes atribuiu à Justiça Militar.

Com a ditadura militar vivemos uma escalada parecida com o que se passou nos anos 1930. Uma sequência de textos legais relativos à segurança nacional e correlatos é editada. Os mais conhecidos são os de 1967 e de 1969, que endurecem as regras para definir e punir crimes contra a segurança nacional. Entre 1967, data da primeira LSN da ditadura, e 1983, data da LSN em vigor no país, são sete os textos mais importantes regulando o assunto.[266] Isso evidencia como, em momentos de autoritarismo, as leis de segurança nacional passam por mudanças e detalhamentos: são leis para tratar de conjunturas específicas.

---

264 Lei nº 1.802, de 5 de janeiro de 1953. Define os crimes contra o Estado e a ordem política e social, e dá outras providências.

265 Sobre a LSN de 1953 a melhor fonte é Reznik (2004).

266 As leis editadas no período são: Decreto-Lei nº 314, de 13 de março de 1967, que, entre outras coisas, define o cidadão como responsável pela segurança nacional; Lei nº 510, de 20 de março de 1969, dando nova redação à disposição anterior; Decreto-Lei nº 898, de 29 de setembro de 1969; Decreto-Lei nº 975, de 20 de outubro de 1969; Lei nº 5.786, de 27 de junho de 1972; Lei nº 6.620, de 17 de dezembro de 1978; Lei nº 7.170, de 14 de dezembro de 1983.

Com o golpe de 1964 a primeira mudança estrutural na Justiça Militar viria por meio do Ato Institucional nº 2 (AI-2), de outubro de 1965. Segundo esta legislação de caráter excepcional, entre outras coisas o Executivo reservava para si a iniciativa das leis que criassem cargos, funções ou empregos, aumentassem despesas ou decretassem estado de sítio. Os partidos políticos em vigor foram extintos e aumentou a capacidade de intervenção do governo federal nos estados. No que toca à Justiça Militar o número de ministros aumentou de 11 para 15, e foi transferido para o STM o julgamento de todos os casos relativos à segurança nacional.[267] Era o começo de um aumento do raio de ação da Justiça Militar, raio este que só fará crescer com as constantes modificações nas leis de segurança nacional e nas constituições editadas nos anos de 1967 a 1969, bem como na Constituição de 1967 e na Emenda Constitucional de 1969.

A expansão do papel da Justiça Militar como Justiça de Estado passa a ser constitucionalizada. A Carta de 24 de janeiro de 1967 vai além das anteriores ao aumentar o poder do Tribunal Militar para julgar civis e autoridades políticas estaduais nos crimes contra a segurança do Estado.[268]

---

[267] O AI-2 estabelece que o §1º do art. 108 da Constituição de 1946 passaria a vigorar com a seguinte redação:
  "§1º Compete à Justiça Militar, na forma da legislação processual, o processo e julgamento dos crimes previstos na Lei nº 1.802, de 5 de janeiro de 1953.
  §2º A competência da Justiça Militar nos crimes referidos no parágrafo anterior, com as penas aos mesmos atribuídas, prevalecerá sobre qualquer outra estabelecida em leis ordinárias, ainda que tais crimes tenham igual definição nestas leis.
  §3º Compete originariamente ao Superior Tribunal Militar processar e julgar os governadores de estado e seus secretários, nos crimes referidos no §1º, e aos Conselhos de Justiça nos demais casos."

[268] O art. 122 dispõe: "À Justiça Militar compete processar e julgar, nos crimes militares definidos em lei, os militares e as pessoas que lhes são assemelhadas.
  §1º Esse foro especial poderá estender-se aos civis, nos casos expressos em lei para repressão de crimes contra a segurança nacional ou as instituições militares, com recurso ordinário para o Supremo Tribunal Federal.

Menos de dois meses após a esta nova Constituição de 1967 vem nova LSN, que redefine os crimes contra a segurança nacional e a ordem política e social, ampliando ainda mais o escopo da Justiça Militar nas ações definidas como de segurança nacional.[269]

Três outros textos fecham o ciclo de endurecimento do regime e de expansão do poder militar como Justiça de um Estado de exceção: o AI-5, de 13 de dezembro de 1968; a LSN, de 29 de setembro de 1969;[270] e a Emenda Constitucional de 17 de outubro desse mesmo ano.[271] A novidade maior era a reintrodução da pena de morte e de banimento.

Na medida em que a guerrilha aumentava, com alguns sequestros de diplomatas estrangeiros e de aviões, a legislação de exceção também se multiplicava, abrangendo crimes de contrabando, sequestro de aviões, assalto a banco etc.[272]

---

§2º Compete originariamente ao Superior Tribunal Militar processar e julgar os Governadores de Estado e seus Secretários, nos crimes referidos no §1º".

269 Decreto-Lei nº 314, de 13 de março de 1967, que estabelece:
"Art. 44. Ficam sujeitos ao foro militar, tanto os militares como os civis, na forma do art. 122, §§1º e 2º, da Constituição promulgada em 24 de janeiro de 1967, quanto ao processo e julgamento dos crimes definidos neste decreto-lei, assim como os perpetrados contra as instituições militares.
Parágrafo único. Instituições militares são as Forças Armadas, constituídas pela Marinha de Guerra, Exército e Aeronáutica Militar e estruturadas em ministérios e altos órgãos militares de administração, planejamento e comando.
Art. 45. O foro especial, estabelecido neste decreto-lei, prevalecerá sobre qualquer outro, ainda que os crimes tenham sido cometidos por meio da imprensa, radiodifusão ou televisão.
Art. 46. Poderão ser instaurados, individual ou coletivamente, os processos contra os infratores de qualquer dos dispositivos deste decreto-lei."

270 Decreto-Lei nº 898, de 29 de setembro de 1969.
271 Antes disso houve a Lei nº 510, de 20 de março de 1969, que alterava penas previstas na LSN de 1967.
272 Decreto-Lei nº 975, de 20 de outubro de 1969, que "define os crimes de contrabando e transporte de terroristas e subversivos, praticados por meio de aeronaves" traz para a esfe-

A partir de 1969, com a ausência de *habeas corpus* e de mandado de segurança, com os limites impostos às liberdades públicas pelas leis de exceção e pela Constituição, o poder de fato e de direito passou a ser exercido pelos militares e suas instituições, embora contando ainda com amplo consentimento social. As Forças Armadas transformaram-se de fato em um tríplice poder: Executivo, Legislativo e Judiciário. Os tribunais militares, em primeira e segunda instâncias, eram o único fórum onde os brasileiros podiam ser julgados quando considerados inimigos do regime ou da ordem pública. Em nome da segurança nacional adversários do regime e criminosos comuns foram igualados pelos rigores da lei, direcionados para a mesma corte e colocados nas mesmas celas.

Pereira (1998) analisou 259 casos entre os processos que integram o Arquivo Tortura Nunca Mais recolhidos à Unicamp. Esse montante corresponde a 37% dos processos ali arquivados. Verificou que abrangiam 2.126 acusados assim distribuídos: 26% estudantes, 17% militares, 16% sindicalistas, 16% políticos, 6% cléricos, 19% outros. Destes processos, 48% foram julgamentos políticos efetuados nas auditorias. Segundo o mesmo autor, estima-se que, entre 1964 e 1979, 7.400 pessoas tinham sido julgadas pelas cortes militares.

Uma diferença importante e que ainda precisa ser mais bem compreendida é que com o regime militar não foi criada nenhuma nova instituição para julgar esse tipo de crime. O STM foi transformado em tribunal de exceção, deixando de ser apenas uma corte corporativa. Passou a julgar, em segunda instância, civis acusados de praticar qualquer dos muitos crimes enquadrados como de segurança nacional, especialmente assaltos

---

ra da segurança nacional "crimes envolvendo contrabando de armas, munições, minérios, pedras preciosas e entorpecentes, e o transporte de terroristas, subversivos e elementos indesejáveis ao País". Ainda nessa linha, a Lei nº 5.786, de 27 de junho de 1972, define o "apoderamento e o controle de aeronave" como crimes contra a segurança nacional.

a banco, o que implicou julgar criminosos comuns que nada tinham de envolvimento com movimentos político-ideológicos de esquerda.[273]

Lembremos que nesse mesmo período foi montada uma ampla estrutura no sistema de informações e de repressão que se converteu numa grande malha organizativa e que, em princípio, deveria integrar o Sistema Nacional de Segurança (Sisni). O Serviço Nacional de Informações (SNI) é, emblematicamente, a maior expressão desse sistema e se tornou, de direito, a cabeça do sistema. Foi criado pela Lei nº 4.341, de 13 de junho de 1964, com a finalidade de superintender e coordenar nacionalmente as atividades de informação e de contrainformação, em particular aquelas de interesse da segurança nacional. Era de sua competência coletar, avaliar e integrar informações destinadas ao presidente da República e aos estudos e recomendações do Conselho de Segurança Nacional (CSN). O cliente prioritário do SNI era o presidente da República. A estrutura do órgão previa uma Agência Central no Distrito Federal e agências regionais. Todas as posições de mando eram ocupadas por militares.[274]

Embora nem sempre a hierarquia fosse respeitada, o SNI era a cabeça do Sisni, que incluía os serviços de informação das três forças, das polícias estaduais, da Polícia Federal e de todos os órgãos considerados como destinados a zelar pela segurança nacional. O combate ao comunismo envolveu uma série de medidas que produziram um sofisticado sistema de controle e repressão. Esse sistema foi montado através de documentos particulares e de diretrizes, e não de leis ou de decretos, ou seja, documentos secretos, o que dificulta o trabalho de pesquisa.[275]

---

273 Ainda existem poucos trabalhos sobre a Justiça Militar. Boas referências em meio à escassez são Pereira (2006), Pereira (1998) e Zaverucha (2004).

274 O SNI foi extinto pela Medida Provisória nº 150, de 1990. Sobre o tema, ver Antunes (2002) e Fico (2001).

275 Ver Fico (2001).

Como parte dessa rede de organizações temos os Departamentos de Ordem Pública e Social nos estados (os Dops), os DOI-Codi nos comandos militares, os centros de informações das três forças: Centro de Informações de Exército (CIE), Centro de Informações da Aeronáutica (Cisa) e Centro de Informações da Marinha (Cenimar), além de órgãos de inteligência militar tradicionais, como as segundas sessões.

Como complemento, o Departamento de Polícia Federal (DPF), criado em 16 de novembro de 1964 e vinculado ao Ministério da Justiça, foi reformulado em 1973, e suas funções expandidas. Passou a ser um dos principais órgãos do Sisni e do Sistema de Segurança Interna (Sissegin), apesar de nunca ter suplantado a proeminência do SNI no que se refere à coordenação das atividades de informação. Houve ainda agências "informais", como a Operação Bandeirantes, criada em São Paulo, em 1969, financiada por empresários, mas que na prática era vinculada ao comandante do II Exército com sede na cidade de São Paulo.

As auditorias militares nos estados funcionavam como local para prisões e interrogatórios. Das decisões ali proferidas cabia recurso ao STM. Esta montagem envolvia, portanto, órgãos de repressão, de informação e de julgamento. Os militares, pela primeira vez na história do país, tinham condições institucionais para impor a disciplina e a hierarquia a seus pares e estavam legitimados pela sociedade como centro de poder. Estas duas condições — comando unificado na caserna e liderança política — fizeram da Justiça Militar um superpoder que sintetizava o autoritarismo do Estado.

O fim da ditadura foi acompanhado de mudanças nas leis de exceção. Em fins de 1978 o AI-5 foi revogado e surgiu nova LSN, que seria revista em 1983.[276] Desde o início do governo do general Ernesto Geisel (1974-1979) foram tomadas providências visando a uma transição política que

---

276 Leis nº 6.620, de 17 de dezembro de 1978, e nº 7.170, de 14 de dezembro de 1983, respectivamente.

não comprometesse o futuro das Forças Armadas, mais especificamente, que evitassem o que se chamava então "revanchismo". Foram anos de revisão ou revogação das leis de exceção, de anistia, sempre de forma tímida, gradual, para evitar que os militares fossem para o banco dos réus.

A última revisão na LSN é a de 1983, a que ainda vigora no país. Em tempos de democracia e de estado de direito tudo leva a crer que se tornou anacrônica. Os crimes ali previstos podem ser julgados pela aplicação de outras leis penais e criminais. De outra parte, a Justiça Militar se mantém como corte autônoma e, provavelmente, superdimensionada. Seu futuro ainda é incerto no que toca a suas funções. Está em tramitação no Congresso uma emenda constitucional que prevê a diminuição do número de ministros de 15 para 11, e uma ampliação de suas funções. A mudança em tramitação propõe que compete "ao Superior Tribunal Militar julgar os crimes militares previstos em lei e exercer o controle jurisdicional das punições disciplinares". O STM há décadas não trata de punições disciplinares, e este é um ponto sem consenso entre os ministros militares. Não por acaso a emenda está estrategicamente parada em uma gaveta de algum parlamentar. A manutenção da Justiça Militar sem mudanças substantivas é uma demanda de grande parte dos ministros militares.

Uma observação adicional a esta conclusão é que as Forças Armadas estão mudando. A Lei de Carreira, de dezembro de 1965, introduziu novos hábitos que se refletem na política do país desde a crise do governo Collor, em 1992.[277] Desde então pode-se dizer que os militares estão mais profissionalizados e menos disponíveis para ações políticas. Esta mudança na cultura institucional pode ter, no médio prazo, impactos sobre a

---

[277] Lei nº 4.902, de 16 de dezembro de 1965. Esta Lei de Carreira ficou conhecida como "Lei da Expulsória", pois estabelece que, após 12 anos no mais alto posto de sua força, o militar tem que passar para a reserva.

organização da Justiça Militar. Enquanto o futuro não vem, cabe entender melhor o que significou a Justiça Militar para a consolidação do autoritarismo militar. Defendemos aqui o ponto de vista de que o STM e a Justiça Militar como um todo representaram, durante o regime militar, a expressão de que as Forças Armadas, apesar dos conflitos internos ainda persistentes, foram capazes de se expressar como bloco — o que fora impossível nos anos 1930 — e que como tal converteram-se em tribunal de exceção. Foi o auge e o esgotamento de um modelo de dominação militar no país.

Observações finais

Muito tem sido dito sobre segurança nacional e, especialmente, sobre doutrina de segurança nacional, mas pouco se tem feito para diferenciar como esses valores mudaram antes e depois da Guerra Fria. Em geral tomam-se como marco as medidas de segurança que começam a ser adotadas pelos EUA, Inglaterra e diversos outros países da Europa e da América Latina em fins dos anos 1940 como parâmetro na construção de uma nova doutrina.

Nos EUA o conceito de segurança nacional do pós-Guerra Fria remetia principalmente a uma necessidade de desenvolvimento tecnológico, ao desenvolvimento de uma moderna indústria militar, à necessidade de o país se firmar como império.[278] O combate ao comunismo foi intenso, mas para isso, nem ali nem na Europa democrática, as Forças Armadas foram acionadas. Esse era um trabalho para as polícias e os serviços de informação.

Segurança nacional, como projeto militar nas democracias do Norte, é muito diferente do que se passou no Brasil, onde os militares são aloca-

---

[278] Ver Jordan (1998).

dos para combater inimigos internos. Embora aqui sempre se mencione o binômio "segurança e desenvolvimento", especialmente na legislação de exceção e nos planos de desenvolvimento, predominou a visão comum de que a segurança nacional estava principalmente voltada para o combate ao comunismo.

O fato de os militares terem concordado em converter seu tribunal corporativo em um tribunal de exceção revela aspectos díspares. De um lado mostra o quanto a corporação estava identificada com um projeto de governo e de Estado autoritário e como se sentia segura para empreender esse projeto. Ao contrário dos anos 1930, a instituição estava forte o suficiente para punir internamente os dissidentes e para punir todos aqueles considerados inimigos do regime. De outro lado, fragiliza as Forças Armadas ao transformá-las em algozes de um regime político discricionário. A instituição militar ficou indelevelmente associada ao arbítrio, à tortura, e o STM marcado por ter sido de fato o tribunal da ditadura.

Durante a ditadura militar, mais do que durante o Estado Novo, ficou explícito para os donos do poder que um tribunal de exceção era a melhor forma de punir os crimes contra o Estado. Em ambos os momentos não se confiou na ordem jurídica legalmente constituída. Do ponto de vista dos custos de imagem, o regime militar foi mais pernicioso para as Forças Armadas do que o Estado Novo, e isso por duas razões básicas: eram o Poder Executivo e, ao mesmo tempo, através da Justiça Militar, tinham o monopólio no julgamento dos crimes contra o Estado. Verifica-se aqui uma superposição de poderes com custos altos para a sociedade e para a instituição. Foi esse paroxismo de poder que exauriu o prestígio político da instituição e esgotou uma etapa de seu protagonismo político.

Outro aspecto que deve ser mais bem explorado diz respeito à doutrina de segurança nacional e à sua formuladora no Brasil, em princípio, a Escola Superior de Guerra (ESG). Novas pesquisas podem sugerir que nem a doutrina é tão nova e nem a ESG é tão importante no sentido inovador. Podem ainda mostrar que, provavelmente, o que se chamou de nova doutrina foi um projeto, uma agenda de combate ao comunismo, e que nessa época, como hoje, pouco se avançou sobre os conceitos do que sejam, realmente, segurança e defesa nacional.

Finalmente é bom lembrar que a ação do STM durante a ditadura militar ainda precisa ser conhecida. Estudaram-se bastante os casos de tortura graças à ação de grupos vinculados à anistia, mas ainda não se fez um estudo sistemático de quantos casos foram julgados, quantos civis, em que condições, quantas condenações etc. Esse saldo daria uma nova radiografia do regime e da instituição encarregada de zelar por ele. Ao mesmo tempo mostraria com mais acuidade as contradições dentro do sistema, pois o STM foi, com alguma razão, considerado uma instância mais equilibrada do que as auditorias. De toda forma, isto não ameniza o papel que lhe foi confiado: ser uma Justiça de exceção, com todas as ambiguidades que o termo desperta.

Nos últimos anos as prisões em Guantânamo têm reavivado a problemática da Justiça e do estado de exceção, ou seja, temas que readquirem atualidade em função de novas formas de abusos de poder e de novos usos do direito.[279]

---

279   Cf. Agamben (2004)

NOTAS SOBRE AS POLÍCIAS MILITARES E FORÇAS ARMADAS NO BRASIL*

Este capítulo traça um histórico das relações entre polícias militares e Forças Armadas no Brasil. Queremos analisar de que maneira o formato institucional das agências de segurança pública foi moldado por regras e modelagens militares e questionar se esta herança pode ser responsabilizada pela violência das polícias militares brasileiras.[280] Subsidiariamente discutimos por que o problema da violência tem sido mais grave no Brasil do que em outros países do Cone Sul.[281] O protagonismo da violência

---

*   Agradeço a gerenosidade de Jorge da Silva pela leitura crítica deste texto, pelas sugestões que deu e pelas inconsistências que detectou, embora eu não tenha certeza se consegui corrigi-las.

[280] Segundo o Human Rights Watch, em 2008 a polícia do Rio de Janeiro matou 1.137 pessoas, a de São Paulo 398. No mesmo ano a polícia dos Estados Unidos matou 371 pessoas, e a da África do Sul 468. Para esse mesmo ano, a polícia do Rio matou 6,86 pessoas por 100 mil habitantes, a de São Paulo matou 0,97, a dos Estados Unidos 0,12 e a sul-africana 0,96 pessoa. A pesquisa também indica que a violência policial em São Paulo cai mais rapidamente do que no Rio de Janeiro. Cf. "Violência Policial e Segurança Pública no Rio de Janeiro e em São Paulo, 8 de dezembro de 2009". Disponível em: <www.hrw.org/node/87056>. Acesso em: mar. 2010.

[281] Estudos da ONU, do Banco Mundial, entre outros, mostram que o Brasil, junto com Venezuela e Colômbia, é um dos países mais violentos da América do Sul. Segundo relatório da Global Peace Index Rankings, disponível online, numa lista de 144 países o Brasil ocupava, em 2009, a 85ª posição. A Venezuela ocupava a 120ª posição e a Colômbia a 130ª. Chile e Uruguai, por sua vez, apresentavam as menores taxas, próximas dos índices dos países desenvolvidos da Europa. Cf. <www.visionofhumanity.org/gpi/results/rankings.php>. Acessso em: mar. 2010.

está certamente vinculado a problemas históricos e institucionais, mas nada obriga a aceitar a ideia de uma *path dependency* que faça desse legado histórico violento e pouco eficaz uma prescrição inarredável do futuro. Outras variáveis precisam ser levadas em conta, entre elas a questão institucional, a impunidade e a corrupção endêmica em certas instituições do país. Concluímos alertando para o fato de que "a guerra ao terror" e ao narcotráfico, desde os anos 1990, tem contribuído em muito para estreitar as convergências entre as instituições policiais e as militares em quase todo o mundo. Ou eja, a chamada militarização da polícia militar, tão discutida no Brasil, não é um fenômeno nacional nem pode ser usada como argumento central para pensar as raízes da violência policial no país.[282]

Já que a conotação militar das polícias militares tem sido alvo de várias suposições sobre seu *ethos* violento e discricionário, é importante uma breve nota a respeito das relações entre essas polícias, as Forças Armadas e os códigos militares no Brasil. Pelo que veremos a seguir a militarização dessas polícias não foi um predicado da ditadura militar: essa relação é bem mais antiga e não destoa do que aconteceu em outros países, especialmente a França, que esteve na origem da reformulação da Força Pública Paulista nos anos 1920, transformada, em 1970, em Polícia Militar do Estado de São Paulo.[283]

O que se conhece hoje por Polícia Militar, ou seja, a polícia encarregada do policiamento ostensivo, armado e fardado, em todas as unidades da

---

282 A Polícia Civil, que é no Brasil uma polícia judiciária e investigativa, também esteve altamente envolvida com questões de segurança nacional durante a Guerra Fria e, em particular, no combate à guerrilha urbana durante a ditadura militar. Este capítulo, no entanto, detém-se no exame das polícias militares.

283 A Polícia Militar mais estudada até hoje é a de São Paulo, especialmente a antiga Força Pública, que se rebelou contra o governo federal em 1932. A literatura salienta sua formação militar francesa. Ver Dallari (1977), Canavo Filho e Melo (1978), Andrade e Câmara (1982).

federação é uma instituição cuja origem remonta ao início do século XIX e que já passou por várias denominações. Sua história começa em maio de 1809, pouco depois da chegada da família real ao Brasil. Nessa ocasião foi criada, no Rio de Janeiro, a Divisão Militar da Guarda Real de Polícia da Corte, à semelhança da existente em Lisboa. A legislação subsequente sobre essas corporações sempre teve a capital do Império português, do Império do Brasil e da República como paradigma. A critério de cada estado a Polícia Militar foi inicialmente denominada Corpo de Polícia, Corpo Provisório de Polícia, Guarda Militar de Polícia, Corpo Militar de Polícia, Corpo de Municipais Permanente, Regimento Policial, Regimento Militar do Estado, Brigada Policial, Força Pública, Força Policial, entre outros.

A Constituição de 1891 não fazia referência à Polícia Militar, mas uma vasta legislação a partir do início do século XX começou a assemelhar as forças estaduais de segurança às Forças Armadas, fundamentalmente no que toca aos princípios de disciplina e hierarquia. A Lei de 1908[284] que regulava o alistamento e o sorteio militar e reorganizava o Exército previa, em seu art. 32, que os corpos estaduais, organizados militarmente, quando postos à disposição do governo federal pelos presidentes ou governadores dos respectivos estados, constituiriam forças de terceira linha das Forças Armadas. Em 1917, a lei que passou a regular as forças terrestres de defesa e segurança estabelecia que

> a Brigada Policial e o Corpo de Bombeiros do Distrito Federal, bem como as polícias estaduais, que tiverem organização eficiente, a juízo do Estado-Maior do Exército, serão considerados forças permanentemente organizadas, podendo ser incorporadas ao Exército Nacional em caso de mobilização deste e por ocasião das grandes manobras anuais.[285]

---

284 Lei nº 1.860, de 4 de janeiro de 1908.
285 Lei nº 3.216, de 3 de janeiro de 1917, art. 8º.

Em 1918, modificações na Lei de Alistamento e Sorteio Militar de 1908 deixam esses laços ainda mais precisos: "A Brigada Policial e o Corpo de Bombeiros do Distrito Federal, bem como as forças policiais militarizadas dos estados constituirão as forças auxiliares do Exército ativo".[286]

Em 1º de dezembro de 1920 foi aprovado o regulamento da Polícia Militar do Distrito Federal, na ocasião a cidade do Rio de Janeiro.[287] No art. 3º novamente se estabelece que a "Polícia Militar, nos termos das leis em vigor, constitui força auxiliar do Exército ativo". O vínculo com o Exército fica mais claro no art. 4º, ao fixar que o cargo de comandante da Polícia Militar será exercido por um general de brigada ou coronel, do quadro efetivo do Exército, nomeado por decreto do presidente da República. Os cargos de comandantes e os de diretores da Contadoria e Intendência Geral, por sua vez, seriam exercidos por coronéis ou tenentes-coronéis também do serviço ativo do Exército. Os membros dessas polícias podiam ser julgados pela Justiça ordinária ou pelo então Supremo Tribunal Militar (STM). Cabia ao comandante da Polícia Militar remeter ao STM os autos dos conselhos de guerra a que tivessem respondido oficiais ou praças da Polícia Militar. Os arts. 402 e seguintes fixavam que o Conselho de Guerra na Polícia Militar, bem como os conselhos de investigação e de disciplina, atuariam de acordo com o formulário adotado no Exército para casos idênticos. A seleção dos quadros que iriam compor a cúpula das polícias militares seria feita por militares da ativa.

Em 1922 houve mais um passo importante no enquadramento definitivo da Polícia Militar aos regulamentos castrenses. Novo decreto "manda aplicar às polícias militarizadas da União ou dos estados o Código Penal Militar" garantindo-lhes, ao mesmo tempo, foro especial. Seriam processados e julgados em primeira instância por um conselho, de inves-

---

[286] Decreto nº 12.790, art. 7º.
[287] Decreto nº 14.508.

tigação ou de disciplina, e em segundo grau pelo Supremo Tribunal Militar. Os oficiais e praças das "polícias militarizadas" dos estados que não se enquadrassem como forças auxiliares do Exército seriam processados e julgados pela Justiça ordinária.

Este fenômeno da aproximação das polícias militares com as Forças Armadas, e que recentemente despertou no Brasil a discussão sobre a militarização dessas polícias, não é, contudo, um fenômeno brasileiro. Ocorreu na mesma época em países como o Chile, com os Carabineros de Chile, que até hoje integram as Forças Armadas; na Itália, com os Carabineri; na Espanha, com a Guardia Civil; na França, com sua Gendarmerie; e na Holanda com a Rijkspolitie (Beato Filho, 2001:8). Duas polícias notoriamente reputadas como competentes e queridas pela população, a do Chile e a da Itália, são formalmente parte das Forças Armadas de seus países.

Se os liames entre Forças Armadas e Polícia Militar não levam necessariamente à "militarização" da segurança pública, nos países que passaram por ditaduras militares durante a Guerra Fria, essa caracterização não pode ser desconsiderada. Da mesma forma, não se pode desconhecer a imprecisão e a superposição que foi gerada ao longo do tempo no uso dos termos "segurança pública" e "ordem interna". Para a literatura especializada quando falamos de segurança pública estamos falando da segurança que deve ser propiciada, pelo Estado, ao cidadão em seu dia a dia. De outra parte, a expressão ordem interna remete à defesa contra ameaças à democracia ou à soberania nacional, e está referenciada, portanto, à defesa do Estado.[288] Nossa legislação abusou no uso indiferenciado das duas expressões e isso foi acentuado durante os governos militares, que banalizaram a expressão "segurança nacional" como recurso de intimidação política.

---

288   Cf. cap. XII de Silva (2008).

No caso do Brasil, em que as polícias militares atuaram diretamente na repressão política durante a ditadura militar (1964-1985), tornou-se quase automática a associação das polícias militares ao arcabouço da "segurança nacional", o que acarretou, ao mesmo tempo, privilégios corporativos, perda de autonomia e confusão terminológica de suas funções.

São imensos os questionamentos acerca da necessidade de as polícias militares nos estados terem um foro privilegiado de julgamento. Não entraremos no mérito dessas discussões. Interessa-nos esclarecer de que forma, historicamente, foi-se desenvolvendo um formato institucional de segurança pública que vinculou as polícias militares às Forças Armadas e a uma Justiça corporativa, primeiro a das Forças Armadas e, depois, a das próprias polícias.

As conexões entre Polícia Militar e Forças Armadas começaram a se estreitar, no Brasil, a partir dos anos 1920, momento em que a corporação militar intensificou sua profissionalização e começou a se institucionalizar de forma mais articulada com o poder público. Com a Revolução de 1930, a centralização do Estado ganhou velocidade inédita e as Forças Armadas foram alçadas a um papel de destaque até então desconhecido. Da mesma forma, as questões de "ordem interna" foram redimensionadas tendo como alvo preferencial o combate ao comunismo em seus alvos considerados fundamentais: o Partido Comunista Brasileiro e os movimentos grevistas.

Foi dentro deste duplo movimento, que combinava segurança nacional e expansão da ação do Estado, que emergiu a Carta de 1934. Apesar de suas oscilações entre liberalismo e corporativismo, no que toca às questões militares e de segurança a nova Constituição endossou a aproximação entre os assuntos militares e os de segurança pública. Por ela, a União detinha a competência para legislar sobre a organização e funções das polícias militares, em situações de paz ou de guerra.[289] As polícias militares são citadas

---

289 Art. 5º.

no Título VI "Da Segurança Nacional", onde são definidas como "reservas do Exército", com as mesmas vantagens dos militares quando colocadas a serviço da União.[290] A mesma Constituição, em seu art. 63, traz a Justiça Militar da União para o âmbito do Poder Judiciário Federal.

Em 1936, logo depois do Levante Comunista e da Lei de Segurança Nacional, ambos de 1935, foi criada a Justiça Militar Estadual, ou seja, uma Justiça corporativa para as polícias militares (Lei nº 192, de 17 de janeiro de 1936). Com isto as competências do Estado aumentavam, bem como o arcabouço de proteção legal para as instituições de segurança pública e as Forças Armadas. Em seu art. 1º, a lei de 1936 dispunha que as polícias militares seriam consideradas reservas do Exército e, como tal, podiam ser convocadas em tempo de guerra; o comando da Polícia Militar ficaria a cargo de um oficial do Exército ou da própria corporação. Em caso de delitos militares continuaria sendo aplicado o Código Penal Militar. Estabelecia-se, ainda, que a Justiça Militar Estadual seria exercida em primeira instância pelos conselhos de justiça e, em segunda, pelo Tribunal de Justiça, à época chamado de Corte de Apelação ou Tribunal Especial.

Com o golpe de 10 de novembro de 1937, que instaurou o Estado Novo (1937-1945), o Brasil passou a ter uma Carta outorgada, e nela não se fazia referência às polícias militares. A Constituição democrática de 18 de setembro de 1946, contudo, vai além da de 1934. As polícias militares são citadas no título VII, "Das Forças Armadas", estabelecendo que sua função estava voltada para a "segurança pública" e a "manutenção da ordem" e que continuavam sendo forças auxiliares e reservas do Exército. Manteve ainda as mesmas vantagens dadas ao Exército, quando acionadas pela União em caso de guerra externa ou civil.[291] Como em 1934, manteve-se a prerrogativa da União para legislar sobre

---

290   Art. 167.

291   Art. 183.

sua organização, instrução, Justiça, garantias e condições de seu uso pelo governo federal. Os conselhos de justiça e os tribunais especiais ou militares passaram a ser regulados constitucionalmente, e em casos de crime perpetrado por um de membro da Polícia Militar, continuava sendo aplicado o Código Penal Militar.

Em 1948, fixou-se que o Corpo de Bombeiros do Distrito Federal ficaria "equiparado às polícias militares para o fim de gozar das vantagens e predicamentos constantes do art. 183 da Constituição", ou seja, direito às mesmas vantagens concedidas ao Exército, caso participasse, ao lado da União, de guerra externa ou civil. Da mesma forma, os "oficiais e praças dessa corporação ficariam sujeitos ao foro militar e, quando praticassem crime previsto no Código Penal Militar, seriam processados perante a Auditoria da Polícia Militar do Distrito Federal".[292]

Uma nova etapa nas relações das polícias militares com as Forças Armadas veio com o golpe militar de 1964. Inicialmente o governo agiu na direção de fechar as entidades associativas dos subalternos e, depois, marchou no sentido de ampliar a ação das polícias civil e militar, e o controle sobre elas. Em outubro de 1965 foram suspensas, pelo prazo de seis meses,[293] as atividades da Associação dos Cabos e Soldados das Polícias Militares do Brasil em todo o território nacional. Na prática, durante todo o governo militar essas associações jamais voltariam a funcionar.

A Constituição de 1967 praticamente repete a de 1946 no que toca às polícias militares. As principais inovações do governo militar viriam ainda em 1967, mas por meio do Decreto-Lei nº 317, de 13 de março de 1967, que reorganizava as polícias militares e os cargos do Corpo de Bombeiros. A

---

292 Lei nº 427, de 11 de outubro de 1948. Com exceção do Distrito Federal (Rio de Janeiro e depois Brasília), o Corpo de Bombeiros integrava e integra a estrutura das polícias militares.

293 Decreto nº 57.131, de 27 de outubro de 1965.

grande novidade era a criação da Inspetoria Geral das Polícias Militares (IGPM), órgão do Ministério do Exército que teria por função centralizar, coordenar, além de inspecionar atividades, orçamentos, efetivos, treinamento e armamentos das polícias militares. Pelo decreto-lei, além de atuar em manifestações coletivas e individuais de desordem, as polícias militares atuariam de "maneira preventiva, como força de dissuasão, em locais ou áreas específicas, onde se presuma ser possível a perturbação da ordem" e de forma "repressiva, em caso de perturbação da ordem, precedendo o eventual emprego das Forças Armadas". O art. 17 estabelece que as polícias militares seriam regidas "por Regulamento Disciplinar redigido à semelhança do Regulamento Disciplinar do Exército e adaptado às condições especiais de cada Corporação". A Justiça Militar Estadual seria constituída, em primeira instância, pelos conselhos de Justiça e, em segunda, por um tribunal especial ou pelo Tribunal de Justiça.

A partir daí estabelece-se uma relação de crescente subordinação das polícias militares às Forças Armadas, mais especificamente ao Exército. Não por acaso, durante todo o governo militar (1964-1985), os secretários estaduais de segurança pública e os comandantes-gerais das polícias militares eram coronéis e generais, nomeados pelos governadores mediante aprovação prévia do ministro do Exército.

Na escalada da repressão que marcou aquela época temos o Decreto-Lei nº 667[294] que, mais uma vez, reorganizou as polícias militares e os corpos de bombeiros, e acentuou o controle militar sobre ambas as corporações. Pela primeira vez determinou exclusividade para as polícias militares na execução do policiamento ostensivo fardado, excetuando-se a ação das Forças Armadas. Com isso, no ano seguinte foram extintas outras agências estaduais de segurança, a exemplo da Guarda Civil e da

---

[294] Decreto-Lei nº 667, de 2 de julho de 1969, que revogou Decreto-Lei nº 317, de 13 de março de 1967.

Força Pública de São Paulo, substituídas pela Polícia Militar daquele estado. A partir de então o país conhece um padrão institucional único para o policiamento ostensivo visando à segurança pública. Assim, as polícias militares, embora continuassem sendo agências públicas estaduais, passaram por um processo de nacionalização, a exemplo que acontecera com as Forças Armadas nos anos 1930.

Durante os governos militares vários dispositivos legais continuam firmando a exclusividade da União no trato das questões referentes às polícias militares. Detalhes de palavras, adendos quanto a funções vão surgindo de forma a denotar a concepção militar da segurança pública e o papel das polícias militares na segurança pública, entendida agora também como segurança nacional.

Essa legislação vai sendo detalhada em novos dispositivos, tais como o Decreto nº 66.862, de 8 de julho de 1970, que aprovou novo regulamento para as polícias militares e corpos de bombeiros (R-200). Os crimes comuns das polícias militares continuaram a ser apreciados pela justiça das polícias militares, organizadas em auditorias militares, presididas por um juiz civil mas compostas por oficiais das polícias militares.

Com o início da abertura política vieram mudanças, mas o componente centralizador continuou. A União perdeu a competência de legislar com exclusividade sobre a instrução nas polícias militares, mas manteve o poder de instituir normas gerais de organização, efetivos, garantias, equipamento bélico, convocação e mobilização. Mantiveram-se, contudo, os laços com o Exército, através da Inspetoria Geral das Polícias Militares, hoje vinculada ao Comando de Operações Terrestres do Exército (Coter) e não mais ao Ministério do Exército.[295]

---

295 O Decreto-Lei nº 2.010 e o Decreto nº 88.777, ambos de 1983, revogaram dispositivos legais anteriores e definiram novos parâmetros para as polícias militares.

As polícias militares também passaram a incorporar mulheres e, a partir de 2000, regulou-se por lei a prestação voluntária de serviços nesta corporação e no Corpo de Bombeiros. Apesar das mudanças, o debate sobre a militarização dessas polícias continua, na academia e na sociedade.[296] No que toca à Justiça para as polícias militares, hoje ela continua desvinculada da Justiça para os militares das Forças Armadas. De toda forma, embora sejam julgados em seus crimes por órgãos diferentes, ambos — militares e policiais militares — são julgados de acordo com o mesmo código — o Código Penal Militar — e têm em comum o fato de usufruírem de uma Justiça corporativa, pelo menos na primeira instância, como no caso dos policiais.

O contexto político e institucional da ditadura que deu às Forças Armadas poderes crescentes para a intervenção em temas de ordem interna caminhou *pari passu* com sistemas de privilégios. Os códigos Penal Militar e de Processo Penal Militar de 1969, pelos quais os policiais militares eram julgados, consideravam crime militar mesmo os crimes dolosos (com intenção de matar) praticados contra civis.[297] Em 1996, depois de chacinas contra menores no Rio de Janeiro, a Lei nº 9.299 reviu esses códigos e estabeleceu que os crimes dolosos cometidos pelas polícias militares contra civis passariam a ser julgados pela Justiça ordinária. Este foi um passo importante para garantir punições mais justas, uma vez que uma justiça corporativa poderia, em tese, proteger os pares em nome do espírito de corpo. A partir dos anos 1990, com o avanço das democracias no Cone Sul e em todo o mundo, o debate sobre justiças especiais para as polícias militares e as Forças Armadas tem crescido. Em países como Chile e Argentina, por exemplo, a Justiça Militar foi extinta no início do século XXI. A Co-

---

296 Ver Muniz (2001).
297 Mesquita Neto (1999).

missão Interamericana de Direitos Humanos (CIDH), da Organização dos Estados Americanos (OEA), por sua vez, desde 2000 recomenda ao Brasil a supressão desses foros especiais de julgamento por não terem a devida independência para julgar.

As Forças Armadas no Brasil dispõem de uma justiça especial, a Justiça Militar, órgão do Poder Judiciário, que tem nas auditorias das circunscrições militares a primeira instância e, no Superior Tribunal Militar (STM), a segunda. Esta justiça especial e corporativa é também chamada de Justiça Militar da União e a ela *não* se reportam as polícias militares, que são forças estaduais de segurança e que se submetem à Justiça Militar estadual.

A Constituição de 1934 é a primeira a mencionar a Justiça Militar dos estados, mas só a partir de 1936 ela começa efetivamente a ser organizada e regulamentada pela União.[298] A Constituição da República de 1946 incorporou a Justiça Militar estadual ao Poder Judiciário dos estados, o que foi seguido pelas Cartas posteriores.

A Constituição brasileira de 1988 no art. 125 estabelece que "compete à Justiça Militar estadual processar e julgar os policiais militares e bombeiros militares nos crimes militares definidos em lei". A Emenda Constitucional nº 45, de 8 de dezembro de 2004, que reformou o Judiciário, ampliou a competência da Justiça Militar estadual, passando a atribuir-lhe competência para julgar também questões disciplinares.

Atualmente a Justiça Militar estadual é constituída, em primeiro grau, por juízes de direito (juízes auditores) e por conselhos de justiça integrados por oficiais da corporação. Em segunda instância, pelo Tribunal de Justiça, ou por um Tribunal de Justiça Militar do estado nas unidades da federação em que o efetivo é superior a 20 mil integrantes. Todavia, só existem tribunais estaduais de Justiça Militar em São Paulo,

---

[298] Ver a Lei Federal nº 192, de 17 de janeiro de 1936.

Minas Gerais e Rio Grande do Sul, embora os estados do Rio de Janeiro e da Bahia tenham efetivos superiores a esse número.

Não se pode atribuir unilateralmente os limites e deficiências da Polícia Militar no Brasil ao seu histórico vínculo com as Forças Armadas nem ao tipo de funções que exerceram ou aos tribunais que tiveram. Muito menos se pode atribuir a "militarização" dessas polícias à ditadura militar. A Força Pública de São Paulo, organizada por um general francês na década de 1920, e extinta no governo do general Médici, era conhecida como o Pequeno Exército Paulista.[299] Não somos um caso único nesse aspecto, e os países que tiveram experiência similar necessariamente não enfrentam os problemas de segurança pública que enfrentamos.[300] A ditadura militar contaminou instituições, desvirtuou funções de alguns órgãos e disseminou a impunidade no caso de crimes concebidos como contrários à segurança nacional. Não se pode, todavia, atribuir às Forças Armadas a responsabilidade exclusiva ou a mais relevante pelos desmandos e limites da segurança pública. Mas este tema ultrapassa os objetivos deste livro.

Com o fim da ditadura em 1985, os militares deixaram de frequentar o noticiário político. As autoridades militares, os chefes de comandos e os altos escalões das Forças Armadas são praticamente desconhecidos do grande público. Ao contrário, os chefes de polícia, civil e militar, especialmente em estados como São Paulo e Rio de Janeiro, acabaram se convertendo em celebridades nacionais, ganharam protagonismo e muitos acabaram no Congresso Nacional ou no Legislativo local.

As polícias militares estaduais, apesar ou talvez por causa do protagonismo político de alguns de seus chefes, padecem de pouco prestígio e de baixa eficiência. Várias ações arbitrárias as fizeram notícia em quase todo

---

299   Ver Dallari (1977).

300   Sobre modelos de polícias, ver Rocha (2009).

o mundo, como, por exemplo, o massacre de "crianças de rua" no Rio de Janeiro, em julho de 1993, ou massacres de camponeses sem terra, como o que aconteceu em Carajás, no norte do país, em abril de 1996.[301]

Nesse aspecto da violência o contraste entre o Brasil e seus vizinhos é evidente. A temática da violência doméstica, assim como a da corrupção policial, deixa clara a gravidade dos problemas que comprometem a segurança das instituições e o direito à vida. Pode-se dizer que o Brasil vive hoje um enorme problema de segurança pública, enfrenta também graves dificuldades em questões sociais, como a desigualdade, a educação e a saúde, mas que não tem um problema militar.[302]

No Brasil, as altas taxas de violência foram comumente encaradas como subproduto de um Estado autoritário que estimulara a violência policial contra o cidadão. Setores das ciências sociais e da esquerda acreditavam que, uma vez feita a redemocratização do país, essa violência estaria automaticamente resolvida, como se houvesse uma correlação direta e exclusiva entre Estado autoritário e polícias violentas e corruptas (tanto a civil como a militar). De fato, em meio ao debate da reforma institucional visando à redemocratização, a questão da polícia ficou esquecida.[303]

Por muito tempo a academia viu a violência policial como um subproduto da ditadura. Por ser considerada uma consequência das práticas militares e por ser instrumento de um Estado autoritário, a violência policial esteve, assim, por muito tempo fora das prioridades de estudo das ciências sociais.[304]

---

301 Dados sobre a violência no Brasil podem ser encontrados, além dos sites oficiais da Justiça e da polícia, em artigo de Gláucio Soares (2005).

302 Este tópico é desenvolvido em D'Araujo (2002).

303 Soares, 2003.

304 Sapori e Silas, 2002; Soares, 2007.

A tese amplamente defendida em setores acadêmicos de que a violência policial decorre de seu componente militar simplifica o problema, tornando-o consequência de uma realidade exterior à instituição. Por estar conectada às Forças Armadas, a Polícia Militar no Brasil estaria treinada para combater e destruir o "inimigo" dentro de uma concepção repressiva de segurança pública. Além disso, sua natureza militar facilitaria a formação de uma cultura corporativa fechada e baseada em privilégios. Essa tese ignora, contudo, que a cultura da violência é parte constitutiva do *ethos* policial no Brasil.[305] Por outro lado, ignora que polícias militares possam conviver perfeitamente com democracia, conforme nos lembra Beato Filho (2002).

Além disso, há que lembrar que a violência, bem como a corrupção, no Brasil, é uma prática corriqueira não só na Polícia Militar como também na Polícia Civil, em outras instituições do Estado e na própria família.[306] Pensou-se também que uma educação e um treinamento fornecidos aos policiais fora das escolas militares dariam ao policial uma capacidade maior de evitar práticas violentas. Dois estados no Brasil — Rio de Janeiro e Minas Gerais — têm formado policiais com um currículo cujo conteúdo praticamente não inclui temas afeitos à doutrina militar sem que isso tenha produzido uma polícia menos violenta — no caso do Rio de Janeiro, pelo menos. Mesmo desmilitarizada no que toca à educação, a instituição não está sendo ainda capaz de ultrapassar os métodos da brutalidade como recurso para conseguir confissões e informações.[307]

Outra tese vastamente apoiada na academia atribui a violência da sociedade e das polícias ao fato de o país ter altas taxas de desemprego, ser

---

305 Kant de Lima, 1995.
306 Soares, 2006.
307 Sapori, 2002.

muito injusto e desigual.[308] Esta tese também está sendo revista. Estudos como o de Cardia e Schiffer (2002) comprovam que a violência é maior nos centros urbanos e, dentro destes, é destacadamente mais expressiva nas áreas em que as condições de saneamento e de oferta de bens públicos é menor. Assim, a associação da violência com pobreza pode ser revista e requalificada em termos de uma associação com a ausência do poder público.[309]

Outro ponto polêmico diz respeito à precariedade de controles externos e ao fato de a Polícia Militar gozar de foro privilegiado de julgamento. Há, ainda, uma percepção de que o controle externo, quer do Judiciário, quer da Polícia Militar, produziria práticas institucionais mais adequadas ao comportamento democrático e aos direitos de cidadania do que o controle interno. No entanto, os estudos acadêmicos também relativizam essa assertiva. Segundo Beato Filho (2001:9), alguns dados mostram que "a extinção de instâncias internas de controle não diminuem a impunidade de crimes cometidos por policiais, mas podem aumentá-la".

Todos os tópicos aqui assinalados mostram que o debate cresce de maneira surpreendentemente positiva, e que algumas certezas e convicções precisam ser revistas. Mostram que nenhuma alternativa pode ser pensada fora de um planejamento multidimensional. Deixam claro, também, que a violência que faz do Brasil um *case* no sentido negativo é um problema tão urgente quanto delicado.[310]

---

308 Sobre as instituições, pesquisas e autores relacionados ao tema da violência ver, por exemplo, *Ciência e Cultura*, revista da SBPC, n. 1, 2002 — número que contém a violência como núcleo temático, sob a coordenação de Sérgio Adorno.

309 Um precursor desta discussão foi Coelho (1978, 1988). Ver também Machado e Leite (2007).

310 Ver, por exemplo, Bengochea (2004).

A segurança pública no Brasil é feita pela Polícia Militar, que conta hoje com cerca de 400 mil pessoas, pela Polícia Civil e pela Polícia Federal.[311] A definição da estrutura e função das polícias é matéria constitucional: a Polícia Militar exerce a função de policiamento ostensivo, a Polícia Civil tem funções de polícia judiciária e investigativa, e à Polícia Federal cabe, entre outras funções, a apuração de infrações com repercussão interestadual, o controle de fronteiras, e a repressão e prevenção ao tráfico de entorpecentes (art. 144 da Constituição em vigor). Alguns municípios também usufruem de uma Guarda Municipal que não é portadora de armas.

A Constituição de 1988 estabeleceu que as Forças Armadas poderiam intervir em assuntos de ordem interna, desde que solicitado por um dos três poderes da República e nada alterou quanto ao aspecto de as polícias militares serem forças auxiliares do Exército. Não houve, como se esperava, a desmilitarização do sistema de segurança, e as polícias militares continuaram sendo avaliadas e reguladas pela Inspetoria Geral das Polícias Militares. A democracia se fez acompanhar de movimentos grevistas que chegaram até as polícias militares em vários dos mais importantes estados do Brasil.

Para reagir a isso o governo tomou uma medida que torna maior o emaranhado entre Polícia Militar e Forças Armadas. Em meados de 2001, por exemplo, a Presidência da República fixou, por meio de decreto, as diretrizes para o emprego das Forças Armadas na garantia da lei e da ordem.[312] As Forças Armadas passaram a ter papel de polícia em caso de greves das polícias militares. Em 2004 o mesmo tema do uso das For-

---

311 Os chefes da Polícia Civil precisam ser advogados, o que leva autores como Beato Filho (2001) a falar da "advocatização" da Polícia Civil em contraposição à militarização da Polícia Militar.

312 Decreto nº 3.897, de 24 de agosto de 2001. A esse respeito, ver também Silva (2007).

ças Armadas na "garantia da lei e da ordem" foi revisto pela Lei Complementar nº 117, que alterou alguns dispositivos da Lei Complementar nº 97/1999, que continuou em vigor. No entanto medidas mais efetivas visando a reformar as polícias não foram implementadas até fins da primeira década do século XXI, e as mudanças planejadas para políticas públicas de segurança ainda não produziram efeito convincente nas estatísticas e na confiança do cidadão.

Os crescentes problemas de insegurança no país e de instabilidade em vários países da América Latina tornam mais prementes as discussões em torno de defesa e segurança em caso de democracias recém-inauguradas ou sem tradição. Vimos que no Brasil, do ponto de vista formal, pouco se mudou em relação ao legado oficial da ditadura no que toca aos problemas de segurança pública. Sintomaticamente também, este é, entre os países do Cone Sul, o que mais problemas enfrenta em termos de violência.

No Brasil, não só as Forças Armadas podem, em situações excepcionais, exercer papel de polícia, como a Polícia Militar continua sendo uma força auxiliar do Exército. No entanto, através de nosso trabalho com militares ao longo de mais de uma década, cremos que os militares brasileiros estão gradativamente se afastando das funções de polícia ou de polêmicas políticas.[313] Por outro lado, pouco se sabe sobre a corporação policial, como age e reage no sentido de evitar que mudanças sejam introduzidas em seus regulamentos. A cada fato brutal de violência que agride a opinião pública de uma maneira mais impactante do que a violência do dia a dia, dá-se uma movimentação no Legislativo no sentido de votar ou examinar esses tópicos, mas rapidamente a agitação vira silêncio.

Novidades importantes nesse sentido vieram com a criação do Plano Nacional de Segurança Pública, em 2000, durante o governo Fernando

---

313 Castro e D'Araujo, 2001.

Henrique Cardoso, logo depois de uma tragédia envolvendo o sequestro de um ônibus no Rio de Janeiro (ônibus 174), que teve ampla repercussão na imprensa nacional e internacional. Foi criada também a Secretaria Nacional de Segurança Pública (Senasp), visando a articular as dezenas de ações previstas pelo plano (Cano, 2006). No governo Lula (2003-2010) foi criado o Plano Nacional de Segurança Pública (Pronasci) e outras ações e instituições foram concebidas.[314]

O aumento da violência em algumas grandes cidades do Brasil produziu demandas crescentes da sociedade e do governo pelo auxílio das Forças Armadas em questões de segurança pública. O governo de esquerda que tomou posse em janeiro de 2003, por sua vez, defendeu uma participação maior dos militares em "assuntos internos", de caráter social, policial e econômico. Assim, em 2004 o Congresso Nacional aprovou lei autorizando as Forças Armadas a agir internamente na repressão aos delitos de repercussão nacional e internacional fornecendo apoio logístico, de inteligência, de comunicações e de instrução.[315] A lei estabelece também que o Exército poderá atuar em ações preventivas e repressivas contra delitos transfronteiriços e ambientais, na faixa de fronteira terrestre, executando funções de patrulhamento, revista de pessoas, veículos terrestres, embarcações e aeronaves, além de prisões em flagrante delito. Além de conceder às Forças Armadas funções de polícia em situações excepcionais, a lei prevê ainda que os militares envolvidos nessas ações podem ter autorização temporária para uso de arma fora do horário de expediente.

A violência, contudo, ao lado da desigualdade, da impunidade e da corrupção, continua sendo um dos grandes déficits da democracia brasileira. Se o peso da história não pode ser desconsiderado, não podemos

---

314 Soares, 2007.

315 Lei Complementar nº 117, de 2 de setembro de 2004, que alterou a Lei Complementar nº 97, de 1999.

deixar de levar em conta outros obstáculos igualmente relevantes quando se pretende discutir o tema da violência no país. Entre eles, a cultura da corrupção na sociedade, a pouca legitimidade do Judiciário, os privilégios da Justiça corporativa, os institutos da prisão especial, da imunidade parlamentar e do foro por privilégio de função, os braços do crime organizado dentro das instituições públicas de segurança e a cultura organizativa inercial dentro de certas instituições públicas.

De fato, a sociedade brasileira tem tendido a valorizar o papel das Forças Armadas em novas frentes, especialmente nas questões de segurança quando envolve o moderno crime organizado. Isso ocorreu também na Colômbia, no México e em vários outros países. O mesmo se deu nos Estados Unidos, depois dos atentados terroristas de 11 de setembro de 2001, em Nova York. Com esses atentados e ao lado das constantes ameaças oriundas do narcotráfico desde os anos 1990, o debate sobre os limites entre Forças Armadas e polícias ganhou nova dimensão.

Embora considerando que são profissões significativamente diferentes, há acordo em que ambos partilham diversas facetas em comum.[316] Do lado das convergências de papéis entre ambas as instituições (Forças Armadas e Polícia Militar), temos que várias atividades policiais nas últimas décadas tomaram, de fato, características militares, e foi ficando cada vez mais tênue a distinção entre o que seriam crimes contra a segurança do cidadão e crimes contra a segurança do Estado. Na prática, tanto militares quanto policiais militares têm atuado em serviços de proteção ao Estado e à sociedade, e ambos possuem características muito similares em termos de treinamento e de organização. São instituições fardadas, armadas, altamente hierarquizadas, com comandos fortes e bem-definidos que, em geral, exigem de seus integrantes preparo físico e habilidades específicas para, em casos-limite, usar forças letais.

---

316 Campbell e Campbell, 2010.

Para Campbell e Campbell (2010) a separação tradicional entre as duas ocupações está diminuindo, e os limites entre ambas se esvaecendo. Essas seriam evidências que sugerem uma convergência entre Forças Armadas e polícias de segurança pública. Segundo eles, nos últimos anos as polícias de muitos estados e municípios dos Estados Unidos têm experimentado uma crescente militarização, alterando inclusive sua relação com a comunidade. Têm assumido tarefas de maior risco, até então entendidas como militares. Exemplo disso foi a criação de unidades especiais de recorte militar e revolucionário para atuar como unidades de operações no combate ao crime. Muitos desses policiais são treinados pelas Forças Armadas, possuem armamentos mais sofisticados e funções ampliadas — recursos cada vez mais utilizados quando o objetivo é combater o terror e o narcotráfico globalizado. Esta colaboração não se limita a aspectos funcionais apenas, pois envolve também a transferência para essas polícias de valores e atitudes militares, o que contribui para confundir os papéis de cada ocupação.

De outra parte, os militares também têm sido chamados a assumir tarefas tradicionalmente definidas como policiais, em especial nas missões de manutenção de paz, de estabilização de conflito e em processo de ajuda à construção de Estados nacionais, assumindo funções que, em grande parte, se resumem a garantir a lei e a ordem. Isto implica uma mudança substantiva nas funções militares, o que Janowitz chamou, ainda nos anos 1960, de "policialização" *(constabularization)* das Forças Armadas.[317] Em suma, tem havido em todo mundo uma participação maior das Forças Armadas em questões tradicionalmente consideradas domésticas, em especial desastres naturais, combate ao tráfico de drogas e controle de migrações.

Ainda segundo Campbell e Campbell (2010), a questão não seria se Forças Armadas e polícias podem ou devem alterar seus papéis tradicio-

---

317   Janowitz, 1960.

nais, mas se os dirigentes políticos realmente entendem a diferença entre ambas as instituições e entre as funções esperadas de cada uma.[318] Mais do que isso, se estão dispostos a autorizar despesas e a formular políticas públicas que propiciem a superposição de tarefas ou a confusão de papéis. Treinar soldados para funções que não as tipicamente militares envolve altos recursos, e esta é uma decisão que apenas os representantes políticos podem tomar. Da mesma forma, treinar melhor as polícias e equipá-las com recursos materiais mais modernos e sofisticados, porém diferentes do armamento pesado usado pelas Forças Armadas, é uma decisão que apenas os que têm mandato para governar podem tomar.

---

318   Czege, 2006.

REFERÊNCIAS

ABREU, Hugo de. *O outro lado do poder*. Rio de Janeiro: Nova Fronteira, 1979.

AGAMBEN, Giorgio. *Estado de exceção*. São Paulo: Boitempo, 2004.

ALENDA, Stéphane. Dimensiones da la mobilización em torno a Consciencia de Pátria: hacia un modelo explicativo de un caso de neopopulismo boliviano. *Revista de Ciencia Política*, v. XXIII, n. 1, p. 119-135, 2003.

ALSINA JÚNIOR, João Paulo Soares. *Política externa e poder militar no Brasil, universos paralelos*. Rio de Janeiro: FGV, 2009.

ALVES, Maria Helena Moreira. *Estado e oposição no Brasil (1964-1984)*. Petrópolis: Vozes, 1987.

ALVES, Vagner Camilo; HEYE, Thomas. Tamanho é documento? O Brasil e o equilíbrio de poder na América do Sul. Observatório Político Sul-Americano. *Análise de Conjuntura Opsa*, n. 8. ago. 2008. Disponível em: <http://observatorio.iuperj.br/pdfs/49_analises_AC_n_08_ago_2008.pdf>. Acesso em: mar. 2010.

ANDRADE, Euclides; CÂMARA, Hely F. da. *A Força Pública de São Paulo, esboço histórico, 1831-1931*. São Paulo: Sociedade Impressora Paulista, 1982.

ANTUNES, Priscila Carlos Brandão. *SNI & Abin:* uma leitura da atuação dos serviços secretos brasileiros ao longo do século XX. Rio de Janeiro: FGV, 2002.

AQUINO, Maria Aparecida de. As vísceras expostas do autoritarismo. *Revista do Arquivo Público Mineiro*, ano XLVII, n. 1, p. 21-39, 2006.

_____; MATTOS, Marco Aurélio Vannucchi; SWENSSON Jr., Walter Cruz (Orgs.). *No coração das trevas:* o Deops/SP visto por dentro. São Paulo: Arquivo do Estado/Imprensa Oficial, 2001.

ASSUNÇÃO, Rosângela Pereira de Abreu. *Dops/MG:* imaginário anticomunista e policiamento político (1935-1964). Dissertação (Mestrado) — FFCH/UFMG, Belo Horizonte, 2006.

AYERBE, Luis Fernando (Org.). *Novas lideranças políticas e alternativas de governo na América do Sul*. São Paulo: Unesp, 2008.

BALLIVIÁN, Salvador Romero. Condepa y UCS: el declive del neopopulismo boliviano. *Revista de Ciencia Política*, v. XXIII, n. 1, p. 67-98, 2003.

BASOMBRIO, Carlos. *The military and the politics in the Andean Region*. Washington: Inter-American Dialogue, 2006. (Andean Working Papers).

BEATO FILHO, Cláudio C. *Políticas públicas de segurança:* equidade, eficiência e accountability. Departamento de Sociologia e Antropologia — UFMG, 2001. Disponível em: <www.fundaj.gov.br/docs/eg/semi6.rtf>. Acesso em: mar. 2010.

_____. Informação e desempenho policial. *Teoria & Sociedade*, Belo Horizonte, UFMG, p. 117-150, jun. 2002.

BENGOCHEA, Jorge Luiz Paz et al. A transição de uma polícia de controle para uma polícia cidadã. *São Paulo em Perspectiva*, v. 18, n. 1, p. 119-131, mar. 2004.

BRASIL. Presidência da República. *Política de Defesa Nacional*, Brasília, DF, 1996. Disponível em: <www.planalto.gov.br/publi_04/colecao/DEFES.htm>. Acesso em: 8 mar. 2010.

_____. Ministério da Defesa. *Política de Defesa Nacional*, Brasília, DF, 2005. Disponível em: <www.defesa.gov.br/pdn/index.php?page=home>. Acesso em: mar. 2010.

_____. Comissão Especial sobre Mortos e Desaparecidos Políticos/Secretaria Especial dos Direitos Humanos. *Direito à memória e à verdade*. Brasília, DF: Secretaria Especial dos Direitos Humanos da Presidência da República, 2007.

BRIGAGÃO, Clóvis; NEVES, Leonardo. Há uma corrida armamentista na América do Sul? In: CONFERÊNCIA INTERNACIONAL DO FORTE DE COPACABANA, 4., 2007, Rio de Janeiro. *Anais...* Rio de Janeiro: Fundação Konrad Adenauer, 2008. Segurança Internacional, um Diálogo Europa-América do Sul.

BROMLEY, Mark; PERDOMO, Catalina. *CBM en América Latina y el efecto de la adquisición de armas por parte de Venezuela*. DT nº 41/2005. Disponível em: <www.realinstitutoelcano.org>. Acesso em: maio 2009.

BRUSTOLIN, Vitelio. *Abrindo a caixa preta:* o desafio da transparência dos gastos militares no Brasil. Dissertação (Mestrado) — Instituto de Economia, Programa de Pós-Graduação em Políticas Públicas e Estratégias de Desenvolvimento, UFRJ, Rio de Janeiro, 2009.

BUZAN, Barry; WÆVER, Ole. *Regions and powers:* The structure of international security. Cambridge: Cambridge University Press, 2003.

CAMARGO, Aspásia; GOÉS, Walder de (Orgs.). *Meio século de combate:* diálogo com Cordeiro de Farias. Rio de Janeiro: Nova Fronteira, 1981.

_____ et al. *O golpe silencioso*. Rio de Janeiro: Rio Fundo, 1989.

CAMPBELL, Donald J.; CAMPBELL, Kathleen M. Soldiers as police officers/police officers as soldiers: role evolution and revolution in the United States. *Armed Forces & Society*, v. 36, n. 2, p. 327-350, 2010.

CAMPOS, Carlos Oliva. A América do Sul na encruzilhada da sua história: fragmentação, alternativas políticas e opções a partir da periferia. In: AYERBE, Luis Fernando (Org.). *Novas lideranças políticas e alternativas de governo na América do Sul*. São Paulo: Unesp, 2008.

CAMPOS, Reynaldo Pompeu de. *Repressão judicial no Estado Novo, esquerda e direita no banco dos réus*. Rio de Janeiro: Achiamé, 1982.

CANAVO FILHO, José; MELO, Edilberto de Oliveira. *Polícia Militar, asas e glória de São Paulo*. São Paulo: Imprensa Oficial, 1978.

Referências

CANO, Ignacio. Políticas de segurança pública no Brasil: tentativas de modernização e democratização *versus* a guerra contra o crime. *Revista Internacional de Direitos Humanos*, São Paulo, v. 3, n. 5, dez. 2006.

CARDIA, N.; SCHIFFER, S. Violência e desigualdade social. *Ciência e Cultura*, ano 54, n. 1, p. 25-31, jul./ago./set. 2002. Revista da Sociedade Brasileira para o Progresso da Ciência.

CARDOSO, Fernando Henrique. *A arte da política:* a história que vivi. Rio de Janeiro: Civilização Brasileira, 2006.

_____; LAMOUNIER, Bolívar. *Os partidos e as eleições no Brasil.* Rio de Janeiro: Paz e Terra, 1975.

CARNEIRO, Maria Luiza Tucci. *Livros proibidos, ideias malditas, o Deops e as minorais silenciosas.* São Paulo: Estação Liberdade, 1997.

CARVALHO, José Murilo de. A política nas Forças Armadas. In: A REVOLUÇÃO DE 1930, SEMINÁRIO INTERNACIONAL. *Anais...* Brasília: UnB, 1983.

_____. *Forças Armadas e política no Brasil.* Rio de Janeiro: Jorge Zahar, 2006.

CASTRO, Celso. *A proclamação da República.* Rio de Janeiro: Zahar, 1999.

_____; D'ARAUJO, Maria Celina (Orgs.). *Militares e política na Nova República.* Rio de Janeiro: FGV, 2001.

CATELA, Ludmila. Em nome da pacificação nacional: anistias, pontos finais e indultos no Cone Sul. In: D'ARAUJO, Maria Celina; CASTRO, Celso (Orgs.). *Democracia e Forças Armadas no Cone Sul.* Rio de Janeiro: FGV, 2000. p. 293-313.

CEBRI-CINDES. *Força-Tarefa, o Brasil na América do Sul* — relatório final. Rio de Janeiro: Cebri/Cindes, 2008. Disponível em: <www.observatorio.iuperj.br>.

CEPAL. *Panorama Social da América Latina.* Santiago do Chile: Cepal, 2009.

CHILE. Ministério de Defesa Nacional do Chile. *El Consejo de Defensa Sudamericano de La Unasur, crónica de su gestación.* Santiago, jul. 2009. Disponível em: <www.resdal.org/csd/gestacion-del-csd-libro-chile.pdf>. Acesso em: mar. 2010.

COELHO, E. C. A marginalização da criminalidade e a criminalização da marginalidade. *Revista de Administração Pública.* Rio de Janeiro, v. 12, n. 2, p. 139-161, 1978.

_____. A criminalidade urbana violenta. *Dados.* Rio de Janeiro, v. 31, n. 2, p. 154-182, 1988.

COMBLIN, Joseph. *A ideologia da segurança nacional:* o poder militar na América Latina. Rio de Janeiro: Civilização Brasileira, 1978.

CORRALES, Javier. Using social power to balance soft power: Venezuela's foreign policy. *The Washington Quarterly*, v. 32, n. 4, Oct./Nov./Dec. 2009.

COSTA, Célia Maria Leite. Acesso à informação nos arquivos brasileiros, retomando a questão. *Estudos Históricos*, Rio de Janeiro, n. 32, p. 178-188, 2003.

_____. Memória proibida. *Nossa História*. Rio de Janeiro, n. 16, p. 70-75, 2005.

COVELLO, Antonio Augusto de. *A lei de segurança:* trabalhos parlamentares. São Paulo: Imprensa Gráfica Revista dos Tribunais, 1935.

CZEGE, Huba Wass de. Policing the frontiers of freedom. *Army Magazine,* v. 56, n. 7, p. 14-22, 2006.

D'ARAUJO, Maria Celina. *A era Vargas.* São Paulo: Moderna, 1998.

_____. *Democratic stability, the military and national defense in Brazil and Latin America.* In: THE AMERICAS AFTER SEPTEMBER 11. HEMISPHERIC INTEGRATION AND HUMAN SECURITY. Summer Institute, 2002. *Proceedings...* Toronto: York University, 2002.

_____; CASTRO, Celso. *Ernesto Geisel.* Rio de Janeiro: FGV, 1997.

_____; _____. *Changing military end security arrangements in the Mercosur:* the possible role of the Eurpean Union. Rio de Janeiro: FGV, 1998. (Textos Cpdoc, n. 30).

_____; SOARES, Gláucio Ary Dillon; CASTRO, Celso (Orgs.). *Visões do golpe:* a memória militar sobre 1964. Rio de Janeiro: FGV, 1994.

DALLARI, Dalmo de Abreu. *O pequeno Exército paulista*. São Paulo: Perspectiva, 1977.

DIAMINT, Rut. Civilians and the military in Latin American democracies. In: DISARMAMENT FORUM, HUMAN SECURITY IN LATIN AMERICA, 2002. *Proceedings...* Disponível em: <www.unidir.ch/pdf/articles/pdf-art1444.pdf>. Acesso em: mar. 2010.

DONADIO, Marcela; TIBILETTI, Maria de La Paz. *A comparative atlas of defense in Latin America*. Buenos Aires: Resdal y SER en el 2000, 2008.

DUARTE, Ludmilla. Diplomacia brasileira vence na OEA — Organização dos Estados Americanos aprova proposta do Brasil que acaba com esquema militarista dos EUA no continente. *A Tarde*, 10 mar. 2006. Disponível em: <www.defesanet.com.br/intel/crise_al_67.htm>. Acesso em: mar. 2010.

FAUSTO, Boris. *A Revolução de 1930, historiografia e história*. São Paulo: Brasiliense, 1970.

_____. *Getúlio Vargas*. São Paulo: Companhia das Letras, 2006.

FERREIRA, Fernando Sérgio Nunes. *O atual papel da Junta Interamericana de Defesa (JID) no contexto da Organização dos Estados Americanos (OEA)*. Dissertação (Mestrado) — Colégio Interamericano de Defesa, Washington, DC, 2007.

FERREIRA, Oliveiros S. *Forças Armadas:* história e mentalidades. Palestra proferida no Curso de Altos Estudos de Política e Estratégia da Escola Superior de Guerra em 18 ago. 2008. Disponível em: <www.oliveiros.com.br/ie.html>. Acesso em: mar. 2010.

FICO, Carlos. *Como eles agiam:* os subterrâneos da ditadura militar, espionagem e polícia política. Rio de Janeiro: Record, 2001.

_____. *1964-2004:* 40 anos de golpe, ditadura militar e resistência no Brasil. Rio de Janeiro: 7Letras, 2004a.

_____. *Além do golpe, versões e controvérsias sobre 1964 e a ditadura militar.* Rio de Janeiro: Record, 2004b.

FIGUEIREDO, Argelina; LIMONGI, Fernando. *Executivo e Legislativo na nova ordem constitucional.* Rio de Janeiro: FGV, 1999.

FORJAZ, Maria Cecília S. Cientistas e militares no desenvolvimento do CNPq (1950-1985). *BIB*, Rio de Janeiro, n. 28, p. 71-99, segundo semestre de 1989.

_____. As origens da Embraer. *Tempo Social*, São Paulo, v. 17, n. 1, 2005.

FROTA, Sylvio. *Ideais traídos.* Rio de Janeiro: Jorge Zahar, 2006.

FUCCILLE, Luís Alexandre. *Democracia e questão militar:* a criação do Ministério da Defesa no Brasil. Tese (Dutorado em Ciências Sociais) — Instituto de Filosofia e Ciências Humanas, Unicamp, Campinas, 2006.

GABEIRA, Fernando. *O que é isso companheiro?* 10. ed. Rio de Janeiro: Guanabara, 1988.

GARRETÓN, Manuel Antonio et al. (Orgs.). *América Latina no século XXI.* Rio de Janeiro: FGV, 2007.

GASPARI, Elio. *A ditadura envergonhada.* São Paulo: Companhia das Letras, 2002a.

_____. *A ditadura escancarada.* São Paulo: Companhia das Letras, 2002b.

_____. *A ditadura derrotada.* São Paulo: Companhia das Letras, 2003.

_____. *A ditadura encurralada.* São Paulo: Companhia das Letras, 2004.

GAUDICHAUD, Franck. L'ombre du Condor: contre-révolution et terrorisme d'Etat international dans le Cône Sud. Amnis, *Revue de Civilisation Contemporaine Europes/Amériques*, n. 3, 2003.

_____. Terrorismo de Estado internacional y contra-revolución en el Cono Sur; a la aombra del cóndor. *El Correo de la Diáspora de Latinoamericana*, dez. 2003. Disponível em: <www.elcorreo.eu.org/esp/article.php3?id_article=1256>. Acesso em: mar. 2010.

GOMES, Socorro et al. *A reativação da Quarta Frota no atual contexto da América Latina.* São Paulo: CebraPaz, 2009. Disponível em: <http://cebrapaz.org.br/site/images/arquivos/livros/livro4_frota.pdf>.

GUDYNAS, Eduardo. Reformas constitucionais na América do Sul: avanços com tensões persistentes. *Democracia Viva*, n. 41, jan. 2009.

GUEDES, Carlos Luis. *Tinha que ser Minas.* Rio de Janeiro: Nova Fronteira, 1979.

HERZ, M. Política de segurança dos EUA para a América Latina após o final da Guerra Fria. *Estudos Avançados*, São Paulo, v. 16, n. 46, set./dez. 2002.

HUNTER, Wendy. *Eroding military influence in Brazil* — politicians against soldiers. Chapel Hill: University of North Carolina, 1997.

HUNTINGTON, Samuel. *A ordem política nas sociedades em mudança*. Rio de Janeiro: Forense, 1975.

_____. *O soldado e o Estado:* teoria e política das relações entre civis e militares. Rio de Janeiro: Biblioteca do Exército, 1996.

IISS. *The military balance 2009*. Londres: Routledge, 2009.

JACOME, Francine. É possível a cooperação em segurança na América do Sul? In: CONFERÊNCIA INTERNACIONAL DO FORTE DE COPACABANA, 4., 2007, Rio de Janeiro. *Anais...* Rio de Janeiro: Fundação Konrad Adenauer, 2008. Segurança Internacional, um diálogo Europa-América do Sul.

JANOWITZ, Morris. *The professional soldier:* a social and political portrait. Glencoe, IL: Free Press, 1960.

JOBIM, Nelson. A defesa na agenda nacional: o Plano Estratégico de Defesa. *Interesse Nacional*, ano 1, ed. 2, jul./set. 2008. Disponível em: <http://interessenacional.com/edicoes-anteriores-sumario.asp?cd_edicao=2>. Acesso em: mar. 2010.

JOFFILY, Mariana Rangel. *Oban e DOI (1969-1982), informação e violência na repressão política em São Paulo*. Tese (Doutorado em História) — São Paulo, USP, 2006. Em andamento.

JORDAN, Amos A.; TAYLOR, William J.; MAZARR, Michael J. *American national security*. Baltimore/London: J. Hopkins University Press, 1998.

KANT DE LIMA, Roberto. *A polícia da cidade do Rio de Janeiro:* seus dilemas e paradoxos. Rio de Janeiro: Forense, 1995.

KINZO, Maria D'Alva G. *Oposição e autoritarismo:* gênese e trajetória do MDB (1966-1979). São Paulo: Idesp/Vértice, 1988.

KUSCHNIR, Beatriz. *Cães de guarda*. Rio de Janeiro: Boitempo, 2004.

LAMOUNIER, Bolívar; KINZO, Maria D'Alva. Partidos políticos, representação e processo eleitoral no Brasil. *BIB*, São Paulo, n. 19, 1985. Publicação semestral da Anpocs.

LEITE, Mauro Renault; NOVELLI JUNIOR, L. G. *Marechal Eurico Gaspar Dutra:* o dever da verdade. Rio de Janeiro: Nova Fronteira, 1983.

LEMOS, Renato. *Benjamin Constant* — vida e história. Rio de Janeiro: TopBooks, 1999.

LIMA JR., Olavo B.; SCHMIT, Rogério; NICOLAU, Jairo. A produção recente sobre partidos, eleições e comportamento político: balanço bibliográfico. *BIB*, São Paulo, n. 134, 1992.

LOPES, Roberto. *Oportunidade para civis na condução de defesa nacional:* o caso do Brasil. Washington, DC: Center for Hemispheric Defense Studies, May 2001.

LOUW, Michael H. H. *National security:* a modern approach. Pretoria: University of Pretoria/Institute for Strategic Studies, 1978.

MACIEL, Ayrton. *A história secreta, prontuários do Dops*. Recife: Bagaço, 2000.

MADRID, Raul L. Indigenous parties and democracy in Latin América. *Latin American Politics & Society*, v. 47, n. 4, p. 161-179, 2005.

MANAUT, Raul Benítez; CELI, Pablo; DIAMINT, Rut. Los desafíos de la seguridad y la defensa en Latinoamérica: entre las nuevas amenazas, la nueva geopolítica y los viejos conflictos. In: MATHIEU, Hans; ARREDONDO, Paula Rodríguez. *Seguridad regional en América Latina y el Caribe* — Anuario de 2009. Bogotá: Friedrich Ebert Stiftung/Programa de Cooperación em Seguridad Regional, 2009.

MANRIQUE, Luis Esteban González. *El "etnonacionalismo"*: las nuevas tensiones interétnicas en América latina. Offnews Info, Buenos Aires, 15 jun. 2005. Disponível em: <www.offnews.info/verArticulo.php?contenidoID=1475>. Acesso em: mar. 2010.

MARTINS FILHO, João Roberto. Forças Armadas e política, 1945-1964: a antessala do golpe. In: FERREIRA, Jorge; DELGADO, Lucília de A. Neves. *O Brasil republicano, o tempo da experiência democrática*. Rio de Janeiro: Civilização Brasileira, 2003.

_____. *O golpe de 1964 e o regime militar*. São Carlos: EdUFSCar, 2006.

MATOS, Marcelo B. et al. *Trabalhadores em greve, polícia em guarda, greves e repressão policial na formação da classe operária carioca*. Rio de Janeiro: Faperj/Bom Texto, 2004.

MAYORGA, Fernando. Neopopulismo y democracia em Bolívia. *Revista de Ciencia Política*, v. XXIII, n. 1, p. 99-118, 2003.

McPHERSON, Alan (Ed.). *Anti-Americanism in Latin America and the Caribbean*. New York: Berghahn, 2006.

MELO, Jayme Portela de. *A revolução e o governo Costa e Silva*. Rio de Janeiro: Guavira, 1979.

MÉNDEZ, Juan. Pelo direito das vítimas. *O Estado de S. Paulo*, 22 fev. 2009. Disponível em: <www.estadao.com.br/suplementos/not_sup328213,0.htm>.

MESQUITA NETO, Paulo. Violência policial no Brasil: abordagens teóricas e práticas. In: CARVALHO, J. M. et. al. (Orgs.). *Cidadania, justiça e violência*. São Paulo: FGV, 1999.

MOORE JÚNIOR, Barrington. *As origens sociais da ditadura e da democracia, senhores e camponeses na construção do mundo moderno*. Lisboa: Cosmos; São Paulo: Martins Fontes, 1975.

MOTTA, Rodrigo Patto Sá. *Em guarda contra o "perigo vermelho"*: o anticomunismo no Brasil (1917-1964). São Paulo: Perspectiva, 2002.

_____. O ofício das sombras. *Revista do Arquivo Público Mineiro*, Belo Horizonte, v. XLII, n. 1, p. 52-67, 2006.

MOURÃO FILHO, Olympio. *Memórias*: a verdade de um revolucionário. Porto Alegre: L&PM, 1978.

MUNIZ, Jaqueline. A crise de identidade das polícias militares brasileiras: dilemas e paradoxos da formação educacional. *Security and Defense Studies Review*, v. 1, 2001. Disponível em: <www.ndu.edu/chds/journal/PDF/Muniz-final.pdf>. Acesso em: mar. 2010.

NADER, Ana Beatriz. *Autênticos do MDB, semeadores da democracia*. Rio de Janeiro: Paz e Terra, 1998.

OLIVEIRA, Eliézer R. de. *Democracia e defesa nacional*. A criação do Ministério da Defesa na presidência de FHC. São Paulo: Manole, 2005.

_____. Defensa nacional: actores y política. In: DONADIO, Marcela. *Atlas comparativo de la defensa en América Latina*. Buenos Aires: Resdal y SER en el 2000, 2008.

_____; SOARES, Samuel A. Forças Armadas, direção política e formato institucional. In: CASTRO, Celso; D'ARAUJO, Maria Celina (Orgs.). *Democracia e Forças Armadas no Cone Sul*. Rio de Janeiro: FGV, 2000. p. 98-124.

ORGANIZAÇÃO DOS ESTADOS AMERICANOS. III Conferencia de Ministros de Defensa de las Américas. *Declaración de Cartagena, 1998*. Disponível em: <www.fasoc.cl/files/articulo/ART411261e69e93b.pdf>. Acesso em: mar. 2010.

_____. VII Conferência de Ministros de Defesa das Américas. *Declaração de Manágua, 2006*. Disponível em: <www.oas.org/CSH/portuguese/docminist.asp#I>. Acesso em: mar. 2010.

_____. VIII Conferencia de Ministros de Defensa da las Americas. *Declaración de Banff, 2008*. Disponível em: <www.oas.org/CSH/docs/Final%20Declaration_Spanish.doc>. Acesso em: mar. 2010.

PACHANO, Simón. *La trama de Penélope*: processos políticos e instituciones en el Ecuador. Quito: Idea/Flacso, 2007.

PEREIRA, Anthony W. "Persecution and farce": the origins and transformation of Brazil's political trials, 1964-1979. *Latin American Research Review*, v. 33 n. 1, p. 43, 1998.

_____. O papel dos advogados de defesa na Justiça Militar brasileira, 1964-1979: redefinindo o crime político. In: MARTINS FILHO, João Roberto. *O golpe de 1964 e o regime militar:* novas perspectivas. São Carlos: EdUFSCar, 2006. p. 119-128.

PION-BERLIN, David. A new civili-military pragmatism in Latin América. Security and Defense Studies Review (online) v. 4, n. 1, Spring 2004. Disponível em: <www.ndu.edu/chds/journal/PDF/2004/Pion-Berlin_article-edited.pdf>. Acesso em: mar. 2010.

_____. Militares y democracia en América Latina en lo nuevo siglo. *Nueva Sociedad*, n. 213, p. 51-63, jan./fev. 2008.

RAZA, Salvador G. Para além dos livros brancos de defesa. In: BRIGAGÃO, Clóvis; PROENÇA JR., Domício (Orgs.). *Terrorismo*. São Paulo: Hucitec, 2004.

REZNIK, Luís. *Democracia e segurança nacional:* a polícia política no pós-guerra. Rio de Janeiro: FGV, 2004.

ROCHA, Claudionor. *Considerações sobre a criação de novos órgãos policiais*. Brasília: Biblioteca Digital da Câmara dos Deputados, 2009.

RODRIGUES, Leôncio Martins. O declínio das taxas de sindicalização, a década de 1990. *RBCS*, v. 13, n. 36, fev. 1998.

ROJAS, A. Francisco. Williamsburg: un giro definitivo en las relaciones hemisféricas de seguridad? *SER en el 2000*, Buenos Aires, n. 9, p. 32-43, jun. 1996.

ROUQUIE, Alain. *O Estado militar na América Latina*. São Paulo: Alfa-Ômega, 1964.

SANTOS, Wanderley Guilherme dos. *Sessenta e quatro, anatomia da crise*. São Paulo: Vértice, 1986.

SAPORI, Luís Flávio; SILAS, Barnabé de Souza. Violência policial e cultura militar: aspectos teóricos empíricos. *Teoria & Sociedade*, Belo Horizonte, UFMG, p. 173-214, jun. 2002.

SCHMITTER, Philippe. Still the century of corporatism? *Review of Politics*, v. 36, p. 85-131, 1974.

SEIXAS, Alexandre Magalhães. *A Justiça Militar no Brasil*. Estrutura e funções. Dissertação (Mestrado em Ciência Política) — Campinas, Unicamp, 2002.

SENHORAS, Elói Martins. O Conselho Sul-Americano de Defesa e as percepções da construção da segurança cooperativa no complexo regional da América do Sul. In: CONFERENCIA SUBREGIONAL. *Anales*... Cartagena: Centro de Estudios Hemisféricos de Defensa, 2009.

SILVA, Hélio. *A ameaça vermelha, o plano Cohen*. São Paulo: L&PM, 1980.

SILVA, Jorge da. Quem aciona as Forças Armadas. *Carta Capital*, ano XIII, n. 424, 20 dez. 2006. Disponível em: <www.jorgedasilva.com.br/node/79>. Acesso em: mar. 2010.

SILVA, Luiz Antonio Machado da; LEITE, Márcia Pereira. Violência, crime e polícia: o que os favelados dizem quando falam desses temas? *Sociedade e Estado*, v. 22, n. 3, p. 545-591, dez. 2007.

SIRKIS, Alfredo. *Os carbonários, memórias da guerrilha perdida*. 8. ed. São Paulo: Global, 1983.

SKIDMORE, Thomas. *Brasil:* de Getúlio a Castelo. Rio de Janeiro: Saga, 1969.

SKOCPOL, Theda; FIORINA, Morris. P. *Civic engagement in American democracy*. New York: The Brooking Institution Press, 1999.

SOARES, Gláucio Ary Dillon. *Sociedade e política no Brasil*. São Paulo: Difel, 1974.

_____. As covariatas políticas das mortes violentas. *Opinião Pública*, v. 11, n. 1, p. 192-212, mar. 2005.

SOARES, Luiz Eduardo. Novas políticas de segurança pública. *Estudos Avançados*, São Paulo, v. 17, n. 47, jan./abr. 2003.

_____. Segurança pública: presente e futuro. *Estudos Avançados*, São Paulo, v. 20, n. 56, jan./abr. 2006.

_____. A Política Nacional de Segurança Pública: histórico, dilemas e perspectivas. *Estudos Avançados*, São Paulo, v. 21, n. 61, set./dez. 2007.

SOARES, Samuel A. As percepções das Forças Armadas de Brasil e Argentina sobre a cooperação em defesa e segurança internacional. In: SIMPÓSIO NACIONAL DE HISTÓRIA, 23. *Anais...* Londrina: Uel-Anpuh, 2005.

SOUZA, Maria do Carmo Campello de. *Estado e partidos políticos no Brasil (1930 a 1964)*. São Paulo: Alfa-Ômega, 1976.

SPEKTOR, Matias. Evolving order in South America. In: ISA-ABRI JOINT INTERNATIONAL MEETING. *Proceedings...* Pontifícia Universidade Católica do Rio de Janeiro, 2009. Disponível em: <www.allacademic.com/meta/p380842_index.html>. Acesso em: mar. 2010.

STEPAN, Alfred. *Os militares na política*. As mudanças de padrões na vida brasileira. Rio de Janeiro: Artenova, 1975.

STOCKHOLM INTERNATIONAL PEACE RESEARCH INSTITUTE (SIPRI). Armaments, disarmament and international security. *Sipri yearbook.* London: Oxford Press, 2008.

TAVARES, Aurélio de Lyra. *Segurança nacional:* antagonismos e vulnerabilidades. Rio de Janeiro: Biblioteca do Exército, 1958.

_____. *O Brasil de minha geração, memórias*. Rio de Janeiro: Biblioteca do Exército, 1976-1977. 2. v.

TÁVORA, Juarez. *Uma vida e muitas lutas, memórias*. Rio de Janeiro: Bibliex, 1973-1977.

TRINKUNAS, Harold A. The crisis in Venezuelan civil-military relations: From Punto Fijo to the Fifth Republic. *Latin American Research Review*, v. 37, p. 41-76, 2002.

TRONCA, Ítalo. O Exército e a industrialização: entre as armas e Volta Redonda (1930-1942), a política do aço. In: FAUSTO, Boris. *História geral da civilização brasileira*. São Paulo: Difel, 1981. t. III: O Brasil republicano.

VARGAS, Getúlio. *Diário*. Rio de Janeiro: FGV, 1995.

VELARDE, Marco. *Avances y resultados de la Conferencia Especial sobre seguridad de la Organización de los Estados Americanos*. Ciudad de México: Idepe, 2005. Disponível em: <www.idepe.org/pdf/AvancesMexicoVelarde.pdf>. Acesso em: mar. 2010.

VENEZUELA. Tribunal Supremo de Justicia. Constitución de la República Bolivariana de Venezuela (1999). Gaceta Oficial, Caracas, 30 dic. 1999. Disponível em: <www.tsj.gov.ve/legislacion/constitucion1999.htm>.

VERA, Cristián Garay. Retos a la seguridad y defensa en un ambiente político comparado: perspectiva para la cooperación y divergencia en Sudamérica. In: CONFERENCIA SUBREGIONAL DE DEFENSA Y SEGURIDAD. *Anales...* Cartagena: Centro de Estudios Hemisféricos de Defensa, 2009.

VIANA FILHO, Luís. *O governo Castelo Branco*. Rio de Janeiro: José Olympio, 1975.

VIGEVANI, Tullo; RAMANZANINI JR., Haroldo; CORREIA, Rodrigo Alves. Relação entre política doméstica e integração regional: uma interpretação do Brasil no governo

Lula da Silva. In: AYERBE, Luís Fernando (Org.). *Novas lideranças políticas e alternativas de governo na América do Sul*. São Paulo: Unesp, 2008.

VILLA, Rafael Duarte. A política externa venezuelana de Chávez para a América do Sul: entre a ideologização das identidades e as necessidades do pragmatismo. Observatório Político Sul-Americano. *Análise de Conjuntura Opsa*, n. 10, out. 2007. Disponível em: <http://observatorio.iuperj.br/pdfs/37_analises_AC_n_10_out_2007(2).pdf>. Acesso em: mar. 2010

_____. Corrida armamentista ou modernização de armamentos na América do Sul: estudo comparativo dos gastos militares. Observatório Político Sul-Americano, Núcleo de Estudos sobre o Congresso. *Estudos e Cenários*, dez. 2008. Disponível em: <http:// observatorio.iuperj.br/pdfs/8_estudosecenarios_2008-12%20-%20Estudos_Villa.pdf>. Acesso em: mar. 2010.

_____; HOLZACKER, Denilde. As visões das elites sul-americanas e mexicanas a respeito da democracia e da desigualdade social e econômica. Observatório Político Sul-Americano. *Análise de Conjuntura Opsa*, n. 12, dez. 2009. Disponível em: <http://observatorio.iuperj.br/pdfs/69_analises_AC_n_12_dez_2009_Villa.pdf>. Acesso em: mar. 2010.

VOEGEL, Julia. *Democracia e Forças Armadas no Equador*. Rio de Janeiro: Cpdoc, 2009. Relatório de pesquisa.

ZATTARA, Comodoro Atilio Victorio. *La Organización de los Estados Americanos, expectativas y necesidad de continuidad para la próxima década frente a las nuevas amenazas que acosan al hemisferio*. Tese (Mestrado em Defesa e Segurança Hemisférica) — Inter-American Defense College, Washington, 2006. Disponível em: <http://library.jid.org/en/thesis/Zattara.pdf>. Acesso em: mar. 2010.

ZAVERUCHA, Jorge. *Frágil democracia. Collor, Itamar, FHC e os militares*. São Paulo: Civilização Brasileira, 2000.

_____; MELO FILHO, H. C. Superior Tribunal Militar: entre o autoritarismo e a democracia. *Dados*. Rio de Janeiro, v. 47, n. 4, p. 763-797, 2004.

_____; REZENDE, Flávio da Cunha. How the military competes for expendure in Brazilian democracy: arguments for a outlier. *International Political Science Review*, v. 30, n. 4, p. 407-429, 2009.

Sites consultados

Alternativa Bolivariana (Alba): <www.alternativabolivariana.org>.

Consejo de Defensa Suramericano: <www.cdsunasur.org>.

Global Peace Index Rankings: <www.visionofhumanity.org/gpi/results/rankings.php>.

Información, Defensa y Seguridad: <www.infodefensa.com/esp/principal/index.asp>.

Información y Análisis de América Latina (Infolatam): <www.infolatam.com/>.

Iniciativa para la Integración de la Infraestructura Regional Suramericana (Iirsa): <www.iirsa.org>.

Jornal *Clarín*: <www.clarin.com/>.

Jornal *La Nación:* <www.lanacion.com.ar/>.

Junta Interamericana de Defesa (JID): <www.jid.org>.

Latino Barômetro: <www.latinobarometro.org>.

Ministério das Relações Exteriores do Brasil: <www.mre.gov.br/index.php?option=com_content&task=view&id=39&Itemid=315>.

Nueva Mayoria: <www.novamayoria.com>.

Observatório Político Sul-Americano (Opsa): <http://observatorio.iuperj.br>.

Organização dos Estados Americanos (OEA): <www.oas.org/CSH/spanish/docminist.asp>.

Parlamento do Mercosul: <www.parlamentodelmercosur.org/archivos/Guia%20da%20XIII%20Sess%C3%A3o.pdf>.

Pnud: <www.pnud.org.br/pdf/TextoProddal.pdf>.

Presidência da República do Equador: <www.presidencia.com.ec (7)>.

Programa de Cooperación en Seguridad Regional, policy papers. Fundação Friedrich Ebert Sittung: <www.ildis.org.ve/website/p_index.php?ids=7&tipo=A&vermas=99>.

Rede de Segurança e Defesa da América Latina (Resdal): <www.resdal.org.ar>.

Ressources pour la Paix: <www.irenees.net/fr/fiches/entretien/fiche-entretien-28.html>.

The United States Southern Command (Southcom): <www.southcom.mil>.

Transparência Internacional: <www.transparency.org/>.

União Interparlamentar (UIP): <www.copa.qc.ca/Portugais/Femmes_port/banque%20documentaire/uipPOR.html>.